Zentrum Moderner Orient
Geisteswissenschaftliche Zentren Berlin e.V.

Globale Prozesse und „Akteure des Wandels". Quellen und Methoden ihrer Untersuchung. Ein Werkstattgespräch

■ Herausgegeben von
Dietrich Reetz und Heike Liebau

Arbeitshefte 14

Verlag Das Arabische Buch

Die Deutsche Bibliothek - CIP-Einheitsaufnahme

Globale Prozesse und Akteure des Wandels. Quellen und
Methoden ihrer Untersuchung; ein Werkstattgespräch / Zentrum
Moderner Orient, Geisteswissenschaftliche Zentren Berlin e.V. Hrsg.
von Dietrich Reetz und Heike Liebau. - Berlin : Verl. Das Arab.
Buch, 1997
  (Arbeitshefte ; Nr. 14)
  ISBN 3-86093-147-4

Zentrum Moderner Orient
Geisteswissenschaftliche Zentren Berlin e.V.

Gründungsdirektor:
Prof. Dr. Peter Heine

Prenzlauer Promenade 149-152
13189 Berlin
Tel. 030 / 4797366

ISBN 3-86093-147-4
Arbeitshefte

Bestellungen:
Das Arabische Buch
Horstweg 2
14059 Berlin
Tel. 030 / 3228523

Redaktion und Satz: Margret Liepach

Druck: Druckerei Weinert, Berlin
Printed in Germany 1997

Gedruckt mit Unterstützung der Senatsverwaltung
für Wissenschaft, Forschung und Kultur, Berlin

Inhalt

Dietrich Reetz: Akteure des Wandels und die Globalisierung. Zur Einführung — 5

Joachim Heidrich: Zugang zum Weltbild des kolonialen Individuums. Ost-West-Kulturvergleich als konstitutives Element im Denken indischer Intellektueller am Beginn des 20. Jahrhunderts — 19

Andreas Eckert: Koloniale und administrative Eliten in Tansania. Begriff, Konzept und methodische Probleme von Herrschaft und Alltag — 35

Petra Heidrich: Die vergleichende biographische Studie als Fenster auf den gesellschaftlichen Wandel. Zwei Bauernführer im spätkolonialen Indien — 61

Kersti Aßmann: Reverend J. J. M. Nichols-Roy als Stammesangehöriger, Missionar, gesamtindischer Politiker. Versuch der Annäherung an eine umstrittene Persönlichkeit — 77

Camilla Dawletschin-Linder: Akteur des Wandels, Darstellung und Selbstdarstellung. Überlegungen zur Erstellung einer Biographie des türkischen Politikers Celal Bayar (1883-1986) — 103

Börte Sagaster: Memoirenliteratur türkischer Frauen im Umbruch vom Osmanischen Reich zur Türkischen Republik. Das Beispiel Leyla Saz — 119

Annemarie Hafner: Arbeitergeschichte des kolonialen Indien. Methodische Annäherung und Quellen — 129

Dietrich Reetz: Islamische Bewegungen im kolonialen Indien. Konzepte und Quellen — 143

Katja Füllberg-Stolberg/Heike Liebau: Einige Überlegungen zur Nutzung missionarischer Dokumente für historische Forschungen zu Asien und Afrika. Eine vergleichende Quellenkritik — 169

Summary — 197

Akteure des Wandels und die Globalisierung. Zur Einführung

Dietrich Reetz

Die Beiträge dieses Bandes haben sich aus einer Arbeitstagung der Projektgruppe "Akteure des Wandels" am Zentrum Moderner Orient in Berlin ergeben. Die Tagung zum Thema "Globale Prozesse und Akteure des Wandels: Quellen und Methoden zu ihrer Untersuchung" fand am 17. Oktober 1996 statt. Das laufende Forschungsprogramm des Zentrums steht unter dem Titel "Abgrenzung und Aneignung in der Globalisierung. Asien, Afrika und Europa seit dem 18. Jahrhundert". Einige Ausführungen Forschungsprogramm und zum Projekt sowie vergleichende Bemerkungen zu den verschiedenen Beiträgen sollen den Rahmen unserer Arbeit erläutern und konzeptionelle Fragestellungen formulieren, die über die Tagung hinauszeigen.

I

Da die Debatte zur Globalisierung inzwischen außerordentlich differenziert verläuft, soll hier kurz deutlich gemacht werden, mit welchen Diskussionssträngen wir uns befassen. Im täglichen politischen Sprachgebrauch steht heute der Begriff Globalisierung vor allem für die ökonomische und finanzielle Verflechtung der Welt. Die sozialen wie kulturellen Auswirkungen führen demgegenüber in den Medien eher ein Schattendasein. Dennoch wird im akademischen Bereich zunehmend intensiv über diese Seite der globalen Vernetzung diskutiert. Dabei waren die zunehmende Informations- und Bilderflut sowie die wachsenden Migrantenströme Ausgangspunkt für die Frage, was heute noch unsere Identität und unsere Vorstellung von Kultur bestimmt. Wo ist angesichts der zunehmenden und sich ständig wiederholenden Grenzüberschreitung der Standort der Kultur und der Identität zu suchen?[1] Besonders nach dem Ende des Kalten Krieges wird in einer Neuauflage, oder Verlängerung, der postmodernen Debatte schmerzlich - oder befreiend - das Ende aller großen Diskurse nachvollzogen. Nicht nur der Gegensatz zwischen Kommunismus und Kapitalismus, der scheinbar, zumindest in den internationalen Beziehungen, ein halbes Jahrhundert die Welt strukturierte, ist untergegangen. Auch die Frage nach dem Entwicklungsweg der Dritten Welt schien mit dem Wegfall der sozialistischen Alternative zugunsten des Kapitalismus beantwortet. Auf die soziokulturelle Debatte wirkt sich besonders nachhaltig aus, daß anscheinend auch der Nationalstaat und die Nationalkultur dem Ansturm von Technologie, Migration und Nach-Kalte-Kriegs-Beliebigkeit nicht mehr standhalten können.

Appadurai schreibt in seinem neuesten Buch *Modernity at Large: Cultural Dimensions of Globalization* von 1996:

"As Turkish guest workers in Germany watch Turkish films in their German flats, as Koreans in Philadelphia watch the 1988 Olympics in Seoul through satellite feeds from Korea, and as Pakistani cabdrivers in Chicago listen to cassettes of sermons recorded in mosques in Pakistan or Iran, we see moving images meet deterritorialized viewers. These create diasporic public spheres, phenomena that confound theories that depend on the continued salience of the nation-state as the key arbiter of important social changes."[2]

Die globale Durchdringung der kulturellen Einflüsse, die zwar gegenwärtig eine eindrucksvolle neue Dimension angenommen hat, aber in der früheren globalen Interaktion, vor allem durch Kolonialismus und Welthandel, mächtige Vorläufer hatte, lenkte unsere Aufmerksamkeit auf die Schnittflächen der verschiedenen kulturellen Identitäten und die Akteure, die zu kulturellen Mittlern werden, zu "Akteuren des Wandels".

Davon ausgehend, bemüht sich unser Projekt, den Beitrag unserer Studien zur Globalisierungsdebatte näher zu bestimmen:

Erstens interessiert uns nicht vorrangig die ökonomische oder finanzielle Globalisierung, sondern wir untersuchen ausdrücklich ihre historischen, kulturellen und religiösen Aspekte. Hier liegt das erste theoretische Problem: Während man in der *Global Culture*-Debatte noch deutlich vernimmt, daß Globalisierung eine kulturelle Dimension hat, ist die historische Dimension für viele Theoretiker nicht selbstverständlich. Dabei gehen sie davon aus, daß Globalisierung in erster Linie eine neue Erscheinung ist, die mit der besonderen Art der globalen Verknüpfung zu tun hat, die in der jüngsten rasanten Verbindung lokaler Prozesse und Ereignisse wurzelt. Es kann seit kurzem fast unabhängig vom Ort des Geschehens und des Aufenthaltes produziert, verteilt und konsumiert und vor allem informiert werden. Wir glauben, daß diese neue Entwicklung nicht eintreten konnte ohne Vorläufer, ohne globale Prozesse wie die koloniale Expansion oder den Welthandel, die, zumindest für die Länder Asiens und Afrikas, die globalen Verbindungen in einer Weise knüpften, daß sie als Gußform oder Fundament für die neuen globalen Vernetzung dienten.

Zweitens interessiert uns nicht in erster Linie die europäisch-westliche Perspektive, sondern die Sicht von Asien und Afrika aus, von der sogenannten Peripherie her. Das ist im Zeichen der Globalisierung insofern besonders berechtigt, als die Globalisierung diese Peripherie wesentlich stärker ins Zentrum rückt als bisher. Wenn ortsunabhängig produziert und informiert werden kann, dann auch aus Asien und Afrika mit entsprechend niedrigen Löhnen etc. Das kehrt zwar die Verteilungsprobleme nicht um, schafft aber neue Möglichkeiten. Auch die historische Rolle von Afrika und Asien in globalen Prozessen war nicht marginal. Mit dem heutigen Verständnis um die Zusammenhänge können wir dieses Verhältnis neu bewerten. Viele der europäischen Metropolen verdankten Prosperität oder Status diesem Wechselverhältnis. Was wir früher noch als unvollkommene oder unvollständige Entwicklung in Asien und Afrika betrachteten, etwa unter der Modernisierungs- oder Weltsystemtheorie, muß heute seinen eigenständigen Platz zurückgewinnen, als legitimes Anderssein. Es geht uns um die Neubewertung oder Aufwertung, um die Emanzipation der indigenen Erfahrung in globalen Prozessen. Der einheimische oder lokale Aspekt soll nicht vorrangig als Objekt westlicher Theorien oder des Transfers von Entwicklung gesehen werden, sondern auch als Subjekt dieser Prozesse.

Drittens verlangt die Klärung dieser theoretischen Fragen, sich verstärkt um Klarheit darüber zu bemühen, was unter Globalisierung zu fassen ist. Dabei erscheint es nützlich und auch notwendig, verschiedene kognitive Dimensionen der Globalisierung zu unterscheiden. Damit ist gemeint, daß der Begriff der Globalisierung für phänomenologisch völlige verschiedene Erscheinungen angewandt wird. Das trägt offensichtlich entscheidend zur Verwirrung in der Globalisierungsdebatte bei. Es ist daher anscheinend erforderlich, immer genau zu sagen, über welche Dimension der Globalisierung gesprochen wird. Man könnte hier zum Beispiel zunächst zwischen Globalisierung als *Konzept* und als *Prozeß* unterscheiden. Globalisierung als Konzept hieße dann, Dinge bewußt global machen zu wollen. Die global-geographische Knüpfung eines immer dichteren Netzes von Prozessen könnte damit gemeint sein. Das ist zumeist das, was heute finanziell und ökonomisch passiert, wenn immer mehr Konzern-Vertretungen in immer mehr Ländern eingerichtet werden, sich immer mehr Länder den Standards von IWF, WTO etc. unterordnen müssen. Globalisierung als *Prozeß* wäre vorstellbar als die historische Zunahme globaler Verknüpfungen, eine Entwicklung mit Langzeitwirkung, akkumulativ, Qualität anhäufend durch Quantität. Aber die Vereinbarung über diese Begrifflichkeit steht offenbar erst am Anfang. Sie trägt daher vorläufig nur bedingten Charakter. Der Nutzen dieser Unterscheidung wäre, sich klar zu werden über den Unterschied der Dimensionen. Global gedacht und gehandelt hat man schon lange, auch in der Antike. Unter dem Gesichtspunkt der Globalisierung als Konzept diese Prozesse neu zu durchdenken, hieße zu überlegen, wann diese Langzeitprozesse eine neue Qualität erreichten, wie diese aussieht und wo die Zäsuren liegen. Wer wie wir besonders an der historischen Dimension der globalen Prozesse interessiert ist, wird auch fragen wollen, welche dieser *historischen* globalen Prozesse sich unmittelbar auf die neue Qualität der globalen Prozesse *heute* auswirken und wie. Offensichtlich interessieren unser Projekt nicht alle historischen Zäsuren globaler Prozesse. Die gemeinhin mit dem Stichwort Moderne eingeleitete Zäsur globaler Verknüpfung erscheint von besonderer Relevanz. Dabei fallen einem vor allem zwei Stichworte - oder Zäsuren - ein, die ganz erhebliche globale Auswirkungen hatten. Zum einen ist das die Schaffung des globalen Kapitalismus im 16. bis 19. Jahrhundert und zum anderen die globale koloniale Expansion. Sie trieben in der sogenannten Moderne wie keine andere

Erscheinung die globale Ausdehnung der Verknüpfung voran, nicht zuletzt mit erheblichen, einscheidenden Auswirkungen auf die sozialen und kulturellen Prozesse, die uns besonders interessieren.

Zugleich sind es vornehmlich diese beiden historischen Prozesse, der globale Kapitalismus der Neuzeit und die globale westliche Expansion, die wie keine andere ihre Spuren in der gegenwärtigen modernen Globalisierung finanzökonomischen Zuschnitts hinterlassen haben, ja, sie vor allem für die Länder Asiens und Afrikas in erheblichem Maße strukturierten und weiter strukturieren werden. Es sind insbesondere die Spuren der Ungleichheiten und Ungleichgewichte, die der globale Kapitalismus und die westliche Expansion hinterlassen haben, die sich nachhaltig auf die heutige Globalisierungsdebatte in Asien und Afrika auswirken. Sie sind insbesondere dafür verantwortlich, daß diese Länder das Drängen auf die Globalität von Finanzökonomie als neue Form des Neokolonialismus ansehen. Der Globalisierungsprozeß heute verläuft nicht homogen, sondern ist deutlich strukturiert. Die Chancen der westlichen Industrieländer, in diesem Prozeß ihre Interessen durchzusetzen, überwiegen sichtbar. Wo im Namen der Globalisierung, etwa in Handels- und Investitionsbedingungen, zwischen potentiell fundamental Ungleichen wie dem Westen und den asiatisch-afrikanischen Ländern "Gleichheit" hergestellt werden soll, besteht die Gefahr, daß sich alte Ungleichgewichte vertiefen und verschärfen, die Abhängigkeit Asiens und Afrikas vom Westen also noch zunimmt.

Doch greift eine einseitig neoimperialistische und neokolonialistische Interpretation der Globalisierung zu kurz. Immer, auch in der Vergangenheit, öffneten globale Verknüpfungen neue Möglichkeiten für die vormals Abhängigen, entstanden Rückwirkungen auf die vormals Überlegenen. Die Initiatoren und Ideen der asiatisch-afrikanischen Befreiungsbewegungen sind oft undenkbar ohne die Einflüsse westlicher Kultur und Bildung. Sie waren eine wichtige Quelle für östliche nationalistische Befreiungsideologien, wenn auch nicht die einzige. Andere Faktoren wie die Weltreligionen greifen, jenseits des Gegensatzes zwischen Okzident und Orient, ebenfalls tief in die globalen Zusammenhänge ein, sowohl in der Vergangenheit als auch in der Gegenwart. Auch sie eröffnen neue Wirkungskanäle, ermöglichen globale Mobilität für asiatische und afrikanische Akteure, die nicht nur einseitig westlich vorstrukturiert ist. Insofern, und hier liegt ein entscheidender Vorzug globaler Prozesse und Denkweise, gehen globale Abhängigkeiten deutlich über die einseitigen Dependanzen des Kolonialismus, des Transfers von Kapitalismus und Entwicklung hinaus. Globale Interaktion enthält *per se* immer das Wechselspiel, in dem beide Seiten engagiert sind und sich beide Seiten verändern.

II

Das Thema "Akteure des Wandels" bezeichnet eines von drei Gruppenprojekten des Zentrums, die im wesentlichen historische, kulturelle und religiöse Aspekte globaler Prozesse, also der Globalisierung im weiteren Sinne des Wortes, untersuchen. Dabei sind die Projektgruppen interregional und interdisziplinär konstituiert. Unsere Projektgruppe befaßt sich mit Individuen und Gruppen, die wir "Akteure des Wandels" bezeichnen. Im Unterschied dazu befassen sich die beiden anderen Gruppen mit Reaktionen und Wahrnehmungen im Islam sowie mit Lokalität und Staat. Eine grobe Unterscheidung der Anliegen ist auch dadurch möglich, daß wir uns mit Personen befassen, die Gruppe Islam hauptsächlich mit Texten und die Gruppe Lokalität vor allem mit Strukturen. Schon daraus wird deutlich, daß wir uns nicht mit globalen Prozessen als selbständigem Phänomen, also mit globalen Einrichtungen oder global agierenden Subjekten, sondern mit ihren Auswirkungen in und auf Asien und Afrika befassen, wie die Menschen dort darauf reagierten oder darin eingebunden waren. Als Akteure des Wandels bezeichnen wir jene, die an den Schnittflächen der Kulturen agierten und dort mehrfache Identitätsbindungen eingegangen sind. Wir haben aus den Konzepten der *Global Culture*-Debatte den Begriff der Zwischenräume aufgegriffen, der "in-between spaces" um mit dem erwähnten Buch von Homi Bhabhas Buch *Location of Culture*[1], zu sprechen. Dieser Begriff geht davon aus, daß sich Kulturunterschiede vorrangig an den Grenzen von Kulturen manifestieren. Wenn sich aber global die Kultureinflüsse immer mehr annähern, wo ist dann der Standort der Kultur? Was passiert, wenn die kulturellen Grenzen verschwinden? Woher beziehen Menschen und Gruppen ihre Identität? Da erregen die Zwischenräume, die Menschen, die in zwei und mehr Kulturen leben, besonderes Interesse.

Diese Erscheinung nimmt nicht nur heute bei wachsenden Migrationsströmen und globalen kulturellen Einflüssen zu. Eine klassische Ausprägung hat dieser Menschentyp aus den Zwischenräumen und Übergangssituationen in Gesellschaften erfahren, die von anderen Kulturen beherrscht wurden, weil sie eine Mittlerfunktion zwischen verschiedenen Traditionen ausübten. Das sind in unserem Projekt einige der Kolonien und westlich beherrschten Länder Asiens und Afrikas. Uns interessiert besonders, wie diese Menschen die Spannungen zwischen ihrem eigenen Erbe und den durch globale Faktoren, zumeist westlichen Ursprungs, hineingetragenen Anliegen ausgehalten haben. Und wir finden viele, die ganz selbstverständlich mit diesem Spagat zwischen Globalität und Lokalem gelebt haben. Oft waren sie Akteure des Wandels. Die an Zwischenstadien reichen Länder Asiens und Afrikas zeigen, wie Menschen unter dem Einfluß globaler Phänomene gelebt haben, ohne die indigene Bindung oder Besonderheit zu verlieren. Sie waren deshalb nicht unvollkommene Westler, als die sie manchmal behandelt wurden, oder Verräter an der eigenen

Tradition, als die sie manchmal von politischen Rivalen beschimpft wurden. In gewisser Weise waren sie beides, dem Westen nicht völlig zugewandt und der eigenen Tradition nicht entsagend, und beides zugleich und beides legitim. Wir glauben, daß die Untersuchung dieser Erfahrungen dazu beitragen kann, mehr zu wissen darüber, wie Menschen in Asien und Afrika auf eine ganz direkte Weise in globale Prozesse eingebunden waren und zugleich ihre Identität bewahrten. Wir könnten so mehr über diese Zeit und wahrscheinlich auch mehr über unsere Gegenwart erfahren.

III

Das Anliegen der Arbeitstagung bestand darin, daß die Teilnehmer Werkstattberichte lieferten. Es wurde also Wert darauf gelegt, auch Unfertiges oder Angedachtes vorzutragen, also mehr Fragen auszulösen als vorgefertigte Antworten zu präsentieren. Es ist nur folgerichtig, daß sich dies auch in den Beiträgen dieses Bandes niederschlägt, und das ist auch so beabsichtigt. Wir hoffen dennoch, daß sie für den Leser ihren eigenen Wert besitzen. Der könnte darin bestehen, aus unterschiedlichen Blickwinkeln zu beobachten, wie sich westliche Akademiker an indigenen Akteure Asiens und Afrikas "herantasten" und welche theoretischen und praktischen Probleme dabei auftauchen.

Die Suche nach geeigneten Konzepten in den einzelnen Beiträgen, um die Akteure und ihr Wirken zu fassen, richtete sich in starkem Maße nach dem Forschungssubjekt. In der Hinwendung zu neueren Ansätzen von Mutter- oder Querschnittsdisziplinen, die in allen Beiträgen sichtbar wird, liegt zugleich ein universalistischer Ansatz, der die prinzipielle globale Gleichheit oder, genauer gesagt, Vergleichbarkeit zugrunde legt. Das ist vor allem auch so, weil dieser Ansatz von einer globalen Interaktion ausgeht.

Es geht darum, herkömmliche Verfahren in Frage zu stellen, die eindeutige Zuschreibungen und Einordnungen zum Ziel hatten, sei es nun die Modernisierungstheorie oder "orthodoxe" Marxismus-Vorstellungen. Diese Vielschichtigkeit wird durch die Mittlerfunktion der Akteure bewirkt, die in dem Begegnungsfeld agierten.

Bedeutsam ist, daß es sich um *historische* Fallstudien handelt. Das vor allem deshalb, weil sie von globaler Interaktion in einer Zeit künden, als von Globalisierung *per se* nicht die Rede war. In diesem Zusammenhang erscheint es nützlich, auf Gemeinsamkeiten und Unterschiede kultureller Mittler in den historischen Fällen und in der unmittelbaren Gegenwart hinzuweisen.

Parallelen bestehen zu heute insofern, als von den historischen Akteuren ebenfalls permanent Grenzen überschritten wurden, sowohl geografische als auch kulturelle und konzeptionelle. Sie waren und sind hin- und hergerissen zwischen verschiedenen Identitäten, bereit und in der Lage, nach unterschiedlichen Situationen und Erfordernissen verschiedene Bezüge aufzunehmen.

Sehr verschieden von damals zu heute waren die Bedingungen des Grenzgängertums, auch wenn es hier wieder Parallelen gab. Die Bewegung von Menschen und Ideen um den Erdball war zu jener Zeit noch nicht zum Regelfall geworden, aber sie bildete ein wichtiges funktionales Element, das die wichtigsten globalen Systeme in Gang hielt, die global orientierten Kolonialsysteme, den Welthandel oder die Religionssysteme. Verglichen mit heute war ihr globaler Charakter erst in der Ausprägung, mit klarer ausgebildeten regionalen Schwerpunkten. Vor allem fehlte es an der faktischen Gleichzeitigkeit der Fähigkeit zu produzieren, zu verteilen und zu konsumieren, an nahezu jeder beliebigen Stelle des Erdballs, was die heuige ökonomische Globalisierung kennzeichnet.

In der Gegenwart wird dieses Phänomen zu einer Massenerscheinung, zu einem neuen Standard, und sei es durch den ganz alltäglichen Medienzugang zu den verschiedenen multikulturellen Erfahrungen. In den von uns untersuchten Zeiträumen des 18. bis zum beginnenden 20. Jahrhundert waren die kulturellen Mittler Randgruppen. Entsprechend der großen Fülle unterschiedlicher Kultureinflüsse waren sie äußerst heterogen. Auch heute sind kulturelle Mittler äußerst heterogen, was sich aus den verschiedenen Formen des Kulturkontaktes ergibt. In der Vergangenheit war dieser Kulturkontakt jedoch eindeutiger durch Herrschaftsmechanismen strukturiert, auch wenn diese ihre Wirkung nicht völlig eingebüßt haben.

Die historischen Akteure existierten an den *Nahtstellen* des westlichen Einflusses (christliche Missionare, Konvertiten, administrative Eliten im Kongo, Tanzania, Tamilnadu/Indien) oder in *authochtonen* Kulturbereichen, die sich mit dem westlichen bzw. modernen nationalistischen Einfluß auseinandersetzen mußten (Bauernführer, Arbeiter, islamische Gruppen in Indien). Sie suchten den westlichen Kontakt *aktiv*, um sich aufzuwerten (Missionare, Konvertiten, administrative Eliten), oder *reaktiv*, um im Prozeß der rasanten gesellschaftlichen Veränderungen ihre Chancen zu wahren (islamische Gruppen, Arbeiter, Bauernführer in Indien).

Beide Formen der Mittlerfunktion, die aktive wie die reaktive, waren Ausdruck der Herrschaftsverhältnisse. Prinzipiell war es erstrebenswert, für die aktive Reaktion, oder unausweichlich, ja geradezu erzwungen, im reaktiven Fall, sich auf die westlichen, oft kolonialen Werte zuzubewegen. Heute ist die globale kulturelle Interaktion zwar kein *level playing field*, sondern durchaus vorstrukturiert, sei es durch die geografische Verteilung von Kapital und Technik, wie von Computern. Westliche Werte bleiben aber in der kulturellen Vermittlung die "Erstrebenswerteren". Deutlich sind jedoch Gegenreaktionen spürbar, wenn in Indien etwa Kampagnen zur Verteidigung der einheimischen Kultur gegen westliche Überfremdung laufen oder die islamischen Länder für sich die Renaissance einer authochtonen religiösen Kultur reklamieren. Erfolgreich sind sie dabei leider oft nur, wie im Fall der Islamisierungsbestrebungen, wenn autoritäre Mittel die vermeintlich authochtone Ordnung vom westlichen Einfluß abschotten. Erfolgreichere Gegenreaktionen gegen einseitige westlichkulturelle Dominanz vollziehen sich heute oft eher in den westlichen Metropolen selbst im Zeichen von Multikulturalität und den Forderungen ethnischer Einwanderer nach mehr Rechten und Mitsprache.

Die große Heterogenität macht die historischen wie die heutigen Akteure des Wandels schwer vergleichbar. Für die Zwecke unseres Projektes scheint uns jedoch, daß man an die historischen Akteure und ihr Wirken eine Reihe gleicher Fragen stellen kann, die einen Ansatz zur Vergleichbarkeit bieten. Deren Beantwortung steht bei den einzelnen Projekten zwar noch am Anfang, wird aber in Zukunft wohl größeren Raum einnehmen. Um ihren Akteursstatus näher zu bestimmen, wäre es interessant zu fragen,

- wo agierten sie, zwischen welchen kulturellen Einflüssen vermittelten sie, worin bestanden in diesem Dialog oder Spannungsverhältnis ihre Aktionen (Konvertiten: Konversion, islamische Gruppen: öffentliches Engagement, Bauernführer: Mobilisierung der Bauernschaft etc).
- wie waren die kulturellen Einflüsse beschaffen, zwischen denen sie vermittelten, welche Grenzen überschritten sie und wie sah das Land dahinter jeweils aus (Konvertiten: einheimische Religion/Christentum; indische Arbeiterkultur: westliche Traditionen der Arbeiterorganisation/lokale Kulturtraditionen; administrative Eliten Tanzanias: westliche Herrschaftskonzepte/einheimische Klientel und Machttraditionen etc.).
- Welche Art von Wandel bewirkten sie im engeren Umfeld, und wie veränderten sie sich dabei selbst (wieviel Leute bekehrten z. B. die tamilischen Nationalarbeiter zum Christentum und welche Haltung nahmen sie dabei ein; wie entwickelte sich das Engagement der islamischen Gruppen in Indien im öffentlichen Raum und wie brachten sie es in Einklang mit ihren religiösen Grundsätzen etc.)
- Welchen Wandel oder welche Transformationsprozesse im weiteren Sinne symbolisierten sie durch ihre Aktionen oder beförderten sie, symbolisiert etwa in den hohen sozialen und kulturellen Entwicklungsindikatoren in den Gebieten Indiens mit hohem christlichem Einfluß, z.B. in Kerala und z.T. Tamilnadu.

Als schwierig erweist sich das Problem, die beiden (oder mehreren) Seiten zu charakterisieren, zwischen denen die kulturellen Mittler agieren. Sie selbst stellen sie häufig als ein Spannungsverhältnis zwischen ihrer eigenen *Tradition* oder Herkunft, und den globalen, zumeist westlichen Einflüssen dar. Dies macht jedoch besonders deutlich, wie relativ der Begriff der Tradition zu verstehen war und ist. Irreführend wäre, daraus die Dichotomie abzuleiten, daß sie zwischen Tradition und Moderne agieren. Das würde einheimische Tradition als essentialistisch ausweisen, also schon immer so und unveränderlich dagewesen, aus dem Bestand einer Ur-Identität erwachsen, quasi göttlichen Ursprungs. Zugleich wäre Tradition auf diese Weise immer als konservativ, rückständig und überholt gebrandmarkt. Der Part der Moderne würde in diesem Fall oft der Kolonialmacht zufallen, die zwar soziale Verhältnisse umgestaltet und modernisiert, aber zugleich auch zutiefst fortschrittsfeindlich agiert, obwohl Fortschritt und Aufklärung ja Merkmale der Moderne sein sollen. Zudem greifen die westlichen Kolonialmächte oft auf sehr traditionelle Herrschaftsformen und auf konservative, traditionelle soziale Schichten zurück. Bei der Tradition wiederum, die von vielen Akteuren im Munde geführt wurde, handelte es sich zumeist um ein relativ modernes Produkt, um etwas historisch Gewachsenes. Es war Tradition nicht im Sinne unveränderlich essentialistischer Werte und Normen, im Sinne des Alten, scheinbar schon immer und unveränderlich bestehenden als Gegensatz zum Neuen, sondern im Sinne des Vorgefundenen, eher noch der kulturellen Erfahrung. In gewisser Weise stehen sich bei den Akteuren des Wandels unterschiedliche Reaktionen auf die Moderne gegenüber, sind doch die meisten religiösen und ethnischen Erweckungsbewegungen des 19. Jahrhunderts, etwa in Indien, ohne die "Moderne" nicht denkbar, darunter auch der sogenannte Fundamentalismus.

Dem Begriff der Erfahrung könnte daher in der weiteren Analyse der Akteure möglicherweise eine größere Rolle zukommen. Er ist offen für die historische Veränderung. Er bezeichnet z. T. genauer das, um was es den Akteuren geht, nämlich die kulturelle Erfahrung ihrer Vorgenerationen, mit denen sie sich auseinandersetzen müssen, und er läßt die Einbeziehung kontemporärer Einflüsse zu, die oft nahtlos in diese Erfahrung inkorporiert und zu neuer "Tradition" geschmiedet werden.

IV

Wenn man von dem Motto der Arbeitstagung ausgeht und sich die Beiträge auf gemeinsame oder vergleichbar Aspekte hinsichtlich der Themenstellung "Konzepte und Quellen" ansieht, dann fallen eine Reihe von durchgehenden Argumentationslinien auf, die es mir wert erscheinen, hier noch mal zusammengeführt zu werden:

In bezug auf die Konzepte greifen sie häufig neuere Ansätze in einzelnen Querschnittsdisziplinen der Sozial- und Geisteswissenschaften auf, die sie für die Analyse von Akteuren des Wandels in Asien und Afrika fruchtbar machen.

Das ist bei *Andreas Eckert* die Diskussion um Herrschaft und Alltag. Bemerkenswert ist hier, wie Diskussionen um die europäische Alltagsgeschichte genutzt werden, um auch für Afrika den Begriff von Alltag näher zu fassen.[3]

Auch im Beitrag von *Annemarie Hafner* spielt die Hinwendung zur Alltagsgeschichtsschreibung und Volkskundeforschung eine große Rolle, um die Arbeiterkultur zu erfassen, die hier in erster Linie als Alltagskultur begriffen wird.[4] Das trägt zu Entmystifizierung der afrikanischen und asiatischen Verhältnisse bei und legt den Blick frei auf die Funktionalität von Zusammenhängen.

Joachim Heidrich, der angesichts der Globalisierungsdiskussion den dankenswerten Versuch unternimmt, indische Universalismustheorien und indigene Universalismuskonzepte ins Verhältnis zu westlichen Gloablisierungsvorstellungen zu setzen, nimmt Anleihen bei Theorien aus dem Gebiet der Soziologie und Sozialanthropologie über Transformationsprozesse in den Ländern Asiens und Afrikas, die auf die Multidimensionalität des Geschichtsprozesses Wert legen.[5]

Petra Heidrich setzt sich mit der Diskussion in der marxistisch inspirierten Geschichtswissenschaft zur Rolle des Subjekts in der Geschichte auseinander, inwieweit der Einzelfall stellvertretend für einen gesamten gesellschaftlichen Kontext stehen kann. Besonders interessant erscheint, die einzelne Biografie als "Fenster auf den gesellschaftlichen Wandel" zu betrachten, um so Mikro- und Makrogeschichte zu verbinden. Dazu geht sie u.a. auf Hedwig Röckeleins Beitrag zur psychohistorischen Methode zur "neuen historischen Biographie", zu Arbeiten über Mentalitätsgeschichte von Vovelle und auf Hobsbawm ein.[6]

Camilla Dawletschin-Linder bewegt die Rolle der subjektiven Biographie, insbesondere auch im kulturellen Kontext des Nahen und Mittleren Ostens, wofür sie auf Arbeiten zur Biografie im westlichen Kontext ebenso zurückgeht wie auf biografische Studien zum Nahen Osten, einem der Türkei verwandten und vergleichbaren Raum.[7]

Katja Füllberg-Stolberg und *Heike Liebau* widmen sich der zunehmenden Verarbeitung von Missionsquellen in der Geschichtsschreibung und als *social commentators* (Oddie) in Anlehnung an Jürgen Osterhammels *Kolonialismus. Geschichte, Formen, Folgen*, Richard Grays *Black Christians and White Missionaries*, und Bickers/Setons *Missionary Encounters. Sources and Issues*.[8]

Die unterschiedlichen konzeptionellen Ansätze versuchen, die Analyse der asiatischen und afrikanischen Verhältnisse zu "entexotisieren", indem sie Theorien und Konzepte auf ihre Verwendbarkeit prüfen, die urspünglich im westlichen oder europäischen Kontext entwickelt wurden. Das zeigt sich besonders deutlich in der Mentalitäts- und Alltagsgeschichte.

Dabei wird deutlich, wie ihre Akteure westliche und indigene Sichtweisen kontrastieren oder verbinden müssen, da sich in ihnen die verschiedenen kulturellen Bezugsebenen schneiden.

Kersti Aßmann zeigt, wie Reverend J. J. M. Nichols-Roy vom Volk der Khasi in Assam, Indien, zeit seines Lebens versuchte, zwischen den Interessen seiner Stammesgenossen und dem offiziellen indischen Staat in Gestalt der Provinzregierung von Assam bzw. der regierenden Kongreßpartei zu vermitteln. Dadurch kam er oft mit beiden Seiten in Konflikt. Gegenüber seinen Stammesgenossen, die vollständige Autonomie forderten, setzte er sich für die Integration in eine gesamtindische entwickelte Gesellschaft ein. Gegenüber den gesamtindischen Kongreßpolitikern, die die Stammesbevölkerung durch schnelle Assimilierung, ohne Rücksicht auf ihre Besonderheiten, unter ihre Kontrolle bringen und die Rechtsverhältnisse Indiens auf die Stammesbevölkerung übertragen wollten, vertrat er wiederum eine Übergangszeit, in der ihre besonderen Interessen geschützt werden sollten.[9]

Swami Sahajanand Saraswati, den Petra Heidrich untersucht, verband die orthodoxe Hindu-Kultur eines Bettelmönches mit den Aktivitäten eines politischen Aktivisten der Kongreß-Partei, der sich unter den Bauern seiner Heimatregion engagierte. Bei ihm führte der Kontrast der Lebensweisen und Ansichten zu Brüchen. Kastenfragen verloren für ihn an Bedeutung. Religiosität wurde für ihn zur Privatsache. Größere Kontinuität wies das Leben des anderen Bauernführers, N. G. Ranga, auf, der seinen Einsatz für die Bauernkaste der Kamma mit seinen Erfahrungen während eines Studiums in Oxford verband, wo er sich unter anderem vom fabianischen Sozialismus anregen ließ.[10]

Afro-amerikanische Missionare der presbyterianischen Kongo-Mission sehen sich, wie Katja Füllberg-Stolberg feststellt, zwischen ihre westliche Erziehung und die vermeintliche Verpflichtung der afrikanischen Tradition gestellt. Dabei haben sie sich stets als Vertreter des christlichen, "zivilisierten" Amerika gesehen. Die von ihnen in die Missionsarbeit einbezogenen afrikanischen Konvertiten sollen im weiteren Verlauf des Projektes stärker im Mittelpunkt stehen. Auch sie bekannten sich überwiegend zum westlich-christlichen Charakter der Missionsarbeit. Die von Heike Liebau untersuchten Nationalarbeiter der Dänisch-Halleschen Tranquebarmission in Indien machten ihre indische Identität offensichtlich stärker deutlich, besonders auch durch ihren Beitrag zu einer indischen Einfärbung des Christentums.[11]

Das "Schneiden" oder die "Verbindung" der unterschiedlichen Identitätsansätze führt zu Kulturformen eigener Berechtigung. Weder sollten die Akteure als Produkte von "Mischformen" oder unfertiger Modernisierungen angesehen werden noch als Verräter an der Tradition. Sie lokalisieren die globalen Einflüsse, indem sie beispielsweise das Christentum im Kongo oder in Tamilnadu den heimischen Gegebenheiten anpassen. Ähnlich agieren die islamischen Gruppen in Indien (*Dietrich Reetz*), die durch ihr eigenwilliges Engagement im öffentlichen Raum das westliche System politischer Demokratie für ihre traditionellen Anhänger akzeptabel machen. Zum Teil modellieren sie ihre eigenen scheinbar traditionellen Organisationen nach dem Vorbild westlicher Institutionen, wenn etwa das orthodoxe Deoband-Seminar oder das religiöse Nadwa-Seminar in Lucknow wie englische Colleges angelegt sind.[12] Die Akteure bringen nicht nur ihre orthodoxen oder einheimischen Anhänger mit in die Transformationsprozesse ein, sondern die Transformationsprozesse selber, die Christianisierung, die Ausbreitung des westlichen politischen Systems in Indien, die Herausbildung einer Arbeiterklasse und -kultur in Indien verändern sich, nehmen trotz ihrer "gobalen" Herkunft den unverwechselbaren "lokalen" Charakter iher Kultur an. Auf diese Weise bestätigen die Transformationsprozesse einerseit den universellen Charakter ihrer Entstehung und andererseits den einmaligen und unverwechselbaren Charakter ihrer Umsetzung.

Deutlich wurde, daß es nicht so einfach ist, sich von der westlichen Perspektive auf die Akteure zu lösen, die zum Teil durch die Quellen bedingt ist, und zu adäquaten Formen zu finden, um ihre "Innenansicht" in diesem Dualismus darzustellen, also insbesondere auch die indigene Sicht einzubeziehen.

Wenn man nach der indigenen Perspektive fragt, dann wäre in stärkerem Maße das Selbstverständnis der Akteure zu erkunden. Es könnte im Fortgang der Projekte interessant sein festzustellen, welche Vorstellungen die Akteure selbst hatten, wie etwa das afrikanische Macht- und Herrschaftsverständnis bei der administrativen Elite Tanzanias aussah (Eckert), ob die indischen Arbeiter eine eigene Vorstellung von Arbeiterkultur hatten (Hafner), welche Vorstellungen der türkische Politiker Bayar von seiner eigenen Rolle hatte (Dawletschin), wie konvertierte Christen in Indien oder im Kongo-Gebiet ihre Rolle im Verhältnis zu den einheimischen Religionen sahen (Liebau/Füllberg-Stolberg).

Der Erfahrungsaustausch zur Quellenproblematik machte die Probleme deutlich, die mit der Auffindung, Würdigung und Aussagekraft "orientalischer" Quellen sowie ihrer Einordnung in die Konzepte verbunden sind. Das trifft besonders auf Biographien und Autobiographien zu. Der dominierende Positivismus des Westens, der auch die westliche Theoriebildung strukturiert, nicht auf Sitten- und Stimmungsgemälde aus ist, sondern auf die Beweisbarkeit, Nachvollziehbarkeit und Vergleichbarkeit wissenschaftlicher Recherchen, steht mitunter einer gerechten Würdigung der oft als moralische Lehrstücke angelegten Biographien oder Autobiographien im Wege. Ein Ausweg kann darin bestehen, sie mit anderen zeitgenössischen Quellen zu kontrastieren bzw. sie kritisch zu werten und als Zeugnisse des Selbstverständnisses einzubeziehen, ohne dabei auf eine Gesamtwertung der Epoche und sozialen Verhältnisse zu verzichten.

Summarisch kann festgestellt werden, daß alle Teilnehmer sich über die Nützlichkeit des Austausches einig waren und es für sinnvoll erachteten, im Rahmen des Projektes sowie mit interessierten Teilnehmern von außen diese Vergleichsstudien weiterzuführen und in eine Publikation münden zu lassen. Diese soll die untersuchten "Akteure des Wandels" einem unmittelbaren Vergleich aussetzen, um so die Vielzahl der historischen Bedingungen und die Unterschiedlichkeit ihres Wirkens noch besser für das Verständnis der komplizierten Mechanismen interkultureller Vermittlung zu nutzen.

Einführung

Für die redaktionelle Arbeit möchten wir recht herzlich Frau Margret Liepach vom Zentrum Moderner Orient danken.

Anmerkungen

1   Zum Standort der Kultur vgl. hier Homi Bhabha, Location of Culture, London 1994; Mike Featherstone (Hg.), Global Culture. Nationalism, Globalization and Modernity, London 1994.
2   Arjun Appadurai, Modernity at Large: Cultural Dimensions of Globalization, Minneapolis 1996, S. 4.
3   Im vorliegenden Band S. 39ff.
4   Hier S. 130ff.
5   Vgl. hier S. 19ff.
6   Vgl. ihren Beitrag S. 62ff.
7   Vgl. hier S. 103ff.
8   Vgl. S. 170ff.
9   Vgl. S. 88ff. des vorliegenden Bandes.
10 Vgl. S. 69ff.
11 Vgl. S. 177ff.
12 Vgl. S. 153ff.

Zugang zum Weltbild des kolonialen Individuums. Ost-West-Kulturvergleich als konstitutives Element im Denken indischer Intellektueller am Beginn des 20. Jahrhunderts

Joachim Heidrich

Problemstellung

Am Beginn des 20. Jahrhunderts befaßten sich indische Intellektuelle mit den Voraussetzungen für die Erneuerung ihres Landes. Sie durchdachten Möglichkeiten der gesellschaftlichen Reform, der Überwindung des Entwicklungsrückstandes, suchten nach eigener Identität und hinterfragten das Ost-West-Verhältnis in Geschichte und Gegenwart. Als Individuen befanden sie sich im Zustand kolonialer Entfremdung - in dem Sinn, den Homi Bhabha anhand der Erörterung von Fanon dem Begriff unterlegt: "It is not the Colonialist Self or the Colonized Other, but the disturbing distance in between that constitutes the figure of colonial otherness..."[1] Hier setzt meine Thematik an, die aus dem Interesse an Transformationsprozessen und deren Trägern in der indischen Gesellschaft oder an Indiens Weg in die Moderne hervorgegangen ist. Die Thematik tangiert, obgleich historisch angelegt, die aktuelle Diskussion über Globalisierung und deren Relevanz für ehemals koloniale bzw. Entwicklungsländer.

Die erste Frage gilt den theoretisch-methodischen Voraussetzungen. Unter dem Stichwort Globalisierung wird vorrangig die weltweite Ausbreitung und Funktionsweise des Kapitalismus oder dessen politische Ökonomie in internationalen Dimensionen abgehandelt. Ältere Theoriebildungen unterschiedlicher ideologischer Provenienz erwecken oft den Eindruck, als bewegten sich Strukturen oder Systeme kraft innerer Logik und ohne wesentliches Zutun gesellschaftlicher Akteure durch Raum und Zeit. Einem ähnlichen Verfahren folgen aber auch Darstellungen anderer Bereiche, in denen Globalisierung stattfindet, wie dem der Kultur.

Das Ausmaß überregionaler und interkontinentaler Kommunikation und Interaktion rechtfertigt, von der Herausbildung einer Weltgesellschaft in der historischen Neuzeit zu sprechen. Bedeutet die Verdichtung der weltumspannenden Beziehungen die Konstituierung *einer* globalen Kultur - der Begriff suggeriert ja eine Tendenz der Homogenisierung - , oder tendiert die Bewegung eher in Richtung einer stärkeren Diversifizierung und Verfestigung von Heterogenität, worauf Phänomene wie die Multidimensionalität der Marktexpansion, die Revitalisierung oder Neukonstituierung von Ethno-Nationalismen oder des kulturell und religiös motivierten Exklusivismus in der politischen Arena und die Verselbständigung einzelner kultureller Bereiche (Medien!) hinzudeuten scheinen? Löst sich Menschheitsgeschichte in partikuläre Sphären auf und findet geschichtliche Bewegung auf separaten Horizonten statt? *Appadurai* sieht in poststrukturalistischer Manier das Zentralproblem der gegenwärtigen globalen Interaktion in den Spannungen zwischen kultureller Homogenisierung und kultureller Heterogenität und erklärt die Analyse der Ausdifferenzierung autonomer Teilbereiche zu einer Hauptaufgabe. Herkömmliche Erklärungsmuster jedenfalls reichen zum Erfassen der neuen Wirklichkeit nicht aus. Das Strukturkonzept der Weltsystemtheoretiker steht ebenso zur Debatte wie der Dekonstruktivismus der Postmoderne-Theoretiker, die im übrigen den universalhistorischen Zusammenhang zwischen Zentren der Entwicklung und peripheren Regionen aus ihren Betrachtungen ausklammern.

Unbestreitbar ist, daß der Gegenstand genetisch mit der Moderne im Sinne eines Epochebegriffs zusammenhängt. Mit dem Begriff werden höchst unterschiedliche Sinngehalte verbunden.[2] Hier interessiert er vor allem als Kategorie zur Bezeichnung bestimmter Merkmale moderner Gesellschaftsentwicklung. Es reicht m.E. aber nicht aus, den Begriff abstrakt zu verwenden. In Übereinstimmung mit den geschichtlichen Gegebenheiten sollte darunter die durch kapitalistische Vorzeichen bestimmte und historisch mit dem liberalen Projekt verbundene Gesellschaft und Kultur verstanden werden. Inzwischen liegen anregende sozialanthropologische Studien vor, die sozialen und kulturellen Aspekten der gesellschaftlichen Transformation in Entwicklungsländern im Kontext der ökonomisch-technischen und Marktglobalisierung nachgehen.[3] Autoren solcher Arbeiten wagen ungeachtet des wiederholt beschworenen 'Endes der großen Theorien' eine Gesamtschau auf die neuzeitliche Geschichte oder die Geschichte der Moderne und stellen sich der Aufgabe, aufgrund empirischer Befunde Theorien mittlerer Reichweite zu entwerfen. Auch wenn sie die beobachteten Transformationen und Übergänge von einer Wirtschaftsweise zu einer anderen nicht mit der Manifestation soziokultureller Stadien in Gesellschaft und Wirtschaft gleichsetzen, bedeutet für sie die Anerkennung von Multidimensionalität kein Zugeständnis an theoretische Beliebigkeit. Der Soziologe *Hans-Dieter Evers* formulierte es so:

> "Die Anerkennung der Multidimensionalität anstelle einer eindimensionalen Theorie der Homogenisierung *einer* Welt entspricht der Realität empirischer Befunde. Ich denke jedoch, daß Prozesse und Dimensionen noch klar erkennbar sind, solange man nicht in die Falle der postmodernen Theorie fällt."[4]

Es ist ein Positivum, wenn dabei auch die Kontinuität von präkolonialer, kolonialer und postkolonialer Situation hinterfragt wird. Vor dem Hintergrund stellt sich das Verhältnis von Globalisierung und lokaler kultureller Konfiguration als dynamischer Zusammenhang und nicht als abstrakte Entgegensetzung von Global- und Lokalkultur. Folgerichtig ergibt sich daraus die Aufgabe, die Subjekte der geschichtlichen Bewegung zu rekonzeptualisieren, wobei Korrekturen bisheriger Auffassungen unumgänglich sind.[5]

Einschlägige Arbeiten identifizieren den Faktor Kultur als konstituierende Variable in Transformationsprozessen; sie gehen im konkreten Kontext dem Wechselspiel von kultureller Präfiguration und politökonomischen Interessenkonstellationen nach und beziehen außerdem die Akteure ins Blickfeld ein. Eine summarische Schlußfolgerung aus dem empirischen Befund lautet: Bei der Formierung von Lokalkulturen in der modernen Globalgesellschaft spielen aus transformationstheoretischer Perspektive "kulturell geprägte Wahrnehmungsschemata und Präferenzhierarchien der Akteure im Entwicklungsprozeß" eine Rolle.[6] Nach *Andreas Wimmer* liegt dem "Wechselspiel zwischen kultureller Präfiguration und politökonomischen Interessenkonstellationen" in ihrer Eigenschaft als geschichtsmächtige Faktoren folgendes zugrunde. Seit dem Aufkommen des Weltsystems in der frühen Neuzeit geht von dessen Zentren auf andere Regionen ein ständiger Druck aus, deren institutionelle und kulturelle Muster zu übernehmen. Die solcherart an potentielle Akteure herangetragenen "Sinnangebote zu Handlungsmustern" werden - so Wimmer - jedoch nur dann aufgenommen und zu Bestandteilen ihrer habituellen Disposition, wenn dies aus der Perspektive ihrer wahrgenommenen Interessen Sinn macht. Ansonsten entstehen gegen den Hegemonialdruck gerichtete Subkulturen und Gegenwelten.[7]

Hier drängt sich ein weiterer methodischer Gesichtspunkt auf. Stets interveniert die Geschichte. Kultur ist keine beständige, sondern eine gewordene Größe. Geschichte produziert und verändert auch die Akteure, weist ihnen in verschiedenartigen Situationen unterschiedliche Aufgaben zu oder verdrängt sie von der Bühne, bestimmt den Entscheidungsspielraum der lokalen Akteure bei der Übernahme globalgesellschaftlicher Deutungsmuster und Handlungsmatrizen und ihrer Einpassung ins Muster bereits bestehender Schemata.

Gerade aus Untersuchungen zu Vorgängen auf dem südasiatischen Subkontinent resultiert die Feststellung, daß die Behandlung von Themen mit Bezug auf diesen Raum weder auf die Geschichte verzichten, noch eine kognitive Konstellation umgehen kann, die durch eine spezifische diskursive Formation, "Orientalismus" genannt, geprägt ist.[8] Ferner wird verlangt, die kolonialisierten Subjekte nicht bloß als passive Reproduzenten und Multiplikatoren hegemonialer Projekte zu betrachten, sondern sie als selbständige Akteure zu würdigen, deren Denkhaltung und Diskurse fundamentale Bedeutung für die Gestaltung ihrer Gesellschaft hatten.[9] Im Anschluß daran stellen sich Fragen zu den Motivationen und Optionen der Akteure, zum Verhältnis von Modernisierung und Verwestlichung, zu den Wegen transkultureller Interaktion.

Modernisierungstheorien als Erklärungsmuster bisheriger und Leitlinie gegenwärtiger wie künftiger Entwicklung gelten heutzutage zurecht weitgehend als obsolet.[10] Das betrifft ebenso die Vorstellung von der einlinigen und eindimensionalen Evolution als Inbegriff des modernisierenden Fortschritts. Entgegen früheren Erwartungen und Hoffnungen anderer, vor allem sog. postkolonialer Gesellschaften, lassen sich die Lebensformen der hochindustrialisierten Gesellschaften nicht universalisieren. Die Erfahrung ist sicherlich ein Grund für den heutzutage modischen Geschichtspessimismus. Deswegen hat allerdings der Begriff Modernität als Kriterium der Epochengliederung seinen Nutzen nicht verloren. Es ist kaum zu bezweifeln, daß die heutige Welt Ergebnis einer Modernisierung älterer Zustände ist und insofern in Kontinuität zu vorausgegangenen Epochen wie Kulturformen steht, wenngleich die Vorstellung davon, was Modernisierung ausmacht, aus dem "westlichen", d.i. europäischen, Geschichtsverlauf hergeleitet ist. Die Wurzeln der Vorgänge und der Vorstellungen davon liegen in der Rationalität und den Emanzipationsidealen der europäischen Aufklärung, in der von England ausgehenden industriellen und der französischen bürgerlichen Revolution. Dies festzustellen heißt nicht, den (west-)europäischen Weg zum universal gültigen Paradigma zu erklären oder einem eurozentrischen Weltbild das Wort zu reden. Getragen und bewegt vom Aufstieg der kapitalistischen Produktionsweise nahm der vom neuzeitlichen Europa ausgehende Prozeß im geschichtlichen Verlauf den Charakter eines hegemonialen Projekts von weltweitem Ausmaß an, ohne den als Leitbild vorgegebenen Idealzustand für einen Großteil der Menschheit zu verwirklichen. Mit den Folgen setzten sich intellektuelle und politische Akteure kolonialer und postkolonialer Gesellschaften im 20. Jahrhundert auseinander. Dem Anspruch des liberalen Projekts, Promotor des menschlichen Fortschritts und gesellschaftlicher Entwicklung zu sein, widersprach die koloniale Realität.

Der vielschichtige und in der Tendenz asymmetrische historische Verlauf ermöglichte die Konstruktion "des Anderen" in der Gestalt, die *Said* beklagt: die Instrumentalisierung der Vorstellung vom Orient als etwas im Vergleich zum Okzident grundlegend Anderem und - das war neu in der Periode nach der Aufklärung - den Einsatz des Konzepts als Werkzeug für die Durchsetzung wie als Stütze der etablierten europäischen politischen und kulturellen Dominanz.[11] Solches "Herrschaftswissen" im Gewand des ideologischen Konstrukts vom Orient gab den kolonial agierenden Staaten schließlich Machtmittel in die Hand, wie *Stuart Hall* schreibt, um die "Orientalen" sich sogar selbst als 'Andere' betrachten und erfahren zu lassen.[12] Denn Ausgangspunkt war die Annahme, daß der orientalistische Diskurs eine höhere Art des Wissens darstellt und dem Wissen der Orientalen von sich selbst überlegen ist. Die Konstellation bedingte zu einem guten Teil das Dilemma der kolonialen Identität, insbesondere jenes der kolonialen Intellektuellen.

Im weltgeschichtlichen Vergleich bietet sich das Verhältnis zwischen Modernisierung und Verwestlichung unterschiedlich dar. *Ali A. Mazrui* skizzierte auf hoher Abstraktionsstufe ansatzweise eine Typologie.[13] Er bezeichnet Japan als Beispiel für eine gelungene technisch-industrielle Modernisierung *ohne* kulturelle Verwestlichung (nach 1868) und erblickte einen Vorläufer des Weges ("neo-Japanese scenario of industrial development") in dem Anlauf zur Modernisierung Ägyptens ohne exzessive Verwestlichung unter Muhammad Ali im frühen 19. Jh., der allerdings bald durch die britische koloniale Intervention ab 1838 beendet wurde. Ein anderes Beispiel aus einer späteren Periode ist ihm die Türkei, wo sich Atatürk (in den 1920ern und 30ern) *gezwungen sah*, das Land kulturell zu verwestlichen, um eine industrielle Modernisierung durchführen zu können. Wiederum andersartig war das Schicksal Afrikas: es wurde laut Mazrui zu einem schmerzhaften Prozeß der kulturellen Verwestlichung *ohne* technische Modernisierung verdammt. Solche Überlegungen fordern zur Unterscheidung von Modernisierung und Verwestlichung als zwei disparater historischer Phänomene heraus und provozieren Überlegungen zur Rolle der Kultur im historischen Prozeß und zu deren Einfluß auf die Richtung der gesellschaftlichen Bewegung.

Umbruchsituation in Südasien

In Südasien vollzog sich am Beginn des 20. Jahrhundert in der Wahrnehmung der innergesellschaftlichen Transformationsprozesse wie der damaligen globalen Entwicklungstrends eine Wandlung. Naturgemäß betraf dies in erster Linie die intellektuelle Sphäre, reichte aber bis in die Arena der politischen Praxis hinein.

Indische Intellektuelle und Politiker, die sich die "Rekonstruktion" des nationalen Lebens zur Aufgabe machten, legten Entwürfe für das künftige Indien vor. Es handelte sich nicht um abstrakte Utopien, sondern um realitätsbezogene Visionen und politische Strategien. Sie gingen aus von der indischen Wirklichkeit und von den zeitgenössischen hegemonialen kulturellen Konstrukten. Im Grunde waren die Konzepte Alternativen zu den Folgeerscheinungen des unter kolonialen Bedingungen eindringenden Industriekapitalismus und zu der von der Kolonialmacht praktizierten Politik, die zwar Modernisierung und Transformation in manchen Bereichen der einheimischen Gesellschaft auslösten, doch nicht zu einer echten und selbsttragenden Entwicklung führten. Zum anderen waren die Konzepte Anti-Thesen zum okzidentalen Bild vom Orient. In ihrer Orientierung unterscheiden sie sich. Eine Variante befürwortete die Reformierung bestehender Verhältnisse, wobei ein in die Vergangenheit projizierter idealer "indischer" Gesellschaftszustand als Leitbild diente. Durch eine Doppelstrategie von Reform und Rückbesinnung auf positive authentische

Werte bzw. Institutionen sollte die Revitalisierung des Landes, seine Selbständigkeit und sein Aufstieg in die Reihe souveräner Nationen der Gegenwart erreicht werden. Eine andere Variante sah den Weg Indiens in der Realisierung von Entwicklungsstrategien und Visionen für die umfassende Modernisierung des Landes durch industriell-technischen Fortschritt nach dem Beispiel der seinerzeit führenden Mächte des Westens sowie Japans, wenngleich in den Farben Indiens. Als ein Beispiel für die erste Denkrichtung steht *Mohandas Karamchand Gandhi* (1869-1948) mit seiner frühen (1909) Strategieschrift *"Hind Swaraj"*; unterschiedliche Versionen der zweiten Kategorie repräsentieren exemplarisch die Schriften und Taten des universal gebildeten Ingenieurs und Administrators *Mokshagundam Visvesvaraya* (1861-1962) und die Ideen des auf vielen Wissensgebieten tätigen Soziologen und Ökonomen *Benoy Kumar Sarkar* (1887-1949). Die Persönlichkeiten und ihr Gesamtwerk sollen hier nicht näher betrachtet werden, wohl aber ihre Anliegen und ihr Wirkungsfeld.

Kolonialismus, nationale Entwicklung, Zivilisationskritik

Gegen Ende des 19. Jahrhunderts machten sich die indischen Liberalen von Illusionen über die wahren Intentionen der herrschenden Kreise Großbritanniens frei. Vordem glaubten sie zumeist - und das gilt auch für jene "ökonomischen Nationalisten", die bereits tiefe Einsichten in das Funktionieren der wirtschaftlichen Ausplünderung Indiens durch den Kolonialismus besaßen -, die britische Herrschaft sei eine günstige Voraussetzung für den politischen und sozialen Fortschritt Indiens, weil Großbritannien selbst einen fortgeschrittenen Zustand repräsentiere, wenn nur die Regierenden ihre in der Metropole propagierten und vertretenen liberalen Prinzipien auch anderswo praktizieren würden und ihrer Verpflichtung nachkämen, Indien zu entwickeln und hier den Geist des Fortschritts einzupflanzen.[14]

In der Phase des "neuen Imperialismus" Britanniens mußte es zunehmend als abwegig erscheinen, die Herausbildung einer neuen Sozialordnung und eines nationalen Selbstbewußtseins im Selbstlauf oder allein durch Propagieren von Idealen als Gegenstück zur Kolonialpraxis zu erwarten. Der Gedanke der Selbstverwaltung als erste Voraussetzung für die Neugestaltung Indiens gewann allmählich an Boden. Das zaghafte Herantasten an die Idee der Selbstbestimmung, zunächst in Analogie zu den "weißen" Dominien Großbritanniens konzipiert, drückte der Begriff *Swaraj* aus, der 1906 erstmals zur politischen Forderung des Indischen Nationalkongresses wurde und die Bedeutung von Selbstbestimmung über die eigenen inneren Angelegenheiten annahm. Als zentraler Bezugspunkt kristallisierte sich die Idee des *Swadeshi* (dem eigenen Land zugehörig) heraus. Ursprünglich auf den Schutz bzw. die Wiederbelebung und Entfaltung einheimischer Gewerbe und in indischer Hand befindlicher

Industrien sowie ihrer Erzeugnisse gerichtet, bedeutete *Swadeshi* im weiteren Sinn das Berufen und Verlassen auf die eigenen Kräfte, das Aktivieren und Entfalten des indigenen materiellen und menschlichen Potentials im Interesse des Landes und seiner Bewohner. Der Begriff wurde gleichsam zum Synonym für eine patriotische Haltung.[15] Swadeshi hatte eine ökonomische und eine kulturelle Dimension. Die in Bengalen im Zeichen von Swadeshi geführte politische Kampagne von 1905 bis 1908 schlug sich unmittelbar in der einheimischen Kunstszene nieder.[16] Die rasch in alle Bereiche der indischen Öffentlichkeit und auf das ganze Land ausgreifende Swadeshi-Bewegung sorgte dafür, daß nach vier Jahrzehnten Evolution des politischen Nationalismus die rückwärtsgewandte Diskussion um den "denationalisierenden" Einfluß der britischen Herrschaft obsolet wurde und über Nacht der Gedanke an Imitation aus der indischen öffentlichen Debatte verschwand.[17] "One of the most gratifying results of the recent national movement has been the development of a spirit of self-reliance," stellte ein aufmerksamer Zeitgenosse 1906 fest.[18] Vorrangiges Ziel wurde die Erneuerung des "nationalen Lebens" durch Festigung des nationalen Selbstbewußtseins mit Hilfe von Kultur- und Bildungsvereinen sowie eines Netzwerks vom Staat unabhängiger Institutionen für "nationale Bildung". Eine "Nationale Bildungsbewegung" kam in Bengalen schon in den 1890ern auf; an ihr beteiligte sich u.a. der Dichter *Rabindranath Tagore*. Die Bildungsbewegung breitete sich rasch über andere Regionen aus. 1906 wurde der "National Council of Education" im Vereinsregister eingetragen und kurz darauf das Bengal National College gegründet - der Vorläufer der späteren Jadavpur Universität in Kalkutta. Zu den Zielen des Council gehörte die Verbreitung von umfassender Bildung, die sowohl Stolz auf die Leistungen des indischen Volkes in der Vergangenheit wecken wie letztes Wissen aus den fortgeschrittenen Ländern vermitteln sollte, und zwar "ausschließlich unter nationaler Kontrolle", nicht in Opposition zum, jedoch unabhängig vom bestehenden und unter der Ägide des kolonialen Staates betriebenen System der elementaren, höheren und Universitätsausbildung.[19] Die Muttersprache sollte das Unterrichtsmedium sein, mit Englisch als obligatorischem Fach. Auch religiöse Unterweisung gehörte zum Lehrprogramm, allerdings ohne Zwang zur Beachtung religiöser Riten und die Verpflichtung zur Teilnahme an religiösen Praktiken.

Die neugeschaffenen Einrichtungen hatten zahlreiche Vorläufer im 19. Jahrhundert, deren Arbeit ein Ausdruck der Bemühungen "eines unterworfenen Volkes um die Wiedergewinnung seiner kulturellen Persönlichkeit" war, wie es der Historiker *K.N. Panikkar* formulierte.[20] Handelte es sich in jener frühen Phase im wesentlichen um Abwehraktionen gegen das koloniale Eindringen in die einheimische kulturelle Sphäre und um die Wiederbelebung der indigenen Kultur, so stellte sich am Beginn des 20. Jahrhunderts die Aufgabe anders dar. Jetzt versandeten auch die älteren Reformbewegungen des 19. Jahrhunderts[21], die sich im Rahmen der kolonialen Ordnung auf Veränderung einzelner Aspekte der "traditionellen" Gesellschaft, wie die Verbesserung der Lage der Frauen, die Abschaffung der Kinderheirat o.ä., konzentriert oder der Sozial- und Bildungsarbeit im Stil philanthropischer Vereinigungen in Europa gewidmet hatten. Im Sog der anschwellenden antikolonialen Bewegung waren andere Methoden gefragt und neue Problemsichten entstanden. Galt führenden geistigen Repräsentanten des indischen Nationalismus aus dem späten 19. Jh. wie *Bankimchandra* oder *Vivekananda* die ökonomische Rekonstruktion und soziale Reform eher als periphere Aufgabe, so identifizierten die Sprecher eines neuen Indien im frühen 20. Jh. die geistig-kulturelle Erneuerung des Landes sowie die grundlegende Reform der Gesellschaft als Ganzes und ihre Neugestaltung als zentrales Anliegen. Der schwierige Weg zur Erkenntnis führte in manchen Fällen zu einer regelrechten Persönlichkeitsspaltung. Der einflußreiche *Romesh Chandra Dutt* beispielsweise betrachtete als einer der führenden Ökonomen seiner Zeit die indische Wirtschaftsentwicklung analog der britischen und behandelte sie mit denselben Methoden; er wollte von der Idee einer spezifischen "indischen Ökonomie", wie sie sein Zeitgenosse *M.G. Ranade* postulierte, nichts wissen. Als Verfasser von Romanen in seiner Sprache Bengali propagierte er dagegen die Positionen des an hinduistischen Werten ausgerichteten indischen Nationalismus.[22] Die widersprüchliche Verankerung von fortschrittsorientierten Intellektuellen in zwei Kulturen, der hegemonialen fremden wie der subordinierten einheimischen, unter kolonialen Bedingungen verursachte einen zwiespältigen geistigen Zustand, den *Sudipta Kaviraj* als "unglückliches Bewußtsein" bezeichnete.[23]

Die Situation verlangte nach einer Programmatik für die Entwicklung Indiens als Ganzes. Dem stellten sich Persönlichkeiten wie M. Visvesvaraya und B. K. Sarkar. Ersterer durch unermüdliches schriftliches und mündliches Eintreten für die Industrialisierung Indiens als Voraussetzung für dessen Voranschreiten und die nationale Wiedergeburt, letzterer durch ebenso eifrigen Einsatz für die Verbreitung modernen Wissens und einer wissenschaftlich begründeten Weltanschauung, verbunden mit der Forderung, die neuesten Erkenntnisse der Wissenschaft und Technik allen Völkern uneingeschränkt zugänglich zu machen. Bei Visvesvaraya mündeten die Anstrengungen in praxisorientierte Strategien und konkrete Entwicklungsprogramme (Reconstructing India, London 1920). Er bemühte sich um die Gründung von Unternehmen mit indischem Kapital und einheimischem Management. Er nutzte seine administrative Stellung als Diwan von Maisur (1912-1918) und die relative Autonomie des Fürstenstaates, um gleichsam unter Umgehung der Kolonialverwaltung direkt US-amerikanische und japanische Spezialisten und Know-how ins Land zu holen - sehr zum Mißvergnügen der Regierung des britischen Vizekönigs in Delhi, die solche Alleingänge ebenso unterband wie seine späteren Versuche, eine nationale Auto- und Flugzeugindustrie in seiner

Heimatprovinz zu etablieren. Sarkar, der viele Jahre im Ausland für Indiens Anliegen warb, bemühte sich anhand des Studiums alter Texte nachzuweisen, daß die indische Zivilisation (die er im Einklang mit der üblichen Praxis als hinduistisch bezeichnete) eine bemerkenswerte, aber vernachlässigte Tradition rationalistischen Denkens und positive Errungenschaften aufweise und keineswegs von der westlichen wesensverschieden sei, weil angeblich transzendental orientiert und infolge der Verherrlichung von Passivität und wirklichkeitsferner Kontemplation zu Innovationen unfähig. Er entwarf ein umfassendes Bild der globalen gesellschaftlichen und kulturellen Entwicklung, in dem er eine asynchrone Evolution und Stadiensequenz des aufsteigenden Geschichtsverlaufs in "Eur-Amerika" einerseits, in Indien oder in Asien andererseits feststellte. In seinem Schema durchlief Indien/Asien analoge Entwicklungsphasen wie der Westen, zunächst parallel, später zeitverzögert. Sarkar datierte den Beginn der Asynchronie in die Renaissanceperiode Europas, die er als Ausgangsperiode für das Auseinanderklaffen der Weltentwicklung wertete. Mithin handelte es sich um eine historische Wende, die auch nach heutiger Ansicht den Beginn der Kristallisierung des Europazentrismus markiert.[24] Später verschaffte nach Sarkars Verständnis die industrielle Revolution samt den wissenschaftlich-technischen Errungenschaften der Neuzeit Europa einen Vorsprung und schließlich die wirtschaftliche Macht, um die Dominanz über außereuropäische Gebiete zu erringen. Das 20. Jahrhundert eröffne nun aufgrund des Erwachens der Völker in den entwicklungsgeschichtlich peripheren Regionen, voran Asien, und der Universalisierung menschlicher Errungenschaften die Chance zur Überwindung der Diskrepanzen und zur schließlichen Wiederherstellung einer globalen Zivilisation auf der Basis gleichberechtigter Beziehungen zwischen den Nationen, worauf sich eine echte Weltgesellschaft gründen kann.

M.K. Gandhi stellte in den Mittelpunkt seines Entwurfs zur Reform der indischen Gesellschaft die Kritik der modernen westlichen Zivilisation des "Maschinenzeitalters". Nicht die Herrschaft Britanniens, sondern die Dominanz des die britische Nation beherrschenden Geistes des Maschinenzeitalters mit seinen naturwüchsige Institutionen und menschliche Werte zerstörenden Folgen sei die Ursache für Indiens Elend. Davon müsse sich Indien befreien. "If India copies England, it is my firm conviction that she will be ruined", schrieb Gandhi.[25] Er kontrastierte die individualisierte, hedonistische Industriezivilisation des Westens mit der bäuerlichen Gesellschaft Indiens, mit ihrer harmonischen Kombination traditionell geregelter Wechselbeziehungen der sozialen Gruppen und lokal arbeitsteiliger Produktion zum ausschließlichen Zweck der Bedürfnisbefriedigung. Von dieser Warte her begründete Gandhi seine Sozialphilosophie und Erneuerungsstrategie für Indien, die den *kisan*, den "Bauern" - genauer: den nicht in translokalen Marktbeziehungen involvierten agrarischen Produzenten - zum Subjekt hat, und wo sich die für ihren Unterhalt produktiv tätigen Menschen in kooperativen, sich selbstverwaltenden

Strukturen als Grundelementen der künftigen Gesellschaft organisieren; das Muster dafür sah er in entsprechenden Institutionen der vorkolonialen Agrargesellschaft.

In der allgemeinen Vorstellung gilt Gandhi als Urbild des indischen Dörflers, tief verwurzelt in der traditionellen Lebensweise, und als ein Repräsentant des ländlichen Lebensstils. Es überrascht deshalb in seiner Autobiographie zu lesen, er könne sich nicht erinnern, jemals schon einen Handwebstuhl oder ein Spinnrad gesehen zu haben, als er die beiden Geräte 1909 in "*Hind Swaraj*" als Allheilmittel gegen die wachsende Verarmung Indiens beschrieb.[26] Selbst zum Zeitpunkt seiner endgültigen Rückkehr nach Indien aus Südafrika (1915) habe er "tatsächlich noch kein Spinnrad gesehen"[27]. Wie vereinbart sich das mit dem Entstehen von Gandhis Auffassungen vor diesem Zeitpunkt? Entscheidende Wurzeln liegen anderswo. Gandhi wies selbst auf wichtige Anregungen hin, die er aus Schriften einiger europäischer Autoren erhalten hatte. Eine besondere Rolle spielte dabei das Buch von *John Ruskin* "Unto This Last", das "eine sofortige und praktische Umwandlung in meinem Leben herbeiführte"[28]. Gandhi nennt kein Datum. Er übersetzte es - wie er sagt - "später" ins Gujarati unter dem Titel "*Sarvodaya*" (Wohlfahrt für alle) und legte damit den Grundstein für sein als "Sarvodaya-Sozialismus" bekannt gewordenes Sozialkonzept. Neuere Abhandlungen über seine Theorie gehen auf die Entstehungsgeschichte nicht ein.[29] Deshalb hierzu ein kurzer Exkurs.

Gandhi studierte von 1888 bis 1891 in England Jura. In den achtziger Jahren des 19. Jh. erreichte in England eine geistige-kulturelle Strömung ihren Höhepunkt, die als "Arts and Crafts Movement" bekannt ist und deren Vertreter sich die "moralische Kritik der Gesellschaft" (*E.P.Thompson* über *William Morris*) zum Hauptanliegen machten.[30] "England, the first industrial nation, was also the first to question the values of industrialism."[31] Die Repräsentanten der Strömung beklagten die Entfremdung des Individuums in der Gesellschaft ihrer Zeit, besonders die Trennung des einzelnen Produzenten von seinem Produkt im System der maschinellen Fertigung, die Subsumierung ästhetischer Werte und der individuellen Kreativität unter Kriterien des Warenwertes des Objekts, die Trennung der Künste vom Handwerk sowie die Dominanz der Maschine über den Menschen. Gerade im ersten Jahr von Gandhis Aufenthalt in England veröffentlichte die einflußreichste Persönlichkeit der Strömung, ein Multitalent und bedeutender bildender Künstler, *William Morris*, einen Artikel unter der Überschrift "The Revival of Handicraft", in dem er sich mit den Vorzügen und Nachteilen der Maschine auseinandersetzte und feststellte, der Mensch müsse die Maschine beherrschen und dürfe sich nicht zu einem Teil von ihr oder zu ihrem Diener machen. "As a condition of life, production by machinery is altogether an evil; as an instrument for forcing on us better conditions of life, it has been, and some time yet will be, indispensable."[32] Nahezu identische Gedankengänge finden sich wiederholt in schriftlichen

Äußerungen Gandhis aus der Zeit seiner späteren politischen Tätigkeit in Indien, als er mit Befürwortern der industriell-technischen Modernisierung als Weg zur Selbständigkeit und Erneuerung des Landes argumentierte. Die Propagierung eines einfachen Lebensstils gehörte gleichfalls zum geistigen Repertoire der englischen Bewegung, deren führende Repräsentanten, voran Morris, sich als Sozialisten bekannten.

Aus den Selbstzeugnissen Gandhis geht außer der bekundeten Bewunderung für Ruskins Buch nicht hervor, ob er während seiner Londoner Studienjahre direkten Kontakt mit der Bewegung hatte. Der große Einfluß der Denkhaltung zumindest in Gestalt von Ruskins Schrift, in der Gandhi laut Auskunft der Autobiographie einige seiner tiefsten Überzeugungen ausgedrückt fand[33], ist unverkennbar und wurde durch spätere Erfahrungen verstärkt. Gandhi hielt sich 1909 vier Monate in London auf, bevor er auf der Rückfahrt nach Südafrika sein politisches Manifest "*Hind Swaraj*" in elf Tagen niederschrieb. "In negativer Hinsicht war London für ihn geradezu ein Bilderbogen der Verfallserscheinungen der westlichen Zivilisation. Aber er hatte eben auch die Sprache und Begriffe, mit denen er diese Zivilisation kritisieren konnte, in London gelernt..."[34]

Neuer Universalismus und Epochenverständnis

Der Paradigmenwechsel am Beginn des Jahrhunderts forderte zur Auseinandersetzung mit der eigenen Vergangenheit, mit fremden zivilisatorischen Einflüssen heraus und regte Bemühungen um ein neues kulturelles Selbstverständnis bei Aufnahme von Elementen anderen Ursprungs an. Oberflächlich betrachtet befanden sich die intellektuellen Träger der Debatte an der Schnittstelle von Begegnung oder Konflikt von eigener und fremder Kultur, zumal sie sozial Teil jener "verwestlichten neuen Mittelklasse" waren, die sich die Briten nach gängiger Auffassung als Mittler und Helfer in der Kolonialverwaltung herangezogen hatte. Tatsächlich war die Lage komplexer.

Die Anfangsdekade des Jahrhunderts wurde von patriotischen Intellektuellen im kolonialen Indien als Beginn einer neuen Epoche empfunden. Das bezeugt die häufige Verwendung des Attributs "jung" zur Bezeichnung von patriotischen Erneuerungsströmungen ("Jung-Bengal", "Jung-Indien") oder in analogen Titeln nationalistischer Zeitschriften oder anderer Publikationsorgane. B.K. *Sarkar* veröffentlichte 1922 eine Aufsatzsammlung, die ein breites Themenspektrum behandelt, unter dem Titel "The Future of Young Asia". Die Begriffsverwendung widerspiegelt die Vorstellung vom Anbruch eines neuen Zeitalters, das sich nicht bloß chronologisch, sondern seinem Wesen nach deutlich vom vorhergegangenen abhebt - quasi ein indisches oder asiatisches Äquivalent für das Konzept von Modernität, das die Denker des Aufklärungszeitalters in Europa in Abgrenzung zur voraufgegangenen und - angesichts ihrer sich rasch verändernden Welt - traditionsbestimmt anmutenden Epoche prägten.[35] Sarkar bestimmte als Zäsur das Jahr 1905, als durch den militärischen Sieg Japans über das (europäische) Rußland "Eur-America has learned how at last Asia intends to retaliate". Ihm war das Ereignis ein Symbol für die Entschlossenheit "Jung-Asiens"', "to purge the world of the occidental *idolas* and usher in the Renaissance of the twentieth century"[36].

Umwälzungen sind stets von Identitätsverlust begleitet und verursachen Krisen wie die Suche nach neuer Identität. Das Phänomen blieb nicht auf Indien beschränkt. China erlebte zu Beginn des Jahrhunderts ebenfalls eine historische Identitätskrise, auch hier erkennbar an der häufigen Gegenüberstellung der Begriffe "neu" und "alt" sowie an der verbreiteten Verwendung des Wortes "jung" als Symbol für einen Neuanfang auf verschiedenen Gebieten.[37] In den am stärksten westlich beeinflußten Ländern Asiens, Indien und Japan, regte sich das Bedürfnis, wie *Stephen Hay* feststellte, den Begriff "Osten" (Orient) zu klären und zu definieren.[38] Um die Jahrhundertwende gab es unter asiatischen Intellektuellen verbreitet die Meinung, daß der Westen sich im Zustand einer geistigen und moralischen Krise befände. Selbst als ausgesprochen anglophil geltende Perönlichkeiten in Indien, wie *Keshab Chandra Sen* und Rabindranath Tagore, äußerten sich voller Abscheu über den westlichen Militarismus und Imperialismus.[39] In seiner Abhandlung über den "Geist Japans" sprach der Dichter-Philosoph Tagore von der "ungeheuren Andersartigkeit des modernen Zeitalters", welches in Europa seinen Anfang nahm. Doch nicht Europa schlechthin, sondern die europäische Moderne sei wesensmäßig anders. Die Andersartigkeit des modernen Zeitalters zeige sich darin, daß hier der Nutzen zum einigenden Band werde. Naturwissenschaft und Organisation seien zwei treibende Kräfte, und diese wären nicht spezifisch europäisch, sondern einfach modern: man könne sie ohne Gefahr ebenso übernehmen wie andere Elemente von universaler Geltung: die Freiheit des Geistes, das Prinzip der Unabhängigkeit des Denkens und Handelns oder die Wissenschaft.[40] Tagore befürwortete eine kulturelle Synthese. Doch bei der Übernahme von Gütern oder Errungenschaften von universeller Bedeutung müsse sich der Osten um seinen eigenen Geist kümmern, der allein aus den indigenen Wurzeln herzuleiten sei. Er suchte nach einem "heiligen Ort", nach einem Zentrum, von dem aus die Welt unter den veränderten und höchst komplexen modernen Bedingungen neu strukturiert werden könne.[41]

Das neue Epochenverständnis von Modernität oder Moderne unter "orientalischen" Intellektuellen war nicht regional oder ethnozentriert wie die ältere europazentrierte Aufklärungsvariante, sondern hatte eine starke universalistische Komponente, die kulturelle Mannigfaltigkeit nicht von vornherein ausschloß. Der aus der Aufklärung hervorgegangene europazentrierte Typ des Universalismus implizierte mit seinem uneingeschränkten Geltungsanspruch und der Vorstellung vom einlinigen Fortschritt, daß Fremde entweder gleichartig oder - im Fall der Ungleichartigkeit - inferior sind. Im neuen asiatischen Verständnis gab es diesen Vorbehalt nicht. Das Konzept antizipierte im Abstrakten die Realisierung "einer Welt" mit gleichen historischen Subjekten. Doch ein solches Denkgebäude bedurfte der kulturellen Untersetzung, wie Tagore richtig empfand und auf seine Weise artikulierte. Denn die Zeit der unangefochtenen Hegemonie der europäischen Kultur über große Teile der Welt, die seit dem 15. Jh. bis zum ersten Weltkrieg naturgegeben erschien, ging zu Ende, und damit versiegte deren Fähigkeit, den Orient auch durch den akademischen Diskurs so "zu produzieren", wie Said es beschrieben hat.[42] "Im Lauf des 20. Jahrhunderts schwand seine (d.i. Europas - J.H.) Weltmacht und mit ihr die bisherige kulturelle Dominanz."[43]

Die Suche nach eigener Identität unter orientalischen Intellektuellen am Beginn des 20. Jahrhunderts wurde durch die Spezifik des westlichen akademischen Diskurses über den Orient beeinflußt. Auf den ersten Blick steht dessen Verlauf im Widerspruch zu dem tatsächlich im 19. Jahrhundert schnell wachsenden Wissensfundus über orientalische Kulturen und dem steigenden Interesse einzelner westlicher Intellektuellen am geistigen Erbe des Orients. Doch gerade in dem Zeitraum, da europäische Metropolen ihre Macht über die außereuropäischen Territorien errichteten, entledigte sich die europäische Philosophie und Geschichte des "außerokzidentalistischen Ballasts" (*Osterhammel*), der zum universalistischen Weltbild des Aufklärungsdenkens gehört hatte. Indien wurde aus der europäischen Philosophiegeschichtsschreibung im 19. und frühen 20. Jahrhundert nahezu vollständig ausgeschlossen[44], und Gleiches geschah in der europäischen Geschichtsschreibung:

> "Niemals vor etwa 1830 und nach 1920, also auf dem Höhepunkt der europäischen Machtstellung, ist die Auffassung derart mächtig, die farbigen Völker in Übersee seien 'geschichtslos' oder besäßen allenfalls eine Geschichte, die das Studium nicht lohne."[45]

Mit dem solcherart ideologisch manifesten Eurozentrismus, einer spezifischen Form von Ethnozentrismus, hatte es in bezug auf Südasien noch eine besondere Bewandnis. Die "klassischen" Orientalisten des 18. Jahrhunderts, die sich große Verdienste um die Erschließung des indischen kulturellen Erbes erworben hatten, besaßen eine universalistische Weltsicht und waren für eine Synthese, für Synkretismus von fremden und einheimischen Werten, eingetreten. Auf diese Weise hofften sie beispielsweise in Indien Veränderungen herbeizuführen, ohne die Grundlagen der indigenen Kultur zu zerstören. Demgegenüber vertraten die Orientalisten des viktorianischen Zeitalters die Positionen des Nationalismus des 19. Jahrhunderts in Verbindung mit Eurozentrismus. Angesichts dieser Lage wird die bittere Kritik verständlich, die der bedeutende indische Nationalist *Bipan Chandra Pal* in seinem Buch "The Soul of India"

(1911) an der "modernen" orientalistischen Gelehrsamkeit und an akademischen Berühmtheiten wie F. Max Müller übte, deren Schriften das Bild von Indien in der intellektuellen Öffentlichkeit Europas im späten 19. und zu Beginn des 20. Jahrhunderts prägten.[46] Diese Orientalisten hätten nur etwas über die Vergangenheit zu sagen, und sie "speak in terms almost of exaggerated admiration of that past"[47]. Derselbe Autor verweist zugleich darauf, "that Indian experience belongs to a somewhat different order from that of Europe, and the generalisations of the one cannot be reasonably applied to the interpretation of the other"[48].

Wenn B.K. Sarkar seiner Schrift "The Future of Young Asia" das Motto voranstellte "Gegen den Kolonialismus in der Politik und den Orientalismus in der Wissenschaft", so zielte er auf den Kern der Problematik, der sich die patriotischen Intellektuellen kolonialer Länder am Beginn des 20. Jahrhunderts gegenübersahen, als sie über die aktuelle Situation und über die Zukunft ihrer Völker reflektierten. Angesichts des Fehlens von politischer Macht war ihnen der Universalismus ein Mittel zur geistigen Überwindung von kolonialer Dominanz und fremder kultureller Hegemonie. Jene Intellektuellen, die ihn in einer kolonialen oder halbkolonialen Situation praktizierten, wollten keine Abgrenzung (etwa nach Art des postkolonialen kulturellen Nationalismus oder der Xenologie postmoderner Theoretiker in der heutigen Dritten Welt), sondern suchten vielmehr mit Hilfe eines Gegenkonzepts die aus europazentrischer Sicht betriebene geistige Ausgrenzung zu überwinden; sie vertraten eine ganzheitliche Auffassung von der menschlichen Zivilisation und Menschheitsgeschichte.

Anmerkungen

1   Homi Bhabha, Remembering Fanon: Self, Psyche and the Colonial Condition. In: Patrick Williams/Laura Chrisman (Hg.), Colonial Discourse and Post-Colonial Theory. A Reader, New York u.a., S. 117.
2   Vgl. Evelyn Gröbl-Steinbach, Die Moderne - Eine unendliche Geschichte? In: Österreichische Zeitschrift für Soziologie 14 (1989) 1, S. 16ff.
3   Äußerst anregend sind in diesem Zusammenhang die Studien in Hans-Peter Müller (Hg.), Weltsystem und kulturelles Erbe. Gliederung und Dynamik der Entwicklungsländer aus ethnologischer und soziologischer Sicht, Berlin 1996.
4   Hans-Dieter Evers, Globale Märkte und soziale Transformation. In: Müller (Hg.), Weltsystem und kulturelles Erbe..., a.a.O., S. 171.
5   Dieser Aufgabe unterzieht sich z.B. Michael Kearney, Reconceptualizing the Peasantry. Anthropology in Global Perspective, Boulder 1996.

6   Andreas Wimmer, Lokalkultur in der Globalgesellschaft.: Eine transformationstheoretische Perspektive auf das indianische Mittelamerika. In: Müller (Hg.), Weltsystem und kulturelles Erbe..., a.a.O., S. 176.
7   Ebenda, S. 178.
8   Carol A. Breckenridge/Peter van der Veer, Orientalism and the Postcolonial Predicament. In: diess. (Hg.), Orientalism and the Postcolonial Predicament. Perspectives on South Asia, Philadelphia 1993, S. 2.
9   Ebenda, S. 4f.
10 Zum Nachdenken sollte allerdings die Tatsache veranlassen, daß zeitgleich mit der Absage an Modernisierungskonzepte die volkreichste Nation, China, ein großes Modernisierungsprogramm aufgelegt hat, das bislang erstaunliche Wachstumsraten hervorbrachte und einen wilden Wettlauf der führenden Industrieländer um Positionen auf dem gewaltigen zukunftsträchtigen Markt auslöste.
11 Eduard W. Said, Orientalism, Harmondsworth 1995, S. 3.
12 Stuart Hall, Cultural Identity and Diaspora. In: Williams/Chrisman (Hg.), Colonial Discourse..., a.a.O., S. 394.
13 Ali A. Mazrui, Cultural Forces in World Politics, London 1990, S. 4f.
14 In diesem Sinn appellierte der "große alte Mann" des indischen Nationalismus, Dadabhai Naoroji, 1867 an die britische Öffentlichkeit. Dadabhai Naoroji, England's Duties to India (Read before a Meeting of the East India Association, London, May 2nd, 1867). In: C.L. Parekh (Hg.), Dadabhai Naoroji, Essays, Speeches, Addresses and Writings, Bombay 1887, S. 116ff.
15 Vgl. Pramatha Nath Bose, A Plea For A Patriotic Movement. In: Ders., Essays, and Lectures on the Industrial Development of Indian and Other Indian Subjects (1880-1906), Kalkutta 1906, S. 47.
16 Vgl. Partha Mitter, The Doctrine of Swadeshi Art: Art and Nationalism in Bengal. In: The Visva-Bharati Quarterly, 49 (May 1983 - April 1984, 1987) 1-4, S. 82ff.
17 Tapan Raychaudhuri, Europe Reconsidered. Perceptions of the West in Nineteenth Century Bengal, Delhi 1988, S. 332.
18 Pranatha Nath Bose, Industrial Development by Indian Enterprise (Lecture delivered in Calcutta, July 1906). In: Ders., Essays and Lectures..., a.a.O., S. 28.
19 J.C. Aggarwal, Documents on Secondary Education in India - 1781 to 1992, Delhi 1992, S. 58ff.
20 K.N.Panikkar, Introduction. In: Studies in History, New Series, 3 (1987) 1, S. 3.
21 Vgl. V. Ramakrishna, Social Reform in Andhra (1848-1919), New Delhi 1983, S. VII.
22 Vgl. Meenakshi Mukherji, Rhetoric of Identity: History and Fiction in Nineteenth Century India. In: Alok Bhalla/Sudhir Chandra (Hg.), Indian Responses to Colonialism in the 19th Century, New Delhi 1993, S. 35.
23 Sudipta Kaviraj, The Unhappy Consciousness. Bankimchandra Chattopadhyay and the Formation of Nationalist Discourse in India, SOAS Studies in South Asia, Delhi 1995.
24 Samir Amin, Eurocentrism, London 1989, S. 73.
25 M.K. Gandhi, Hind Swaraj. In: The Collected Works of Mahatma Gandhi. Bd. 10, New Delhi 1963, S. 18.
26 "Hind Swaraj" erschien zunächst 1909 als Artikelfolge in Gujarati in der Zeitschrift "Indian Opinion" in Südafrika, im Januar 1910 als Broschüre, die kurz darauf von der Provinzregierung in Bombay auf den Index gesetzt wurde. Noch im selben Jahr gab Gandhi die Schrift in Südafrika in englischer Sprache heraus. Vgl. The Collected Works of Mahatma Gandhi. Bd. 10, New Delhi 1963, S. 6.

27 Mohandas Karamchand Gandhi, Eine Autobiographie oder Die Geschichte meiner Experimente mit der Wahrheit, Hg. Bianca Schorr, Berlin 1982, S. 559f.
28 Ebenda, S. 347. Der vollständige Titel des Werkes von Ruskin lautet "Unto This Last. Four Essays on the First Principles of Political Economy"; es erschien zuerst 1862, erreichte seine größte Wirkung in den Achtzigern und wurde bis 1906 mehrmals nachgedruckt.
29 Vgl. z.B. Kunal Roy Chowdhuri, Gandhi's Theory of Sarvodaya Socialism. In: Gandhi Marg, 15 (1993) 1, S. 62ff.
30 Zit. in Peter Stansky, Redesigning the World. William Morris, the 1880s, and the Arts and Crafts, Princeton 1985, S. 265.
31 Ebenda, S. 266.
32 Zit. in ebenda, S. 64.
33 M.K. Gandhi, Eine Autobiographie..., a.a.O., S. 347.
34 Dietmar Rothermund, Mahatma Gandhi. Der Revolutionär der Gewaltlosigkeit. Eine politische Biographie, München-Zürich 1989, S. 30.
35 Vgl. Reinhard Bendix, Nation-Building and Citizenship, Berkeley 1977.
36 Benoy Kumar Sarkar, The Future of Young Asia and other essays on the relations between the East and the West, Berlin 1922, S. III. Das Jahr 1905 taucht als Zäsur und Beginn der "Gegenwart" bei Sarkar immer wieder auf, vgl. z.B. seine Periodisierung in den Arbeiten Categories of Societal Speculation in Eur-America with special reference to Economics and Politics. In: The Calcutta Review, 29-31 (1928/29); The New Contents of Sovereignty, Democracy and Nationhood. In: Ebenda, 27-28 (1928); Labour, Property and Tariff Policies in Statesmanship and Political Ideals (From Bismarck to Lenin and Mussolini: 1870-1929). In: Ebenda, 26 (1928).
37 Vgl. Chang-Tze Hu, Modernität der Historie in China und historische Identitätskrise. In: Geschichtsdiskurs. Bd. 1: Grundlagen und Methoden der Historiographiegeschichte, Hg. W. Küttler/Jörn Rüsen/Ernst Schulin, Frankfurt/M. 1993, S. 85ff.
38 Stephen Hay, Asian Ideas of East and West, Cambridge, Ma. 1970, S. 6.
39 David Kopf, A Macrohistoriographical Essay on the Idea of East and West from Herodotus to Edward Said. In: The Calcutta Historical Journal, 11 (1986-87) 1-2, S. 14; vgl. Rabindranath Tagore, Nationalismus, München 1918.
40 Rabindranath Tagore, Der Geist Japans, Leipzig 1918, S. 13f., 23; vgl. Steffi Richter/ Melitta Waligora, Die Erfindung Asiens: Tagore und Okakura auf der Suche nach Identität. In: asien, afrika, lateinamerika, 24 (1996), S. 17ff., wo die Problematik diskutiert wird.
41 Richter/Waligora, a.a.O., S. 26.
42 Said, Orientalism, a.a.O., S. 2.
43 Hans Maier, Eine Kultur oder viele? Politische Essays, Stuttgart 1995, S. 40.
44 Wilhelm Halbfass, Indien und Europa. Perspektiven ihrer geistigen Begegnung, Basel-Stuttgart 1981, S. 165.
45 Jürgen Osterhammel, Neue Welten in der europäischen Geschichtsschreibung (ca. 1500-1800). In: Geschichtsdiskurs. Bd. 2, a.a.O., S. 202.
46 Vgl. Ania Loomba, Overworlding the 'Third World'. In: Colonial Discourse and Post-Colonial Theory, a.a.O., S. 315 (mit Zitaten aus P.Ch. Pals Werk).
47 Bipin Chandra Pal, The Soul of India. A Constructive Study of Indian Thought and Ideals (1911), Kalkutta 1958, S. 4.
48 Ebenda, S. 7.

Koloniale und administrative Eliten in Tansania. Begriff, Konzept und methodische Probleme von Herrschaft und Alltag

Andreas Eckert

Einleitung

In diesem Werkstattbericht werden einige Überlegungen zu einem Projekt formuliert, in dem Akteure des Wandels im kolonialen Tansania, genauer: die Verwaltungselite in British-Tanganyika (c.1920 - c.1960), eine zentrale Rolle spielen.[1] Besonderes Augenmerk finden auf den folgenden Seiten methodische Probleme bei der Durchführung dieses Vorhabens. Die Kritik westlicher Konzepte und Kategorien und die Probleme ihrer Anwendung auf die Untersuchung der administrativen Eliten Tansanias stehen im Mittelpunkt. Die "Akteure des Wandels", die Eliten, werden dabei weniger als historische Subjekte, sondern auf begrifflicher und konzeptioneller Ebene untersucht. Insgesamt ist es mir vornehmlich darum zu tun, die Komplexität zentraler historischer Analyse-Kategorien wie "Herrschaft", "Alltag" und "Elite" zu demonstrieren und davon ausgehend Probleme sowie mögliche Wege der Erforschung von Herrschaft und Alltag am Beispiel der kolonialen und administrativen Eliten in Tansania vorzuführen.

Die allgemeineren Ziele der hier vorgestellten Untersuchung sind ehrgeizig: Es geht keineswegs allein um die politische und Sozialgeschichte der genannten Untersuchungsgruppe. Vielmehr soll aufgezeigt werden, wie in der langfristigen kognitiven Interaktion verschiedener Herrschaftseliten und ihrer Subalterngruppen politische Hegemonie begründet und reproduziert wird. Damit verbunden ist die Hoffnung, Grundlagen für eine umfassende Sozialgeschichte der neuen Eliten in Afrika zu schaffen und weitere Bausteine zur Erforschung von Herrschaft in Afrika beizusteuern. Dabei soll den Wurzeln der Herrschaft im Alltag nachgespürt, Herrschaft soll als soziale Praxis analysiert werden. Wie hat sich in der Kolonialperiode in Tansania Herrschaft in der Interaktion lokaler und globaler Kräfte mit je eigener Logik inszeniert, "le pouvoir sur scène", wie Balandier[2] das genannt hat? Wer waren die Herrschaftsträger? Wie haben sie sich dargestellt? Wie sind sie von anderen wahrgenommen worden? Diese Fragen gründen auf der Einsicht, daß Herrschaftsstrukturen im Alltag eingebettet sein müssen, um wirksam zu werden, und umgekehrt, daß sich in Alltagspraktiken die gesellschaftliche Ordnung spiegelt.

Die diesem Ansatz immanenten methodischen Probleme sind vielfältig und können im Folgenden lediglich ausschnitthaft diskutiert werden. Die hier vorgeschlagene Perspektive berührt zudem eine Fülle von Diskussionsfeldern, die außerhalb der afrikabezogenen Geschichtsschreibung von Relevanz sind. Expliziter Anspruch des Projektes ist es, über den Gartenzaun der regionalen Fachgrenzen zu schauen und auch nicht auf Afrika bezogene Ansätze miteinzubeziehen. Eine angemessene Analyse aller potentiell wichtigen Pfade erscheint dabei von vornherein ausgeschlossen. Zudem ist es extrem schwierig, das zu einer empirisch gehaltvollen Beantwortung der oben gestellten Fragen notwendige Quellenmaterial zu erschließen. Die oben gestellten Fragen implizieren zunächst einmal die Durchsicht von großen und vielfältigen Quellenbeständen. Genannt seien Verwaltungsberichte der kolonialen Administration[3], Nachlässe verschiedener Verwaltungsbeamter und anderer Europäer, ihre Tagebücher, Reiseberichte und Memoiren[4], Briefe und persönliche Aufzeichnungen afrikanischer Elitenvertreter[5], zeitgenössische Zeitungen und Zeitschriften, schließlich Interviews mit ehemaligen (afrikanischen und britischen) Verwaltungsmitarbeitern, Kirchenleuten und Lehrern. Ein besonderes Gewicht messen wir zudem bildlichen Zeugnissen zu, allen voran den Fotografien, die sich z.B. in verschiedenen staatlichen und Missionsarchiven sowie in den Nachlässen einzelner Fotografen finden. Alltag und Lebenswelt der kolonialen Gesellschaft spiegeln sich in den fotografischen Zeitzeugnissen nicht selten in ausdrucksstarker Weise wider.[6] Für die bisherige Forschungsarbeit konnten die relevanten Fotosammlungen wie die der *Royal Commonwealth Society* (Cambridge) aber noch nicht ausgewertet werden. An dieser Stelle muß allgemein angemerkt werden, daß bisher lediglich ein Teil des potentiell relevanten Quellenmaterials bearbeitet worden ist. Einige Archive, etwa die Bestände der *Church Missionary Society* (Birmingham), haben sich zudem als extrem unergiebig erwiesen. Die meisten Informationen über afrikanische Eliten, ihr Selbstverständnis und ihre Fremdwahrnehmung habe ich bisher aus europäischen Quellen erhalten. Selbst wenn diese "Schieflage" im Verlauf der weiteren Forschungsarbeiten noch ein wenig korrigiert werden kann, gilt grundsätzlich das Prinzip, das David Sabean für die Erforschung des frühneuzeitlichen Deutschland formuliert hat: "We cannot get to the peasant except through the lord."[7] "Authentische" afrikanische Stimmen bleiben die Ausnahme.

Im Verlauf des Aufsatzes wird auf die Quellenproblematik jedoch nur noch kursorisch wieder eingegangen. Eine detaillierte Würdigung einzelner Quellen(gruppen) bleibt ausgespart. Im Zentrum des Beitrags steht die Diskussion von drei Problemfeldern. Der folgende Abschnitt stellt zunächst die für das Projekt zentralen Kategorien *Herrschaft* und *Alltag* vor. Die Kritik dieser extrem "fluiden" Kategorien ist eine notwendige Grundlage für die weitere Forschungsarbeit: Nicht wenige historische Untersuchungen leiden unter der Schwammigkeit ihres kategorialen Grundgerüsts, was vergleichende Perspektiven stark erschwert. Im Anschluß erfolgt eine Analyse der Untersuchungsgruppe *administrative Elite*, wobei es hier, wie erwähnt, vorrangig um konzeptionelle Probleme und weniger um die Darstellung dieser Gruppe in ihren

Quellen und Ansichten geht. Das letzte Kapitel schließlich beschäftigt sich mit den Untersuchungsebenen *Körper, Raum* und *Zeit*, anhand derer die soziale Praxis von Herrschaft analysiert werden soll. Für alle drei Problemfelder wird versucht, eine Einführung der Forschungsdebatten zu geben und bestimmte Überlegungen aus den Arbeiten anderer Autoren herzuleiten, ohne in reines "name-dropping" zu verfallen. Wie in einem Diskussionspapier üblich, werden vornehmlich Desiderata benannt, Tendenzen formuliert, Fragen gestellt und höchstens provisorische Antworten gegeben.

Herrschaft und Alltag

Die Kategorie Herrschaft ist stark durch eine umgangssprachliche Beliebigkeit gekennzeichnet, die sich zuweilen auch in wissenschaftlichen Texten findet.[8] Andererseits füllen die Versuche, "Herrschaft" zu definieren und theoretisch in den Griff zu bekommen, ganze Bibliotheken. Diese Diskussionen können und sollen hier nicht *en détail* nachgezeichnet werden.[9] Nahezu alle Diskussionen über Herrschaft verweisen auf die zentrale Rolle von Max Webers Herrschaftsbegriff. In einer zumindest in der akademischen Welt wirkungsmächtigen Definition hat Weber Herrschaft definiert als "die Chance, für einen Befehl bestimmten Inhalts bei angebbaren Personen Gehorsam zu finden"[10]. Dabei sei Herrschaft von bloßer Macht zu unterscheiden. Während nämlich Macht die Willensdurchsetzung eines einzelnen oder einer Gruppe mit allen Mitteln und gegen alles Widerstreben bedeuten kann (nicht muß), ist Herrschaft "der Tatbestand, ... daß ein bekundeter Wille das Handeln anderer beeinflussen will und tatsächlich in der Art beeinflußt, daß dies Handeln, in einem sozial relevanten Grade, so abläuft, als ob die beherrschten den Inhalt des Befehls, um seiner selbst willen, zur Maxime ihres Handelns gemacht hätten ('Gehorsam')"[11]. Herrschaft bezeichnet jedoch nicht nur Durchsetzung gegenüber anderen. Vielmehr steht sie für jene Übermächtigung, die von den Betroffenen als rechtmäßig anerkannt wird. Laut Weber sollen dabei allein Übermächtigungen, die an formale Autorität geknüpft sind, als "Herrschaft" gelten. Unterstellt wird bei dieser Definition, die Unterscheidung zwischen Befehlsgebern und Befehlsempfängern erfasse das gesamte vieldeutige Feld der ungleichen Beziehungen, aber auch die Wechselwirkungen zwischen "Herr" und "Knecht". Damit sind aber auch jene vielfältigen Ensembles von verdeckten und "sanften" Übermächtigungen übergangen, die nicht auf direkte Zugriffe beschränkt bleiben.[12] Des weiteren setzt die Webersche Definition voraus, daß die Unterscheidung zwischen Herrschenden und Beherrschten eindeutig und auch dauerhaft sei. Damit finden wiederum jene Zwischenräume keine Beachtung, die Foucault mit dem Hinweis auf die "Allgegenwart der Macht" angedeutet hat. Versteht man Macht im Sinne Foucaults als "konzertierte Anordnung von

Körpern, Oberflächen, Lichtern und Blicken", dann liegt sie nicht allein bei den "Herren". Vielmehr lenkt die hier formulierte These von den "Kräfteverhältnissen" den Blick auf die Eigenaktivitäten der "Knechte" und läßt deren Eigenmacht sichtbar werden.[13]

Weber formuliert an anderer Stelle, daß "ein bestimmtes Minimum an Gehorchenwollen zu jedem echten Herrschaftsverhältnis"[14] gehört. Zu fragen bleibt jedoch, in welcher Weise "Gehorchenwollen" entsteht, wie "Glaube" an Legitimität produziert und stabilisiert wird. Wie sieht die soziale Praxis derer aus, die sich den Beobachtern als fügsam zeigen, und wie wird diese Unterordnung durch den Alltag reflektiert und im Alltag reproduziert? Die Autoren, die ihr Augenmerk auf die soziale Praxis von Herrschaft gelegt haben,[15] prägten die Metapher des "Kräftefeldes", in dem Akteure in Beziehung treten und stehen, in dem sie miteinander umgehen, auch wenn sie einander auszuweichen oder zu ignorieren suchen. James C. Scott spricht seinerseits vom "Public Transcript", das von sogenannten "Hidden Transcripts" ergänzt wird. Er meint damit eine Vielzahl offener und versteckter, verbaler und nicht-verbaler Interaktionsformen.[16] Die Figur des "Kräftefeldes", in dem Macht durchgesetzt, Herrschaft begründet oder bezweifelt wird, vermeidet eine einfache Polarisierung. Den Herrschenden stehen zwar Beherrschte gegenüber - Herrschende konstituieren sich in der Definition und der Verfügung über Beherrschte. Dennoch mögen sich die Herrschenden ihrerseits in Abhängigkeit finden, und dies namentlich von den Subalterngruppen, die Mittlerfunktionen im Umgang mit den Beherrschten übernehmen. Aber auch die Beherrschten sind mehr als passive Adressaten der Regungen der Herrschenden. Vor allem aber zeigen sich Ungleichheiten und Widersprüche auch zwischen Herrschenden, ebenso wie zwischen Beherrschten. Ein Beispiel sind die weißen Siedler in europäischen Kolonialgebieten: Einerseits gehörten sie zur "herrschenden" Rasse wie Klasse; sie waren also den kolonisierten Gesellschaften vorgesetzt und fühlten sich überlegen. Zugleich waren oder wurden sie abhängig von den lokal Mächtigen, aber auch von Zentral- oder Kolonialregierungen bzw. Bürokratien.[17]

Konfrontation, direkte Gewalt und Herrschaft, aber auch die Dynamik ihrer Auflösung haben in der Metapher von "Herr und Knecht" ihren klassischen Ausdruck gefunden. Hegels Wortverwendung verweist auf Erfahrungsräume, die von "Herrschaften" unterschiedlichen Zuschnitts dauerhaft geprägt schienen.[18] Zugleich aber waren die Herrschenden auf die Beherrschten dauerhaft angewiesen. Herrschaft erweist sich gebunden an Knechtschaft - ohne Knechtschaft keine Herrschaft. Max Weber verwies weiter auf die "Fügsamkeit", die es bei den Beherrschten zu wecken oder zu pflegen gelte. Ausgeblendet blieben aber die Motive und Erfahrungen, die diese "Fügsamkeit" ermöglichten und ihr womöglich Grenzen setzten. Es geht dabei um die Mehrdeutigkeiten des "Beherrschtseins": Jenseits des bloßen Gehorchens oder des scheinbar desinteressiert-passiven Hinnehmens vermag ein genauer Blick auf Praxisformen unspektakuläres Verhalten auszumachen, das nicht in die Bi-Polarität von Gehorsam-oder-Widerstand paßt.[19] Zusammenfassend: Herrschaft geht nicht in den Dichotomien von Herrscher und Beherrschtem, von Gehorsam und Widerstand auf.

Die zweite zentrale Kategorie des Projektes - Alltag - verweist ebenfalls auf einen komplexen Diskussionszusammenhang, der sich in den letzten 15 Jahren vor allem mit der Debatte um "Alltagsgeschichte" verbindet.[20] Alltagsgeschichte ist zu einem Sammelbegriff für vielfältige historiographische Aktivitäten geworden, die alle auf irgendeine Weise mit dem Alltag zu tun haben. Eine verbindliche Definition dessen, was Alltag heißt, gibt es indes nicht. Wir haben es stattdessen mit einer Fülle unterschiedlichster Begriffe und Konzepte zu tun. Folglich empfiehlt es sich, Alltag zunächst einmal pragmatisch zu bestimmen als "Lebenswelt und Erfahrungsraum, in denen sich Menschen tagtäglich oder regelmäßig in Aktionen, Interaktionen und Reaktionen mit der von ihnen vorgefundenen Wirklichkeit auseinandersetzen, um in ihr zu überleben, zu leben und sie ihren Bedürfnissen anzuverwandeln"[21]. Die historische Alltagsforschung kann in England bereits auf eine längere Tradition der People's History zurückblicken. In Frankreich fand sie im Rahmen einer von der "Annales"-Schule geprägten weitgefächerten Sozialgeschichtsschreibung schon früh Beachtung. Zu einem wichtigeren Zweig der bundesrepublikanischen Geschichtswissenschaft wurde sie dagegen erst Ende der siebziger Jahre. Die Gründe für die Hinwendung zur Alltagsgeschichte waren vielfältig und spiegeln sowohl innerfachliche Trends wie auch gesellschaftliche Erfahrungen.[22] Die Hinwendung zum historischen Alltag bedeutete zunächst einmal einen beachtlichen Zustrom an neuen Themen und Fragestellungen, die lange Zeit als zu banal beiseite geschoben wurden: Wie wohnten die Menschen? Wie kleideten und ernährten sie sich? Wie gingen sie mit Krankheit und Tod um? Wie feierten sie ihre Feste? Gesellschaftliche Gruppen, die bislang im Schatten oder sprachlos und anonym im Hintergrund blieben, rückten ins Zentrum der Aufmerksamkeit: Aussteiger, Verfemte und Verfolgte, Soldaten und Dienstmägde. Insgesamt richtete sich der Blick weg von Organisationen und Programmen hin zu dem, was die gesellschaftliche Realität der Herrschenden und vor allem der Beherrschten ausmachte, ihre alltäglichen Lebensgewohnheiten und Verhaltensmuster. Nicht zuletzt schärfte die Alltagsgeschichte die Sinne für bislang vernachlässigte Quellen: Fotoalben, Tagebücher, Briefe, Witze - und nicht zuletzt die mündliche Geschichte. Oral history wurde zumindest in der Bundesrepublik zu einem Synonym für alltagsgeschichtliche Forschung.[23]

Der Alltagsgeschichte sind zahlreiche Kritikpunkte - in zum Teil scharf polemischer Form - entgegengehalten worden.[24] Eine Untersuchung, die den kolonialen Herrschaftsalltag in den Mittelpunkt stellt, tut gut daran, diese Kritik nicht einfach zu übergehen. Zunächst gilt es, die tendenziell häufige Romantisierung vergangener Lebenswelten zu vermeiden. Die vergleichende

Betrachtung unterschiedlich geprägter "Alltage" unterschiedlicher gesellschaftlicher Gruppen und Klassen ist von der Alltagsgeschichte bisher zu wenig geleistet worden. Sie hat sich nur zu häufig auf die Geschichte der "kleinen Leute" kapriziert und dabei oft einer neuen Heroisierung Vorschub geleistet.

"Da tritt dann an die Stelle der 'großen Männer' das neue Klischeebild der eigensinnigen und listigen Rebellen, die ungeachtet aller äußeren Widrigkeiten ihren Alltag souverän meistern und den Herrschenden bei jeder passenden Gelegenheiten ein Schnippchen schlagen."[25]

Zudem ergibt sich als wesentliches Hindernis, die Mikro- mit der Makroebene in Verbindung zu bringen, die Schwierigkeit, die Repräsentativität des Einzelschicksals schlüssig nachzuweisen. Daraus folgt ein Syntheseproblem; die Schwierigkeit, die Erkenntnisse bei der Erforschung des Alltags einzubetten in allgemeine struktur- und politikgeschichtliche, in klassen- und geschlechtsspezifische Rahmenbedingungen. Diese Einordnung ist leicht zu fordern und schwer einzulösen. Aber sie ist notwendig, wenn Alltagsgeschichte nicht zu einer relativ beliebigen Zahl von Genrebildern verkommen soll. Denn die kleine Welt des (kolonialen) Alltags ist nicht autonom, sondern auf vielfältige Weise verflochten mit der großen Welt der Politik und übergreifender sozioökonomischer Strukturen. In diesem Zusammenhang ist es wichtig, die Perspektiven vom Alltag der Herrschenden und der Beherrschten zu verknüpfen. Der Blick auf die soziale Praxis vermag Herrschaft und Alltag zusammenzubringen, indem nun die "Veralltäglichung" von Herrschaft in den Mittelpunkt gerückt und Herrschaft dem Handeln konkreter Gruppen und Individuen zugerechnet wird.

Im Zentrum historischer Arbeiten über die Kolonialherrschaft in Afrika haben bislang vor allem politische und ökonomische Fragen gestanden. Historiker zeigten auf, wie die einzelnen Kolonien erobert und verwaltet wurden. Sie analysierten den Aufbau des kolonialen Staates mit den charakteristischen wechselnden Herrschaftsallianzen. Sie beschrieben die verschiedenen Formen sowie die entwicklungspolitischen Auswirkungen der kolonialwirtschaftlichen Penetration, des weiteren Formen und Folgen der kulturellen Durchdringung. Besondere Aufmerksamkeit galt schließlich den nach Zeit, Ort und Beteiligten sich unterscheidenden Formen des antikolonialen Widerstandes. Die Frage nach Widerstand und Freiheitskampf als wichtigstem Moment des Kulturzusammenstoßes von Afrikanern und Kolonialisten hat in letzter Zeit freilich an Aktualität verloren. Jüngere Arbeiten betonen, daß es eher die unauffälligen Veränderungen im Alltag waren, die den entscheidenden Einfluß auf die Entstehung des modernen Afrika hatten.[26] Die vielleicht eindringlichsten Studien zum Thema Herrschaft in Afrika sind den Comaroffs zu verdanken. In verschiedenen Arbeiten zum südlichen Afrika haben sie zum einen die Gleichzeitigkeit von Hinnahme und Widerstand - als Moment täglicher Praxis - herausgearbeitet. Zum anderen zeigten sie, wie Strukturen der Ungleichheit in der kolonialen Situation in Abwesenheit von konventionellen Zwangsapparaten der Herrschaft geformt wurden. Sie fragten weiter, warum bestimmte kulturelle Muster in die Alltagswelt der Kolonisierten integriert, andere dagegen bekämpft und abgelehnt wurden.[27] Erwähnt sei noch, daß viele Elemente der Alltagsgeschichte - etwa die Praxis der oral history oder die Ansätze der historischen Anthropologie - bereits seit langer Zeit in der afrikabezogenen Geschichtsschreibung zu finden sind.

Administrative Eliten

Es gibt nun eine Reihe von Möglichkeiten, die soziale Praxis von Herrschaft im kolonialen Tansania zu analysieren.[28] Als vielversprechender Weg erscheint uns die Untersuchung der administrativen kolonialen Elite, die den neuen Kolonialstaat repräsentiert und seinen Anspruch durchsetzen muß. Ein erster theoretischer Bezugspunkt ist auch hier Max Weber, der den modernen Staat mit einer Fabrik verglichen und ihn als "anstaltsmäßigen Herrschaftsverband" bezeichnet hat, wo die "wirkliche Herrschaft, welche sich im Alltagsleben auswirkt ... unvermeidlich in den Händen des Beamtentums" liegt.[29] Ein erstes methodisches Problem birgt der Begriff "Elite". Afrikanische Eliten konstituieren zwar seit Jahrzehnten ein beliebtes Untersuchungsfeld. Dabei ist jedoch ein krasses Mißverhältnis zu konstatieren zwischen der Häufigkeit, mit der der Begriff der Elite verwendet wird, und dem Mangel an Versuchen, dieses Etikett inhaltlich zu bestimmen und seine analytische Leistungsfähigkeit zu problematisieren. Nur selten werden eindeutig überprüfbare Kriterien benannt, die darüber entscheiden, ob eine Person zur Elite gerechnet werden kann oder nicht. Dies ist nicht zuletzt ein entscheidendes Hindernis für vergleichende und synthetisierende Untersuchungen, die vom konkreten Einzelfall abstrahieren wollen und breitere sozialwissenschaftliche Interessen verfolgen. Der Terminus "Elite" sinkt damit häufig zu einer diffusen Umschreibung für all jene ab, die nicht "unten" oder "ganz unten" sind, und wird damit als analytische Kategorie letztlich wertlos. Implizit hat sich in der Forschung zu afrikanischen Eliten ein Umgang mit diesem Definitionsproblem durchgesetzt, der - einen bekannten Spruch variierend - folgendermaßen karikiert werden könnte: "An elite is like a giraffe - difficult to describe but you know one when you see one."[30]

Die in diesem Projekt gewählte Elitedefinition ist sicherlich weit davon entfernt, wasserdicht zu sein. Unser Zuordnungskriterium besteht in einer Funktion innerhalb des kolonialen Verwaltungsapparates. Selbstverständlich schließt dieser Ansatz die Existenz von anderen Eliten innerhalb des kolonialen Systems - etwa Kaufleute und Händler - nicht aus. Gemäß unserer Arbeitsdefinition zählen zur kolonialen administrativen Elite Offiziere und Beamte aus

Europa ebenso wie einheimische Schreiber, Übersetzer, Gerichtsangestellte und Soldaten. Hinzu kommen die Ausbilder der neuen afrikanischen Elite: die Evangelisten, Lehrer und Pfarrer, die die kolonialen Werte weitertrugen. Die Untersuchungsgruppe umfaßt sowohl Europäer als auch Afrikaner, um verschiedene Lebenswelten und Alltage zu verknüpfen. Warum diese Leute? Die Afrikaner innerhalb der administrativen Elite übernahmen am Ende der Kolonialzeit die Macht von den Kolonialherren. Und bereits in der kolonialen Periode scheint die Bedeutung dieser Gruppe beträchtlich. Zwar war in dieser Zeit die Regierung *per definitionem* europäisch, ebenso wie die höheren Ränge der Verwaltung. Wegen ihrer äußerst schwachen Präsenz - "the thin white line" nennt es der britische Historiker Kirk-Greene[31] - waren die Europäer jedoch auf eine ständig wachsende Zahl von Einheimischen angewiesen. Die Mehrzahl dieser Einheimischen waren Hilfskräfte in der Verwaltung, andere jedoch hatten - zumindest in abgelegeneren Regionen - durchaus relativ autonome administrative Tätigkeiten zu leisten. Die allgegenwärtigen Übersetzer, die eng mit europäischen Distriktbeamten zusammenarbeiteten, waren sogar - zumindest in der frühen Kolonialzeit - verhältnismäßig nahe am Zentrum der Macht. Obwohl sie keine offizielle Autorität besaßen, konnten sie dank ihrer Sprachkenntnisse Dinge wesentlich beeinflussen.[32] Schließlich muß hervorgehoben werden, daß die in sich vielfach gespaltene afrikanische Verwaltungselite eine Gruppe voller Widersprüche war. Einerseits waren ihre Vertreter europäischen bürokratischen Idealen wie Aufstieg qua Bildung, Arbeitsteilung und Hierarchie verpflichtet, andererseits kamen sie nicht umhin, auf einheimische Formen der Herrschaftsausübung zurückzugreifen. Sie manipulierten und wurden in Dienst genommen. Sie drängten auf Disziplinierung, auf Bürokratisierung und auf Regimentalisierung und übernahmen doch Verhaltensmuster einheimischer Chiefs. Sie mußten zwischen Außen und Innen, zwischen Altem und Neuem vermitteln. Und obschon sie sich durch Schule und Beruf aus der Herkunftskultur lösten, blieben sie doch weiterhin darin verwurzelt. Früher hat man diesen Widerspruch gern als Hin- und Hergerissensein zwischen Tradition und Moderne bezeichnet. Doch dies erscheint als eine allzu schnelle Dichotomie, die mehr verdeckt als erklärt. Es darf vielmehr angenommen werden, daß hier ein spezifisches Verständnis von Macht und Autorität und insbesondere eine spezifische Form der Herrschaftsausübung, weder modern noch traditionell, in der sozialen Alltagspraxis der Elitenvertreter entstand. Und die Untersuchung genau dieser Spezifika steht im Zentrum des Projektes. Diese afrikanischen Verwaltungseliten lassen sich als Akteure des Wandels bezeichnen, denn sie agierten im Spannungsfeld von lokalen Herrschaftstraditionen, christlichen (und im Fall Tansanias auch islamischen) Doktrinen, westlichen Erziehungs- und Modernisierungskonzepten, der Errichtung und Aufrechterhaltung des kolonialen Staates und dem Streben nach nationaler Unabhängigkeit. In ihrer

Erziehung und Ausbildung sowie in der Herrschafts- bzw. administrativen Praxis dieser Menschen spiegeln sich ihre mehrfachen Identitätsbindungen.

Die meisten Untersuchungen zu afrikanischen Eliten der Kolonialzeit sind im Kontext der Dekolonisations- und Nationalismusforschung mit dem Entstehen der unabhängigen afrikanischen Staaten erarbeitet worden. In den 1950er und 1960er Jahren genoß die Gruppe der gebildeten Afrikaner, d.h. der Absolventen von Regierungs- und Missionsschulen und später vereinzelt Universitäten, besondere Aufmerksamkeit. Die Mehrzahl der Studien schrieb von ihren Protagonisten als "Eliten", ohne jedoch explizit die theoretischen Implikationen von "Elite" als einer analytischen Kategorie zu problematisieren und z.B. gegen "soziale Klasse" oder "Oberschicht" abzugrenzen. Dokumentiert wurde das Entstehen dieser Gruppen am Ende des 19. Jahrhunderts, ihr Aufstieg zu politischer Macht in der späten Kolonialperiode und schließlich ihre Rolle als Führer in den jungen unabhängigen afrikanischen Staaten. Die Mehrzahl der Elitestudien hat jedoch ökonomischen und politischen Wandlungsprozessen auf internationaler, regionaler oder lokaler Ebene, die einen zuweilen extrem wichtigen Einfluß auf die Entstehung und Entwicklung von Bildungseliten hatten, nur wenig Aufmerksamkeit geschenkt.[33] Weitere Themenschwerpunkte waren der Konflikt zwischen "traditioneller" und "moderner" Elite, Studien zu bestimmten Berufsgruppen (etwa Anwälte) und vor allem Biographien bedeutender afrikanischer Politiker.[34] In jüngerer Zeit sind Studien hinzugekommen, die den Lebensstil der verschiedenen Eliten stärker in den Mittelpunkt rückten und versuchten aufzuzeigen, wie sich die Eliten von der Masse der Bevölkerung absetzten und welche Mittel und Statussymbole sie einsetzten.[35] Als methodisch wichtige Ansätze im Bereich der Elitenforschung haben sich "life stories" und prosopographische Studien bzw. "Kollektivbiographien erwiesen. "Life stories" versuchen anhand einzelner Biographien den sozialen und ökonomischen Wandel einer Region nachzuzeichnen[36]; kollektive Biographien stellen die Lebensgeschichten ganzer sozialer Gruppen dar - eine Methode, die in der Forschung zur europäischen und amerikanischen Geschichte seit langer Zeit üblich ist.[37]

Die Sozial- und Alltagsgeschichte kolonialer Gesellschaften und kolonialer Eliten in Afrika ist noch nicht intensiv erforscht. Sicher, die Studien über koloniale Verwaltungsstrukturen und Herrschaftsdoktrinen türmen sich in unseren Bibliotheken zu Bergen.[38] Wesentlich weniger wissen wir jedoch über die sozialen Vorstellungen der europäischen Administratoren. Und kaum etwas ist über ihr tägliches Leben bekannt.[39] Was die afrikanischen Mitarbeiter in der kolonialen Verwaltungsmaschinerie betrifft, so tendiert unser Wissen gen Null. Einige, zum Teil sehr generelle Kenntnisse zum Schul- und Bildungswesen liegen vor.[40] Sehr viel schwieriger wird es, den jeweiligen sozialen Hintergrund der afrikanischen Verwaltungsmitarbeiter zu bestimmen. Woher kamen sie? Wohin gingen sie nach ihrer Tätigkeit in der Kolonialadministration? Folglich überrascht es nicht, daß wir kaum etwas über das Selbstverständnis der betreffenden Personen sagen können. Wie sah das berufliche Ethos der Elitenvertreter aus, ihr Verständnis von Autorität und Macht, ihr Auftreten nach außen, ihr Umgang mit den Menschen? Welcher Symbole bedienten sie sich? Bisher kann noch relativ wenig gesagt werden über die Art und Weise, wie andere diese Elitenvertreter gesehen haben. Die Verwaltungsquellen und Selbstzeugnisse der Europäer sind allerdings voller Äußerungen über die afrikanischen Mitarbeiter der Kolonialverwaltung. In vielen dieser Darstellungen spiegelt sich die ambivalente Position der afrikanischen Verwaltungselite als Schüler, Helfer und Konkurrenten der Europäer, denn die Europäer tendierten dazu, die Afrikaner als Korrupt und halbgebildet zu charakterisieren. Die Wahrnehmung der afrikanischen Elite und der Europäer durch andere Afrikaner hat sich dagegen kaum in schriftlichen Äußerungen niedergeschlagen, sondern primär in Nachahmung, Übernahme und Ablehnung, in Tänzen, theatralischen Auseinandersetzungen und Spottversen.[41]

Für British-Tanganyika ist auch die Politik- und Sozialgeschichte der administrativen Eliten, also die "Rahmenhandlung", insbesondere für die Zeit nach dem Zweiten Weltkrieg noch relativ schlecht erforscht. Dies ist nicht zuletzt darin begründet, daß viele relevante Akten erst seit kurzer Zeit aus der Sperrfrist herausgefallen sind. Zum Bildungs- und Erziehungssektor etwa liegen nur wenige, auf relativ dünner Primärquellenbasis geschriebene Studien vor.[42] Quantitative Angaben über Absolventen höherer Bildungseinrichtungen sind bisher kaum vorhanden, sieht man von den jährlich publizierten Berichten der britischen Verwaltung an den Völkerbund bzw. nach dem Zweiten Weltkrieg an die Vereinten Nationen ab. Dort finden sich (unregelmäßig) Zahlen über afrikanische Schüler in den verschiedenen Schultypen sowie über tansanische afrikanische Studierende im Ausland.[43] Die wenigen zur Verfügung stehenden Statistiken deuten an, daß die Zahl der afrikanischen Hochschüler aus British-Tanganyika bis zur Unabhängigkeit sehr gering blieb. Ein Beispiel mag zur Illustration genügen: Unter den 115 Studenten aus Tansania, die 1953 an britischen Hochschulen immatrikuliert waren, befanden sich gemäß der Klassifikation der Kolonialbehörden 40 "Europäer", 59 "Inder", neun "Other Non-Natives" und nur sieben "Afrikaner".[44] Für den Zeitpunkt der Unabhängigkeit, 1961, nennt eine Studie die Zahl von landesweit 150 Universitätsabsolventen.[45] Auch der afrikanische Anteil im Verwaltungsbereich war offenbar nicht überwältigend. 1951 hatte lediglich ein Afrikaner einen "höheren Posten" inne, 1957 waren es 155, 1960 schließlich 346.[46] Dabei handelte es sich, so steht zu vermuten, nahezu ausschließlich um Männer. Material, das die Grundlage für individuelle Lebensgeschichten oder Gruppenbiographien bilden könnte, ist ebenfalls bisher noch kaum publiziert worden.[47] Auch wissen wir noch viel zu wenig über die Verwaltungsreform, die nach 1945 in Tansania durchgeführt wurde. Die Reform sollte zum einen die effiziente Durchsetzung britischer

Interessen gewährleisten, daneben markierte sie aber auch einen ernsthaften (wenn auch letztlich nicht besonders erfolgreichen) Schritt in Richtung politische Modernisierung und demokratische Herrschaft. Es ging nicht zuletzt darum, soziale Gruppen wie Lehrer, Verwaltungsangestellte oder auch Händler, die bis dato kaum Einfluß auf die Lokalpolitik hatten, verstärkt in die Exekutive einzubinden.[48] Die Praxis der lokalen Administration liegt noch weitgehend im Dunkeln. Zusammenfassend muß konstatiert werden: Herkunft, Karrierewege und die politische Rolle der administrativen Elite sind zu diesem Zeitpunkt nur in Konturen bekannt. Allerdings ist absehbar, daß mit Hilfe neu erschlossenen Archivmaterials einige Lücken geschlossen werden können.

Körper, Raum und Zeit

Den komplexen Prozessen der Konstruktion von Herrschaft und ihrer Verästelung im kolonialen Alltag nachzuspüren birgt trotz der Eingrenzung auf eine spezifische Untersuchungsgruppe eine große Gefahr: sich in der Masse des potentiell wichtigen Materials und der Vielzahl möglicher Fragen zu verlieren. Daher soll die zentrale Frage nach der sozialen Praxis von Herrschaft auf die Aspekte Körper, Raum und Zeit beschränkt werden. Diese drei Kategorien stehen für zentrale Elemente jeder Herrschaft.

Der Körper ist eine der wichtigsten Vermittlungsinstanzen, die Werte und Bedeutungen eines sozialen Systems internalisiert und so zu Kategorien individueller Erfahrung und Identität macht. Körper vermitteln zwischen dem Individuum und der Gesellschaft. Und Körper sind, zusammen mit dem Raum, die Hauptziele eines jeden Herrschaftssystems. Herrschaft muß, um wirksam zu sein, in den Körper eingeschrieben werden[49]; und sie muß, um sichtbar zu sein, in den Raum eingeschrieben werden. Seit mehr als einem Jahrzehnt läßt sich ein wachsendes sozial- und kulturwissenschaftliches Interesse am menschlichen Körper konstatieren. Es war vor allem Michel Foucault, der mit seinen Arbeiten ein neues Verständnis für die Kulturation des Körpers ermöglichte. Er beschreibt den Körper als einen Ort, an dem das Disziplinarsystem der bürgerlichen Gesellschaft seine "Mikrophysik der Macht" zu entfalten vermag. Dieser Zugang, der den Körper nicht ausschließlich "biologisch" begreift, hat wesentlich zur sozialwissenschaftlichen Sensibilisierung für jene subtilen Herrschaftsmechanismen und Disziplinierungsversuche beigetragen, die etwa aus makrohistorischen Erklärungsansätzen herausfallen.[50]

Auch in der afrikabezogenen Geschichtsschreibung und ethnologischen Forschung hat der Körper seit einigen Jahren Konjunktur. Zum einen wären Arbeiten zur kolonialen Gesundheits- und Körperpolitik zu nennen.[51] Ein Aspekt, der in diesem Zusammenhang herausgearbeitet wurde: Koloniale Medizin war nicht zuletzt der Versuch, die Körper der Afrikaner zu erobern und neu zu ordnen. Die Europäer konstruierten den wilden Afrikaner, um ihn hernach besser beherrschen zu können. Dabei trennte man den Körper vom Geist. Afrikaner wurden zu rein emotionalen Wesen, dem rationalen Denken nicht zugänglich, Körper ohne Verstand, Kindern gleich. Folglich mußten die Kolonialherren zunächst die Körper der Kolonisierten erobern, bevor sie ihnen intellektuelle Fähigkeiten einimpfen konnten. Dieses koloniale Projekt wurde bereits Mitte der 1840er Jahre eindrucksvoll von einem französischen Militäroffizier in Algerien skizziert:

> "In effect the essential thing is to gather into groups this people which is everywhere and nowhere; the essential thing is to make them something we can seize hold of. When we have them in our hands, we will then be able to do many things which are quite impossible for us today and which will perhaps to allow us *to capture their mind after we have captured their bodies.*"[52]

Zum anderen sind in diesem Kontext aber auch Studien zu vorkolonialen Herrschaftsstrukturen in Afrika von Belang. Die zentrale Bedeutung körperlicher Praktiken in der sogenannten "traditionellen Politik" afrikanischer Gesellschaften ist lange bekannt. Die Körper der Herrschenden wurden z.B. häufig durch komplexe Einsetzungsriten transformiert; man nutzte Tänze und andere Rituale, um politische Statements zu machen. Männer mußten, bevor sie auf die Jagd gingen oder in den Krieg zogen, ihre Körper säubern oder bemalen lassen - und dann eine rituelle Reinigung vornehmen, bevor sie in die Gesellschaft "zurückkehren" durften. Als weitere Beispiele könnte man Initiationsriten oder Nahrungsverbote nennen, ebenso Hexerei oder Wahrsagerei, die alle sehr eng mit bestimmten Vorstellungen von Körper und Körperpolitik verbunden sind.[53]

Die Kolonialherren hatten selbstverständlich einen anderen kulturellen Hintergrund, aber auch sie wußten um die Bedeutung des Körpers im gesellschaftlichen Leben und in der Politik. Zumindest agierten sie so, als seien sie sich der Tatsache bewußt, daß Herrschaft in die Körper der Kolonisierten eingeschrieben werden mußte. Ihre permanente Beschäftigung mit dem Körper spiegelt sich etwa in den vielen Abhandlungen über Hygiene.[54] Die Relevanz des Körpers im Prozeß der Herrschaft kann ebenfalls Diskussionen im Bereich des Erziehungswesens entnommen werden. Die mit diesem Bereich betrauten britischen Kolonialbeamten dachten zuallererst an Disziplin und Disziplinierung, wenn sie über koloniale Erziehung und Bildung diskutierten. Erziehung war wohl das wichtigste Mittel, mit dem Europäer ihre kulturellen Werte und Vorstellungen durchzusetzen gedachten. Dies involvierte die Regulierung von Zeit, Raum, Kleidung und Nahrung. Britische Kolonialbeamte in Tansania subsumierten diese Maßnahmen unter die Rubrik "character development and training", und sie versuchten ihr Ziel zu erreichen, indem sie einfache Tugenden, die Entwicklung korrekter Umgangsformen und Gewohnheiten einzuimpfen suchten. "Employment under Government ... required character training", heißt es in einem Memorandum von 1945.[55]

Die den Afrikanern angeblich unbekannte Disziplin mußte in die Körper der künftigen afrikanischen Verwaltungsmitarbeiter und Lehrer eingeschrieben werden, die Körper mußten kontrolliert und diszipliniert werden, wobei eine Mischung aus militärischem Drill[56], (körperlichen) Strafen[57] und der immer wiederkehrenden täglichen Disziplineinübung als probates Mittel erschien. Der Jahresbericht der Government African Boys' School Tanga von 1954 illustriert die Strategie des "Character Trainings":

> "The character training has been a matter of day-to-day discipline rather then precept, except for the opportunities offered in the teaching of scripture and civics. The greatest faults in the Africans are a fear of responsibility and a tendency to blame circumstances for their shortcomings rather than themselves. Guiding, the performance of weekly chores, and the team spirit in games, all help to counteract these faults."[58]

Vorbildlich erschien einem Journalisten der Wochenzeitschrift East Africa die Regierungsschule in Tabora:

> "The schools catch the sons of native chiefs as young as possible. They are not treated harshly, but they are subjected to refreshing common-sense and no frills. The first thing they learn is personal cleanliness. Self-respect follows. Their minds are kept fully occupied, and their bodies kept fit by exercise and work."[59]

Die Disziplinierung der Körper erfolgte auf mehreren Ebenen, denn, so ein britischer Kolonialbeamter: "The value of daily washing parades is greatly diminshed if clean bodies are covered by tattered and dirty garments."[60] Die Kleidung und ihre Codes, das Essen, die Bewegungsformen und Normen sind folglich weitere zentrale Elemente der "Körper der Herrschaft". Norbert Elias hat bereits vor einigen Jahrzehnten konstatiert, daß Tischmanieren und andere tägliche Gepflogenheiten gute Indikatoren für Status und Macht sein können. Zudem hat er den Aufstieg des Nationalstaates und der bürgerlichen Herrschaft mit einem Prozeß zunehmender Differenzierung des gesellschaftlichen Gefüges in Verbindung gebracht, den er im modernen Europa zu beobachten glaubte. Diesen Prozeß bezeichnet Elias als "Verwandlung zwischenmenschlicher Fremdzwänge in einzelmenschliche Selbstzwänge", als ein Gefüge "zivilisatorischer Selbstkontrollen".[61] Die Kulturanthropologin Mary Douglas hat in ihrer Studie "Ritual, Tabu und Körpersymbolik" darauf hingewiesen, daß Diskurse über Körper und über Körpergrenzen immer auch Diskurse über Gesellschaft und Politik sind. Sie geht davon aus, jede Gesellschaft verfüge über zwei interdependente Körperkonzepte:

"Der Körper als soziales Gebilde steuert die Art und Weise, wie der Körper als physisches Gebilde wahrgenommen wird; und andererseits wird in der (durch soziale Kategorien modifizierten) physischen Wahrnehmung des Körpers eine bestimmte Gesellschaftsauffassung manifest." Zwischen diesen beiden Körperkonstrukten, so Douglas, findet "ein ständiger Austausch von Bedeutungsgehalten statt, bei dem sich die Kategorien beider wechselseitig stärken".[62]

Auch Diskurse über Nahrung entschlüsseln die soziale Wirklichkeit und vermögen Herrschaftsstrukturen offenzulegen.[63]

Die bisher konsultierten Quellen zu British-Tanganyika unterstreichen vor allem die Bedeutung von Kleidung und ihren Codes für die Herrschaftspraxis.[64] Kleidung schafft Distanz, Kleidung symbolisiert Herrschaftsverhältnisse. Besonders deutlich wird dies in den regelmäßigen Debatten um Uniformen. Die Kolonialverwaltung war sehr um exakte Anweisungen bemüht, wer wann welche Uniformen tragen durfte.[65] Der Zusammenhang zwischen Autorität und Uniform verdeutlicht sich beispielsweise an den Diskussionen über das "Hot Weather Dress" der britischen Kolonialbeamten. Als sich die Kolonialverwaltung 1941 "aus klimatischen und ökonomischen" Gründen dazu entschließt, eine leichte Baumwolluniform als Dienstkleidung für die europäischen Beamten einzuführen, betont sie, daß dadurch keineswegs ein Verlust von Autorität und Würde zu fürchten sei.[66] Zudem machen die Körperbeschreibungen in den Memoiren und Tagebüchern von Europäern den Versuch der Kolonisierenden deutlich, eine Distanz zwischen sich und den Afrikanern zu schaffen. Auf der einen Seite finden sich detaillierte Beschreibungen der eigenen Kleidung. Auf der anderen Seite betonen viele Europäer, wenn sie Afrikaner beschreiben, deren Körperlichkeit, die körperlichen Funktionen, die Nacktheit.[67]

Kleidung ist ein klassischer Marker sozialer Distinktion. Europäische Kleidung repräsentierte ebenso den Versuch der afrikanischen Elite, sich spezifische Elemente der kolonialen Herrschaft anzueignen. Europäer haben sehr genau die Tendenz unter afrikanischen Verwaltungsangestellten beobachtet, Anzüge und Krawatten zu tragen - die klassische Kluft der "white-collar-jobs" -, um sich von anderen zu distanzieren. Interviews mit ehemaligen tansanischen Verwaltungsangestellten haben unterstrichen, daß Vertreter der administrativen Elite Kleiderordnungen und andere Verhaltensweisen von den Kolonialherren übernommen und für ihre Zwecke eingesetzt haben. Dazu gehören neben dem Tragen von Anzügen auch das Essen mit Besteck oder die Ausstattung mit europäischen Möbeln und Elektrogeräten. Stellvertretend sei der ehemalige Lehrer Valentin Mtema zitiert, der erzählte, daß viele Personen in seiner Umgebung die Nahrungsaufnahme mit Messer und Gabel merkwürdig fanden, es als Luxus betrachteten. Hier trennten sich halt, so Mtema, die Gebildeten und die Ungebildeten.[68]

Zusammen mit dem Körper ist der Raum das primäre Objekt jeder Herrschaft. Spätestens seit Bourdieu wissen wir, daß sich Herrschaftsstrukturen im Raum spiegeln, daß wir in der räumlichen Ordnung eine gelebte Karte der Alltagswelt erkennen können. Zum einen interessiert uns die Topographie der Herrschaft, d.h. die Wohn- und Siedlungsformen und die Situierung öffentlicher Gebäude. Zum anderen geht es um die symbolischen Räume, die Grenzziehung zwischen Öffentlichem und Privatem zum Beispiel, zwischen Frauenräumen und Männerräumen und um die Mobilität zwischen all diesen Räumen. Ein wichtiger Aspekt in diesem Kontext ist das Distanzverhalten, denn Herrschaft beruht auf Distanz.

Für nahezu alle kolonialen Gebiete ist eine mehr oder weniger rigide Segregation zwischen europäischen und afrikanischen Wohnvierteln typisch, die sich im städtischen Raum besonders deutlich manifestiert.[69] Auch für die urbanen Zentren in British-Tanganyika läßt sich entsprechende Politik der Kolonialmacht ausmachen. In Dar es Salaam etwa realisierte die Verwaltung in den 1920er Jahren die Anlage des noch von den Deutschen projektierten 'cordon sanitaire' zwischen einem "europäischen", einem "asiatischen" und einem "afrikanischen" Viertel.[70] Diese Trennung blieb über die Kolonialzeit hinweg mehr oder weniger erhalten. Selbst hohe afrikanische Verwaltungsmitarbeiter kamen offenbar nicht auf die Idee, ins Europäerquartier zu ziehen.[71] Auch in Tabora hat es offenbar eine strenge Trennung zwischen dem "weißen" Viertel (*uzunguni*) und dem "schwarzen" Viertel (*ng'ambo* = außerhalb, anderes Ufer) gegeben.[72]

Auf der bisherigen Materialgrundlage läßt sich nicht rekonstruieren, inwieweit sich Vertreter der afrikanischen administrativen Elite räumlich zu distanzieren suchten und spezielle Wohnquartiere innerhalb der Afrikaner-Siedlungen bewohnten. Auf anderen Ebenen werden jedoch die (räumlichen) Distanzversuche der Elite deutlich. Genannt seien die Beschwerden der *Tanganyika African Government Servants Association* über den Mangel an separaten Räumen für afrikanische Regierungsangestellte im *Sewa Haji Hospital* in Dar es Salaam. In einem Brief an den Chief Secretary stellte die Organisation entsprechende Forderungen:

> "... this Association takes the opportunity of representing the question of admission into hospitals of African Government employees. As a rule a separate compartment should be set aside for Government employees as well as for their families... This Association strongly submits that ... Government hospitals should spare a compartment - spacious and sufficient enough - for African Government employees and that those entitled to higher privileges on the railways should have them when admitted to hospitals."[73]

Während hier die Distanz zu anderen afrikanischen Gruppen gesucht wurde, galt es bei anderen Gelegenheiten explizit in die Nähe der Kolonialherren zu kommen. Die Segregation zwischen europäischen und afrikanischen Verwaltungsangestellten war offenbar eine Regel, die durch Ausnahmen bestätigt wurde. Dies suggerieren jedenfalls die bisher durchgeführten Interviews. Daß die afrikanische Verwaltungselite nicht zuletzt bei offiziellen Anlässen die Nähe der Europäer suchte, läßt sich an mehreren Beispielen festmachen. Die Missionslehrerin J.R. Allen etwa bemerkte anläßlich des Besuchs von Gouverneur Twining in Kondoa Irangi die Versuche der afrikanischen "clerks", sich bei jeder Gelegenheit neben Twining zu postieren.[74] Und der Distrikt Officer von Tanga erntete massive Beschwerden von lokalen Lehrern und Regierungsangestellten, die bei den Feierlichkeiten zum "Remembrance Day" zu weit von den Europäern entfernt hatten sitzen müssen.[75]

Ein letzter Aspekt sollte noch Erwähnung finden: Kontrolle über den Raum ist - wie bereits erwähnt - ein wichtiges Element kolonialer Herrschaft. In den besonders nach 1945 rasch wachsenden Städten Afrikas entstanden vermehrt Räume, die sich der Kontrolle der Kolonialmacht zeitweise entzogen und daher zahlreiche Sorgenfalten in die Gesichter der Kolonialbeamten trieben: Räume, in denen Glücksspiel betrieben wurde, in denen Prostituierte ihrem Geschäft nachgingen, in denen sich (verbotene) politische Gruppierungen trafen, wo sich Migranten illegal niederließen. Insbesondere während der Dekolonisationsphase ist in vielen urbanen Zentren Afrikas der Versuch der Kolonialadministration zu beobachten, die Kontrolle über diese "verbotenen Räume" zu erlangen.[76] Auch in Dar es Salaam sind entsprechende Anstrengungen der Verwaltung dokumentiert.[77] Inwieweit sich die afrikanische administrative Elite diese koloniale Vision zu eigen gemacht hat, kann - trotz partieller Hinweise - noch nicht beantwortet werden.[78]

Last but not least gilt es zu analysieren, welche Rolle "Zeit" für die koloniale Herrschaftspraxis spielte. In Konflikten um die Zeit wird Herrschaft durchgesetzt oder in Frage gestellt. Das wußten die Kolonialherren nur zu gut. So taten sie alles, um den afrikanischen Gesellschaften ihre Vorstellungen von einer einheitlichen, abstrakten Zeit und dem christlichen Kalender einzubleuen. Diese europäischen Konzepte standen natürlich im Widerspruch zu vielen lokalen, sehr differenzierten kulturellen und sozialen Zeitkonzepten. Und sie stellten die Autorität lokaler Herrscher in Frage, deren Privileg es in der Regel war, öffentliche Zeremonien und ähnliches einzuberufen, wenn die Zeit gekommen war. Daß die Kontrolle über die Zeit ein elementares Herrschaftsinstrument ist, haben Historiker für viele Epochen und Regionen herausgearbeitet. Jacques Le Goff hat einen Zusammenhang zwischen der Regulierung und Segmentierung von Zeit und den Bedürfnissen der mittelalterlichen Kirche und frühen Formen des Kapitalismus hergestellt. Glocken und Uhren wurden zu Instrumenten ökonomischer, sozialer und politischer Herrschaft.[79]

E.P. Thompson hat gezeigt, daß die Durchsetzung einer linearen Zeit eine wichtige Voraussetzung für den Erfolg der industriellen Revolution in Europa war.[80] Auch für das koloniale Afrika liegen inzwischen einige Studien vor. Sie beziehen sich vornehmlich auf die Versuche der Kolonialmächte, das städtische Proletariat durch eine rigide Arbeitszeitordnung zu disziplinieren.[81]

Versuche der Durchsetzung von Zeitvorstellungen und der Auflehnung dagegen lassen sich auch in British-Tanganyika beobachten. Besonders wichtig in bezug auf die administrativen Eliten: Zeitdisziplin war ein elementares "Fach" in den Schulen. Die bisher geführten Interviews mit ehemaligen tansanischen Verwaltungsangestellten und Lehrern bestätigen, wie wichtig Pünktlichkeit in ihrer Ausbildung war. Der Schulalltag in Tabora - der wichtigsten Kaderschmiede für künftige afrikanische Verwaltungsangestellte - war streng in verschiedene Phasen eingeteilt, die jeweils durch Glocken bzw. Klingeln eingeleitet wurden. Die Uhr wurde zu einem wichtigen Symbol des späteren administrativen Alltags. Es ist noch relativ unklar, auf welche Art und Weise die afrikanische Elite in der alltäglichen Herrschaftspraxis den Aspekt "Zeit" genutzt hat. Immerhin gibt es Hinweise in den Akten, daß Pünktlichkeit ein wichtiger Faktor für das berufliche Fortkommen und Anlaß für ein Lob des Kolonialherren war.[82] Trotha hat darauf hingewiesen, daß die Manipulation der Zeit eine der vielfältigen Formen ist, Sand in das Getriebe der Herrschaft zu bringen.[83] Die Kolonisierten können den Kolonialherren "Zeit rauben", indem sie die Herrscher warten lasse. Die Beherrschten bleiben nicht im Zeitbudget, das die Herrschenden ihnen zugeteilt haben. Zahlreiche Berichte oder Notizen der Europäer enthalten entsprechende Beschwerden.[84] Immer wieder wird die Unzuverlässigkeit der afrikanischen Verwaltungsmitarbeiter beklagt, die zu spät kommen oder unter fadenscheinigen Erklärungen der Arbeit fernbleiben. Diese Beschwerden über Unpünktlichkeit haben sich zu einem Stereotyp verdichtet, das auch heute noch sehr präsent ist. Doch auch die Herrschenden selbst setzen Zeit als Instrument ein. Man läßt die Leute warten, man konzediert ihnen weniger Zeit als notwendig, man hält Verabredungen nicht ein. Auch afrikanische Verwaltungsmitarbeiter - dies deuten die Interviews an - nutzten dieses Instrument in ihrem Arbeitsalltag.

Schluß

Fassen wir zusammen: Ziel dieses Beitrags war es, auf einige konzeptionelle und methodische Probleme aufmerksam zu machen, die sich bei der Untersuchung des Herrschaftsalltags kolonialer und administrativer Eliten ergeben. Dabei sollten explizit allgemeinere, nicht allein auf Afrika bezogene Forschungsprobleme und -diskussionen aufgegriffen und in bezug auf den Untersuchungsgegenstand problematisiert werden. "Herrschaft", "Alltag" und "Elite" verweisen auf vielschichtige Diskussionszusammenhänge, die hier ansatzweise nachgezeichnet wurden. Für unser konkretes Forschungsvorhaben sind in diesem Zusammenhang u.a. zwei Dinge von Belang: Herrschaft läßt sich am besten als ein "Kräftefeld" erfassen, in dem sich nicht dichotomisch Herrscher und Beherrschte gegenüberstehen, sondern vielfältige Abhängigkeiten sichtbar werden. Bezüglich der Untersuchung von "Alltag" ist es besonders wichtig, Mikro- und Makroebene zu verbinden und Einzelschicksale in größere Strukturen einzubetten.

Im Text ist zudem eine Reihe von weiteren offenen Fragen und Problemen angesprochen worden, die wie folgt resümiert werden können: Zunächst ist die Untersuchungsgruppe noch nicht ausreichend scharf konturiert. Wir haben bisher weder genaue Vorstellungen über ihren quantitativen Umfang, noch steht ausreichend biographisches Material zur Verfügung. Auch die Herrschaftspraxis im Verwaltungsalltag wird erst in Umrissen sichtbar. Das bislang durchgearbeitete Material wird zudem von zeitgenössischen kolonialen Diskursen dominiert. Die lokalen Perspektiven bezüglich Körper, Raum und Zeit erscheinen nur am Rande. Hier ist die Wahl einiger geographischer Vertiefungspunkte - etwa Verwaltungszentren wie Dar es Salaam und Tanga - dringend erforderlich, an deren Beispiel das Zusammenspiel von europäischen und einheimischen Perspektiven exemplifiziert werden muß. Schließlich erweist es sich als äußerst schwierig, die Kategorien Körper, Raum und Zeit zu "historisieren", das heißt die in diesen Kategorien faßbaren Herrschaftsverhältnisse an konkreten historischen Daten und Phasen festzumachen, ihre Entwicklung nachzuzeichnen. In diesem Zusammenhang sei noch einmal auf den "Werkstattcharakter" dieses Beitrags verwiesen, der keine ausdifferenzierten Ergebnisse jahrelanger Forschung präsentiert, sondern Schwierigkeiten im Umgang mit einem Forschungsthema vorführt, in der Hoffnung, damit nicht nur für dieses Projekt relevante konzeptionelle Probleme anzusprechen.

Arbeiten, die den Alltag von Herrschaft auf den angesprochenen Ebenen Körper, Raum und Zeit untersuchen, implizieren zumindest die Gefahr der selbstverliebten Übertheoretisierung und das Ignorieren der handgreiflichen Realitäten kolonialer Herrschaft. Die Durchsetzung des kolonialen bürokratischen Staates und die Etablierung einer administrativen Elite bedeuten auch handfeste Gewalt. Diese Dimension im Hinterkopf, geht es in diesem Projekt primär jedoch um die symbolischen Kämpfe, den Kampf um die Herzen und Köpfe der Kolonisierten, um die Kolonisierung des Bewußtseins. Herausgearbeitet werden sollen die Bemühungen der Kolonialherren, das Bewußtsein der Afrikaner "mit den Zeichen und Praktiken, den Axiomen und der Ästhetik einer fremden Kultur"[85] zu kolonisieren. Wir sind dabei herauszufinden, inwieweit diese Regulierungsbemühungen den *Habitus* der entstehenden administrativen Eliten geprägt haben. Unser spezifisches Interesse gilt dabei den verschlungenen Wegen, auf denen Herrschaft in die Körper der Kolonisierten eingeschrieben wurde, wie die Räume neu geordnet und die Zeit neu reguliert wurden und wie sich Vertreter der kolonialen Elite diese Dinge aneigneten. Diverse Fallgruben lauern auf dem Weg zur Erkenntnis. Zwar deutet die dargelegte Disziplinierung von Körper, Raum und Zeit zum Teil radikale Einschnitte in die Lebenswelt der afrikanischen Verwaltungsmitarbeiter in Tansania an. War die koloniale administrative Elite deshalb per se ein Agent der Modernisierung? Kolonialherrschaft brachte hier zudem offenbar tiefgreifende Transformationen der politischen Kultur mit sich. Dies steht im Gegensatz etwa zu Jean-François Bayarts Behauptung, daß koloniale Konzepte höchstens einen symbolischen Impakt in Afrika hatten.[86] Erst die weitere Untersuchung von Herrschaft und Alltag der administrativen Elite wird - hoffentlich - Aufschluß darüber geben, was sich wann grundlegend veränderte.

Anmerkungen

1 Meine Untersuchung ist Teil des größeren, interdisziplinär angelegten Forschungsprojektes "Körper, Raum und Zeit der Herrschaft. Studien zur historischen Anthropologie und Mentalitätsgeschichte in Ostafrika (1850 bis 1963)", das seit Mitte 1995 mit Mitteln der DFG am Seminar für Afrikawissenschaften der Humboldt Universität Berlin durchgeführt wird. An dem Projekt sind noch Katrin Bromber, Jürgen Becher und Albert Wirz beteiligt. British-Tanganyika und Tansania wird im folgenden synonym verwendet.
2 Vgl. Georges Balandier, Le pouvoir sur scène, Paris 1992.
3 Das Gros dieser Berichte findet sich im Nationalarchiv von Tansania, Dar es Salaam, sowie im Public Record Office, Kew Gardens, England.
4 Eine hervorragende Sammlung entsprechender ungedruckter Dokumente findet sich in der Rhodes House Library, Oxford. Zudem liegt eine Vielzahl von publizierten Memoiren britischer Kolonialbeamter vor, die partiell interessante Informationen über die koloniale Herrschaftspraxis und den Alltag von Herrschaft in British-Tanganyika enthalten. Auf die Auflistung der relevanten Titel muß hier jedoch verzichtet werden.
5 Hier ist besonders an Pfarrer zu denken, von denen entsprechende Dokumente in Missionsarchiven zu finden sein müßten. Laut Auskunft von Pfarrer Klaus-Peter Kiesel beherbergt zum Beispiel das Archiv der Evangelical Lutheran Church in Moshi zahlreiche Lebenszeugnisse afrikanischer Missionsmitarbeiter. Diese Bestände konnten aber bisher noch nicht eingesehen werden. Publizierte Memoiren afrikanischer Elitenvertreter liegen kaum vor. Eine der wenigen Ausnahmen ist Erasto A.M. Mang'enya, Discipline and Tears. Reminiscences of an African Civil Servant on Colonial Tanganyika, Dar es Salaam 1984.
6 Einige theoretische und methodische Probleme bei der Nutzung von Fotografien im Bereich der afrikanischen Geschichte werden diskutiert von Christraud M. Geary, Photographs as Materials for African History. Some Methodological Considerations. In: History in Africa, Madison 13 (1986), S. 89-116; David Killingray/Andrew Roberts,

An Outline History of Photography in Africa to ca. 1940. In: History in Africa, Madison 16 (1989), S. 197-208.
7   Vgl. David Sabean, Power in the Blood. Popular Culture and Village Discourse in Early Modern Germany, Cambridge 1984, S. 3.
8   Selbstverständlich gibt es zahlreiche Ausnahmen, die eine sehr sorgfältige Definition von Herrschaft vorlegen. Vgl. z.B. Trutz von Trotha, Koloniale Herrschaft. Zur soziologischen Theorie der Staatsentstehung am Beispiel des "Schutzgebietes Togo", Tübingen 1994.
9   Eine vorzügliche Einführung in die Problematik bietet Alf Lüdtke, Einleitung: Herrschaft als soziale Praxis. In: Alf Lüdtke (Hg.), Herrschaft als soziale Praxis. Historische und sozial-anthropologische Studien, Göttingen 1991, S. 9-63. Dieser Aufsatz ist auch die Basis für die folgenden Ausführungen zu Herrschaft.
10 Max Weber, Wirtschaft und Gesellschaft. Grundriß der verstehenden Soziologie, Tübingen 1976, S. 28.
11 Ebenda, S. 544.
12 Pierre Bourdieu, Entwurf einer Theorie der Praxis auf der ethnologischen Grundlage der kabylischen Gesellschaft, Frankfurt/M. 1976, S. 365 ff., hat auf die Verknüpfung physisch-direkter wie "sanfter" Formen herrschaftlicher Gewalt aufmerksam gemacht und betont, daß erst diese Parallelität die Wirkung von Herrschaft ausmache.
13 Vgl. Michel Foucault, Überwachen und Strafen. Die Geburt des Gefängnisses, Frankfurt/M. 1976, S. 259f.; ders., Sexualität und Wahrheit. Bd.1, Der Wille zum Wissen, Frankfurt/M. 1977, S. 113ff. Für den afrikanischen Kontext vgl. in diesem Zusammenhang die Studien in W. Arens/Ivan Karp (Hg.), Creativity of Power. Cosmology and Action in African Societies, Washington-London 1989.
14 Weber, a.a.O., S. 176.
15 Vgl. z.B. E.P. Thompson, Eighteenth-Century English Society: Class Struggle without Class, in: Social History 3 (1978), S. 133-165.; Bourdieu, Theorie der Praxis, a.a.O.; James Scott, Domination and the Arts of Resistance. Hidden Transcripts, New Haven-London 1990. Dazu Lüdtke, Einleitung, a.a.O., S. 12ff.
16 Vgl. Scott, Domination..., a.a.O.
17 Vgl. etwa Dane Kennedy, Islands of White: Settler Society and Culture in Kenya and Southern Rhodesia, 1890-1939, Durham 1987. Allgemeiner zu diesem Komplex jetzt auch Frederick Cooper/Ann L. Stoler (Hg.), Tensions of Empire: Colonial Cultures in a Bourgeois World, Berkeley 1996.
18 Georg Friedrich Wilhelm Hegel, Phänomenologie des Geistes, Hamburg 1952 (5. Aufl.), S. 141ff. Dazu auch Lüdtke, Einleitung, a.a.O., S. 30ff.
19 Vgl. etwa David W. Sabean, Power..., a.a.O.; Norbert Schindler, Widerspenstige Leute. Studien zur Volkskultur in der frühen Neuzeit, Frankfurt/M. 1992; James C. Scott, Weapons of the Weak. Everyday Forms of Peasant Resistance, New Haven-London 1985.
20 Aus der Fülle der Literatur zur Alltagsgeschichte und zum Alltagsbegriff sei lediglich auf folgende Arbeiten verwiesen (die vornehmlich die deutsche Diskussion beleuchten): Peter Borscheid, Alltagsgeschichte - Modetorheit oder neues Tor zur Vergangenheit?. In: Wolfgang Schieder/Volker Sellin (Hg.), Sozialgeschichte in Deutschland. Bd.3, Göttingen 1987, S. 78-100; Franz-Josef Brüggemeier/Jürgen Kocka (Hg.), Geschichte von unten - Geschichte von innen. Kontroversen um die Alltagsgeschichte, Hagen 1985; Michel de Certeau, L'invention du quotidien. Bd. 1: Arts de faire, Paris 1980; Alf Lüdtke (Hg.), Alltagsgeschichte. Zur Rekonstruktion histori-

scher Erfahrungen und Lebensweisen, Frankfurt/M.-New York 1989; Winfried Schulze (Hg.), Sozialgeschichte, Alltagsgeschichte, Mikro-Historie, Göttingen 1994.
21 Art. "Alltagsgeschichte". In: Manfred Asendorf u.a. (Hg.), Geschichte. Lexikon der wissenschaftlichen Grundbegriffe, Reinbek 1994, S. 24.
22 Die internationale Trendwende in der historischen Forschung, die sich u.a. durch die zunehmende Kritik an der Cliometrie und an der Sozialgeschichte als Strukturgeschichte, verbunden mit der Hinwendung zur Mentalitätsgeschichte, zu Fragestellungen einer Historischen Anthropologie und zur Ethnologie auszeichnete, kann hier nicht weiter nachgezeichnet werden. Christian Meier verweist auf die "Erschlaffung der Identifikation mit größeren Einheiten" und sieht die Hinwendung zu Mikro- und Alltagsgeschichte in "bestimmten gesellschaftlichen Erfahrungen der Gegenwart und jüngeren Vergangenheit" begründet. Vgl. Christian Meier, Notizen zum Verhältnis von Makro- und Mikrogeschichte. In: Karl Acham/Winfried Schulze (Hg.), Teil und Ganzes. Zum Verhältnis von Einzel- und Gesamtanalyse in Geschichts- und Sozialwissenschaften, München 1990, S. 111-140, hier: S. 120.
23 Genannt sei in diesem Zusammenhang Lutz Niethammer (Hg.), Lebenserfahrung und kollektives Gedächtnis. Die Praxis der "Oral History", Frankfurt/M. 1985. Darin auch ein Beitrag von Terence Ranger, Persönliche Erinnerung und Volkserfahrung in Ost-Afrika, S. 100-145.
24 Die bösartigste Kritik kam von Hans-Ulrich Wehler, der die Alltagsgeschichte als "biederen Hirsebrei" verspottete. Vgl. Hans-Ulrich Wehler, Geschichte - von unten gesehen. In: Die Zeit, Hamburg, 3.5.1985.
25 Art. Alltagsgeschichte, a.a.O., S. 27.
26 Eine beispielhafte Studie über die Alltagsveränderungen ist David W. Cohen/E.S. Atieno Odhiambo, Siaya. The Historical Anthropology of an African Landscape, London 1989.
27 Vgl. Jean Comaroff, Body of Power, Spirit of Resistance. The Culture and History of a South African People, Chicago-London 1985; Jean u. John Comaroff, Of Revelation and Revolution. Christianity, Colonialism and Consciousness in South Africa. Bd. 1, Chicago-London 1991. Vgl. als Plädoyer für einen komplexen Herrschaftsbegriff in der afrikanischen Kolonialgeschichte den Beitrag von Frederick Cooper, Conflict and Connection: Rethinking Colonial African History. In: American Historical Review 99 (1994) 4, S. 1516-1545. Vgl. auch die afrikabezogenen Beiträge in Dagmar Engels/-Shula Marks (Hg.), Contesting Colonial Hegemony. State and Society in Africa and India, London-New York 1994.
28 Interessante Ansätze finden sich zum Beispiel in den Bänden von David Anderson/David Killingray (Hg.), Policing the Empire: Government, Authority and Control, 1830-1940, Manchester 1991; dies. (Hg.), Policing and Decolonization: Nationalism, Politics and the Police, 1917-65, Manchester 1992.
29 Weber, Wirtschaft..., a.a.O., S. 825.
30 Eine methodisch vorbildhafte Studie zum Thema "außereuropäische Eliten" beschäftigt sich mit Mexiko. Vgl. Jochen Meißner, Eine Elite im Umbruch. Der Stadtrat von Mexiko zwischen kolonialer Ordnung und unabhängigem Staat, Stuttgart 1993.
31 Vgl. Anthony Kirk-Greene, The Thin White Line: The Size of the British Colonial Service in Africa. In: African Affairs, Oxford 79 (1980) 314, S. 25-44.
32 Eine der klassischen Figuren des afrikanischen Übersetzers findet sich in Ahmadou Hampaté Bas berühmtem Buch "L'étrange destin du Wangrin", Paris 1973. Eine instruktive Diskussion der Rolle von Übersetzern am Beispiel der deutschen Kolonie Togo bietet Trotha, Koloniale Herrschaft, a.a.O., S. 186ff. Trotha betont, daß die Be-

deutung der Übersetzer relativ rasch schwand, da die deutschen Beamten bald über ausreichende Kenntnisse der einheimischen Sprachen verfügten. In Tansania jedoch brauchte die Kolonialverwaltung noch in den 1950er Jahren regelmäßig einheimische Übersetzer - insbesondere bei Gerichtsverhandlungen in den Regionen, wo wenig Swahili gesprochen wurde. Vgl. etwa Tanzania National Archives, Dar es Salaam (TNA), 43287: Confidential Note Chief Justice, 31.8.1953. Vgl. auch Dennis M.P. McCarthy, Language Manipulation in Colonial Tanganyika, 1919-40. In: Journal of African Studies, Los Angeles 6 (1979) 1, S. 9-16.

33 Klassische Studien zu dieser Thematik sind vor allem Westafrika gewidmet. Vgl. z.B. Jacob F. Ade Ajayi, Christian Missions in Nigeria, 1841-1891. The Making of a New Elite, Harlow 1965; E.A. Ayandele, The Educated Elite in the Nigerian Society, Ibadan 1974.

34 Vgl. u.a. Patrick Cole, Modern and Traditional Elites in the Politics of Lagos, Cambridge 1975; B.M. Endsmann, Lawyers in Gold Coast Politics, c.1900-1945, Uppsala 1979; David E. Skinner/Thomas George Lawson, African Historian and Adminsitrator in Sierra Leone, Stanford 1980; E.A. Ayandele/Holy Johnson, Pioneer of African Nationalism, 1836-1917, London 1970.

35 Vgl. z.B. Abner Cohen, The Politics of Elite Culture: Explorations in the Dramaturgy of Power in a Modern African Society, Berkeley 1981; Kristin Mann, Marrying Well. Marriage Status and Social Change among the Educated Elite in Colonial Lagos, Cambridge 1985.

36 Vgl. z.B. Kristin Mann, The Rise of Taiwo Olowa: Law, Accumulation, and Mobility in Early Colonial Lagos. In: Kristin Mann/Richard Roberts (Hg.), Law in Colonial Africa, London 1991, S. 85-107.

37 Vgl. Lawrence Stone, Prosopography. In: Daedalus 100 (1971), S. 46-79.

38 Um nur ein Beispiel zu nennen: Lewis H. Gann/Peter Duignan, The Rulers of British Africa, 1870-1914, Stanford 1978.

39 Zum Problem der "Essentialisierung" der Europäer in den Kolonien vgl. u.a. Ann L. Stoler, Rethinking Colonial Categories: European Communities and the Boundaries of Rule. In: Comparative Studies in Society and History, Cambridge 31 (1989), S. 134-161. Seit den 1980er Jahren sind jedoch Arbeiten erschienen, die stärker das Alltagsleben der EuropäerInnen im kolonialen Afrika in den Blick nehmen. Vgl. etwa Hellen Callaway, Gender, Culture and Empire. European Women in Colonial Nigeria, London 1987.

40 Vgl. zusammenfassend Jacob F. Ade Ajayi u.a., The African Experience with Higher Education, Accra-London 1996, S. 1-73.

41 Vgl. etwa Terence Ranger, Dance and Society in Eastern Africa, 1890-1970: the Beni'Ngoma', London 1975.

42 Vgl. Lene Buchert, Education in the Development of Tanzania, 1919-1990, London 1994, Kapitel 2. u. 3; Marjorie J. Mbilinyi, African Education during the British Colonial period 1919-61. In: M.H.Y. Kaniki (Hg.), Tanzania under Colonial Rule, London 1980, S. 236-275; Laura S. Kurtz, An African Education. The Social Revolution in Tanzania, New York 1972, Kapitel 2 u. 3. Als allgemeine Geschichte Tansanias immer noch unentbehrlich: John Iliffe, A Modern History of Tanganyika, Cambridge 1979.

43 Die vollständige Auswertung der in den Jahresberichten an die UNO genannten Schülerzahlen demnächst in Andreas Eckert/Albert Wirz, The Construction of Power in Everyday Life in Colonial Tanzania, Berlin 1997 (Working Papers on African Societies).

44 Vgl. TNA 23140, Bd.IV: Statement of Tanganyika Students in the United Kingdom, o.D. [ca.April 1953].
45 Vgl. Susanne D. Mueller, The Historical Origins of Tanzania's Ruling Class. In: Canadian Journal of African Studies, Toronto 15 (1981) 3, S. 459-497, hier: S. 478.
46 Die in der Literatur genannten Zahlen variieren etwas, drücken aber alle den gleichen Trend aus. Vgl. Iliffe, Modern History..., a.a.O., S. 573; Mueller, The Historical Origins..., a.a.O., S. 479; vgl. zudem TNA, Acc.N°301, AP/3/1: Grafik "Progress in Africanisation. Percentage of Posts Held by Local Officers as at 1st October 1960". Allerdings werden die "higher positions" nie genau definiert.
47 Zu den wenigen Ausnahmen gehört das Schrifttum zum ersten tansanischen Präsidenten Julius Nyerere, dem wohl wichtigsten Vertreter der administrativen Elite in British-Tanganyika. Vgl. zu Nyerere zuletzt Colin Legum/Geoffrey Mmari (Hg.), Mwalimu. The Influence of Nyerere, London 1995. Ein Teil des Nachlasses von Nyerere soll demnächst an der Universität von Dar es Salaam der Forschung zugänglich gemacht werden. Eine interessante Sammlung von exemplarischen Biographien bietet John Iliffe (Hg.), Modern Tanzanians. A Volume of Biographies, Nairobi 1973.
48 Die Verwaltungsreform hat schon eine Reihe von zeitgenössischen Politologen beschäftigt. Vgl. etwa D. Gus Liebenow, Some Problems in Introducing Local Government Reform in Tanganyika. In: Journal of African Administration, Oxford 8 (1956), S. 132-139; ders., Responses to Planned Political Change in a Tanganyika Tribal Group. In: American Political Science Review 50 (1956) 2, S. 442-461. Aufschlußreich zu diesem Thema sind auch die zahlreichen unveröffentlichten Untersuchungen des Regierungssoziologen Hans Cory, z.B. The Councils and the Administration, 18.3.1957 (East Africana Library, Dar es Salaam, Cory Papers 72).
49 Einige jüngere Studien haben diesen Aspekt für den kolonialen Kontext auf sehr unterschiedlichen Ebenen eindringlich nachgezeichnet. Vgl. u.a. Timothy Mitchell, Colonizing Egypt, Cambridge 1988; David Arnold, Colonizing the Body: State Medicine and Epidemic Disease in Nineteenth-Century India, Berkeley 1993.
50 Vgl. Michel Foucault, Mikrophysik der Macht. Über Strafjustiz, Psychiatrie und Medizin, Berlin 1976; ders., Überwachen und Strafen, a.a.O.; ders., Der Wille zum Wissen, a.a.O. In der Folge Foucaults wurde die "Wiederkehr des Körpers" in einer Reihe von Studien thematisiert. Vgl. u.a die Überblicke von Barbara Duden, Geschichte unter der Haut, Stuttgart 1987, S. 12-66; Roy Porter, History of the Body. In: Peter Burke (Hg.), New Perspectives on Historical Writing, Cambridge 1992, S.206-232. Für eine rezente Sammlung von Studien, die sich auf unterschiedlichen Ebenen mit dem Körper auseinandersetzen, vgl. Richard van Dülmen (Hg.), Körper-Geschichten. Studien zur historischen Kulturforschung, Frankfurt/M. 1996. Ein kritischer Überblick über die erdrückende Menge verwirrender und widersprüchlicher Verwendungen des Konzeptes "Körper" finden sich bei Caroline Bynum, Warum das ganze Theater mit dem Körper? Die Sicht einer Mediävistin. In: Historische Anthropologie, Köln 4 (1996) 1, S. 1-33. Vgl. allgemeiner zu Foucault und Kolonialismus die Untersuchung von Ann L. Stoler, Race and the Education of Desire. Foucault's History of Sexuality and the Colonial Order of Things, Durham-London 1995.
51 Vgl. z.B. Megan Vaughan, Curing their Ills. Colonial Power and African Illness, Stanford 1991; Maryinez Lyons, The Colonial Disease: A Social History of Sleeping Sickness in Northern Zaire, Cambridge 1992; Steven Feierman, Struggles for Control: The Social Roots of Health and Healing in Modern Africa. In: African Studies Review, Atlanta 28 (1982), S.73-148.
52 Zit. nach Mitchell, Colonizing Egypt, a.a.O., S. 95 (Hervorhebung von mir - A.E.).

53 Viele dieser Aspekte werden in McCaskies grundlegender Neuinterpretation der Asante-Gesellschaft im 18. und 19. Jahrhundert angesprochen. McCaskie unterstreicht u.a., daß die Körper der "office holders" - eine Gruppe, die man durchaus als administrative Elite bezeichnen könnte - einen "ideological site of the highest definition and impact" darstellen - mit ihren "spatial (re-)presentation, boundaries, speech, dress, ornamentation, situational norms of behaviour (in their movement, decorum, eating, dance, celebrating, mourning, etc.)". Vgl. Tom C. McCaskie, State and Society in Pre-Colonial Asante, Cambridge 1995, S. 261.

54 Für British-Tanganyika vgl. entsprechende Berichte etwa über mangelnde Hygiene in übervölkerten Stadtvierteln (TNA 22693: Bericht Medical Officer of Health an Municipal Secretary Dar es Salaam, 15.4.1947) oder über die Arbeit sogenannter Tribal Dressers (TNA NA/V1/151-154: Tanganyika Territory. Native Administration. Social Service Memoranda. No. 1. Tribal Dressers and African District Sanitary Inspectors, 1930). Eine exzellente Studie über Hygiene im kolonialen Kontext, in der auch der sozialökonomische Kontext nicht ausgeblendet wird, ist Timothy Burke, Lifebuoy Men, Lux Women. Commodification, Consumption and Cleanliness in Modern Zimbabwe, Durham-London 1996.

55 TNA 22068: Memorandum G.W. Hatchell. Education and Training for Africans, 8.9.1945.

56 An den meisten Schulen gab es einen "Drill Officer". Jahresberichte verschiedener Schulen unterstreichen immer wieder dessen Wichtigkeit für die Disziplinierung der Schüler. Im Bericht des Education Office Songea heißt es z.B.: "The appointment of an ex-Police-askari as Drill Instructor at the Peramiko Central and Teachers' School has led to a decided improvement in drill and smartness in this institution ..." (TNA 19409: Education Office Songea. Quarterly Report for April-June 1931).

57 Die Prügelstrafe war in British-Tanganyika bis in die 1950er Jahre hinein gängige Praxis. 1945 etwa verhängten die *Native Courts* rund 500 Prügelstrafen. Vgl. Tanzania Regional Archives Tanga [TRAT], TA 4, 14 JI/15: Rundbrief Chief Secretary an alle Provincial Commissioners, 31.12.1946. Bis zum Ende der Kolonialzeit sei - so lautet die offizielle Version - die Abschaffung der Prügelstrafe in Tansania politisch nicht durchsetzbar gewesen. Vgl. z.B. Annual Report Tanganyika Territory to UNO Trusteeship Council 1951, S. 177. Allgemein zur Soziologie der Prügelstrafe vgl. Trutz von Trotha, "One for Kaiser". Beobachtungen zur politischen Soziologie der Prügelstrafe am Beispiel des "Schutzgebietes Togo". In: Peter Heine/Ulrich van der Heyden (Hg.), Studien zur Geschichte des deutschen Kolonialismus in Afrika, Pfaffenweiler 1995, S. 521-551.

58 TNA Acc.No.562, E1/15: Government African Boys' School Tanga. Annual Report 1954.

59 East Africa, Nairobi, 21.2.1929. Eine Kopie dieser Ausgabe findet sich in TNA NA/V1/17-19.

60 TNA 21218: Director of Education an Chief Secretary, 9.5.1944.

61 Vgl. Norbert Elias, Über den Prozeß der Zivilisation. Bd. 1, Frankfurt/M. 1976 (1939), S. LXII.

62 Mary Douglas, Ritual, Tabu und Körpersymbolik. Sozialanthropologische Studien in Industriegesellschaft und Stammeskultur, Frankfurt/M. 1981, hier S. 99.

63 Vgl. Albert Wirz, Die Moral auf dem Teller, Zürich 1993; ders., Essen und Herrschen. Zur Ethnographie der kolonialen Küche in Kamerun vor 1914. In: Genève-Afrique, Genf 22 (1984) 2, S. 37-62.

64 Vgl. dazu jetzt auch allgemeiner Hildi Hendrickson (Hg.), Clothing and Difference. Embodied Identities in Colonial and Post-Colonial Africa, Durham-London 1996.
65 Vgl. etwa Public Record Office (PRO), CO 691, 130/7: Dress regulations of Tanganyika Police, 1933.
66 Vgl. TNA 30118: Acting Chief Secretary to All Heads of Departments and Provincial Commissioners, 3.11.1941.
67 Auf Einzelnachweise wird hier verzichtet. Stattdessen sei pauschal auf die zahlreichen in der Rhodes House Library, Oxford, aufbewahrten Briefe und Lebensberichte britischer Administratoren hingewiesen.
68 Interview Valentin Mtema, Mkuzi, 12.3.1996.
69 Vgl. den jüngsten Literaturüberblick vom Altmeister dieser Forschungsrichtung: Anthony D. King, Writing Colonial Space. In: Comparative Studies in Society and History, Cambridge 37 (1995) 3, S. 541-554. Zum kolonialen Afrika vgl. Andreas Eckert, "Unordnung" in den Städten. Stadtplanung, Urbanisierung und koloniale Politik in Afrika. In: Periplus. Jahrbuch für außereuropäische Geschichte, Münster-Hamburg 6 (1996), S. 1-20.
70 Zu den Details vgl. Karl Vorlaufer, Koloniale und nachkoloniale Stadtplanung in Dar es Salaam. Gesellschaftspolitische Zielvorstellungen und städtebauliche Ideen in ihrem Einfluß auf die Raumstruktur einer tropischen Großstadt, Frankfurt/M. 1970, S. 26ff.
71 Vgl. u.a. Interview mit Chande Osmane, Tanga, 6.3.1996.
72 Vgl. Interviews mit Jakobo Yohanna, Muheza, 11.3.1996; Charles Hisis, Muheza, 11.3.1996.
73 TNA 33116: Tanganyika African Government Servants Association to Chief Secretary, 11.4.1945.
74 Vgl. Rhodes House Library, Oxford, MSS.Afr.s598: Bericht Mrs. Allen: The Governor of Tanganyika, Sir Edward Twining, visits Kondoa Irangi, o.D.
75 Vgl. TRAT, T.A.4, 7, C1/4: District Commissioner Tanga to Provincial Commissioner Tanga Province, 14.9.1955.
76 Vgl. zu dieser Problematik am Beispiel Nairobis: Luise White, A Colonial State and an African Petty Bourgeoisie. In: Fred Cooper (Hg.), Struggle for the City: Migrant Labor, Capital, and the State in Urban Africa, Beverley Hills-London 1983, S. 167-194.
77 Diese Anstrengungen lassen sich bisher vornehmlich aus Presseberichten erschließen. Vgl. etwa Artikel über die Bekämpfung von Glücksspiel und Prostitution im Tanganyika Standard, Dar es Salaam, 2.2.1946; 16.2.1950; 14.3.1950.
78 Vgl. entsprechende Bemerkungen in Mang'enya, Discipline and Tears..., a.a.O.
79 Vgl. Jacques Le Goff, Für ein anderes Mittelalter. Zeit, Arbeit und Kultur im Europa des 5. bis 15. Jahrhunderts, Frankfurt/M. u.a. 1984; vgl. auch David S. Landes, Revolution in Time: Clocks, and the Making of the Modern World, Cambridge, Ma. 1983.
80 Vgl. E.P. Thompson, Time, Work-Discipline and Industrial Capitalism. In: Past and Present, Oxford 38 (1967), S. 56-97.
81 Vgl. z.B. Fred Cooper, Colonizing Time: Work Rhythms and Labor Conflict in Colonial Mombasa. In: Nicolas B. Dirks (Hg.), Colonialism and Culture, Ann Arbor 1992, S. 209-245; Keletso E. Atkins, "Kafir Time": Preindustrial Temporal Concepts and Labour Discipline in Nineteenth Century Colonial Natal. In: Journal of African History, Cambridge 29 (1988) 2, S. 229-244. Phyllis M. Martin, Leisure and Society in Colonial Brazzaville, Cambridge 1995, untersucht detailliert die neue koloniale Zeitordnung - z.B. die Aufteilung in Arbeitszeit und Freizeit - in einem urbanen Zentrum.

82 Vgl. z.B. TRAT, T.A.4, 10, E1/16: Empfehlungsbrief von A.R. Moore (Medical Research Officer) für Wallace K. Gao, o.D. [1953].
83 Vgl. Trotha, Koloniale Herrschaft, a.a.O., S. 422ff.
84 Dieser Vorwurf durchzieht z.B. den Erinnerungsband von J.C. Cairns, Bush and Boma, London 1959.
85 Jean u. John Comaroff, Ethnography and the Historical Imagination, Boulder 1992, S. 235.
86 Vgl. Jean-François Bayart, L'Etat en Afrique. La politique du ventre, Paris 1989.

Die vergleichende biographische Studie als Fenster auf den gesellschaftlichen Wandel. Zwei Bauernführer im spätkolonialen Indien

Petra Heidrich

Das Projekt einer vergleichenden biographischen Studie zweier Bauernführer im spätkolonialen Indien hat politische Akteure einer "traditionellen" sozialen Bewegung - in Unterscheidung zu den postkolonialen "neuen" sozialen Bewegungen - zum Gegenstand. Bereits der Ansatz wirft eine Reihe theoretischmethodischer Fragen auf. Obwohl Agrar- und Bauernfragen in Arbeiten verschiedener Wissenschaftsdisziplinen einschließlich der nationalen Geschichtsschreibung naturgemäß seit langem einen großen Raum einnehmen, betrachten die Autoren einschlägiger Arbeiten die Bauern eher als Objekt und deren gesellschaftliche und politische Mobilisierung vorwiegend als Folge äußerer Einwirkung - durch eine Persönlichkeit wie M.K. Gandhi, durch den Indischen Nationalkongreß oder andere politische Kräfte. Gemäß solchen Bewertungskriterien wurde die Rolle autochthoner Bauernrepräsentanten fast ausschließlich nach dem Grad ihrer Annäherung an die Vorstellungen der jeweiligen politischen Kräfte oder nach deren Bereitschaft zur Übernahme der "richtigen" Ideen bewertet.

Als eigenständige Forschungsthematik wurde die Bauernbewegung im kolonialen Indien samt ihrer Führer vor allem in der marxistischen Geschichts- und Sozialwissenschaft behandelt. Vorliegende Arbeiten aus marxistischer Sicht betrachteten die Bauernbewegung jedoch in erster Linie unter strukturellen Gesichtspunkten. Untersucht wurden die soziale Spezifik bäuerlicher Schichten, die reale und potentielle Rolle von Bauernkämpfen in der sozialen und nationalen Bewegung der Zeit sowie die Geschichte und Funktion der Bauernorganisation, der 1936 gegründeten All India Kisan Sabha. Das Interesse an den Führern der Bauernbewegung wurde im wesentlichen diesen Gesichtspunkten untergeordnet. Auch in jüngster Zeit ist eine Erweiterung des Gegenstandsbereichs oder eine Verfeinerung des auf das Problemfeld gerichteten methodischen Instrumentariums kaum zu beobachten.

Dabei bedeuteten neue gesellschaftliche Entwicklungen auf globaler Ebene eine existenzielle Herausforderung an die marxistische Theorie. Es waren zum einen die sozialen und kulturellen Folgen der Ablösung des Ford'schen Industriekapitalismus durch das technologische Zeitalter und ein so einschneidendes Ereignis wie die Implosion des sozialistischen Projekts im Jahre 1989. Einer mechanistischen Vereinfachung, wonach der Übergang vom Kapitalismus zum Sozialismus und Kommunismus als unausweichliche historische Gesetzmäßigkeit und das revolutionäre Proletariat als alleiniges Subjekt des angestrebten historischen Umbruchs galt, wurde buchstäblich der Boden unter den Füßen entzogen. Es war das "Ende des orthodoxen Marxismus". Dieses Ende bedeutet jedoch nicht das Ende der marxistischen Theorie. Douglas Kellner weist meiner Meinung nach zu Recht darauf hin, daß der Marxismus in seinen Krisen sich als ebenso lernfähig erwiesen hat wie der Kapitalismus, den er theoretisch zu erfassen sucht:

> "Marxian theory continues to provide powerful resources to develop a social theory and radical politics for the present age. For Marxian theory is at bottom a theory of capitalism, rooted in the political economy of the existing social system."[1]

Die marxistisch orientierte Sozial- und Geisteswissenschaft hatte indessen auf anderer Ebene schon früher begonnen, sich neuen Anforderungen zu stellen und einengende Sichtweisen zu überwinden. Mit der allgemeinen Verlagerung des wissenschaftlichen Interesses von den Strukturen und Massenbewegungen zur Mentalitäts- und Alltagsgeschichte begann auch in der marxistischen Geschichtsschreibung eine, wenn auch zögernde, so doch merkliche Bewegung "vom Keller zur Dachstube", wie Michel Vovelle es nannte.[2] Er beschrieb, wie er im Rahmen der Mentalitätsgeschichte die Ideologie nur scheinbar aufgab, "in order, on the basis of more careful study, to arrive at a precise and refined reading of it"[3]. Den ideologischen und kulturellen Dimensionen der gesellschaftlichen Entwicklung und ihren frühen Theoretikern wie Antonio Gramsci wurde größere Aufmerksamkeit gewidmet. Innovative Impulse gingen auf diesem Gebiet auch von der britischen Geschichtsschreibung aus, z.B. von E.P. Thompson, Eric Hobsbawm, Raymond Williams und Christopher Hill.

Als neue theoretische Herausforderung an den Marxismus erwies sich das Phänomen der Postmoderne. Zu Beginn als kultureller Ausdruck des technologischen Zeitalters begriffen, beschäftigte die Postmoderne seit den achtziger Jahren zunehmend auch die Politik- und Sozialwissenschaften. Aus Kritikern des Strukturalismus wie Michel Foucault, Jaques Derrida und Jean-François Lyotard wurden Vertreter der Postmoderne. Sie verwarfen die großen Theorien der Menschheitsentwicklung, darunter den Marxismus, als nicht mehr zeitgemäß. Vor allem die in der Moderne, der Zeit der Aufklärung, entwickelte Idee vom universalen menschlichen Fortschritt, der Emanzipation des Menschen in Natur und Gesellschaft, wurde angesichts der Ausprägung von Individualismus, Heterogenität und Fragmentation in den Gesellschaften der Gegenwart grundsätzlich in Zweifel gezogen.

In der Postmoderne wird die Pluralität der Kulturen und Diskurse zum Konzept. Die Mikrogeschichte ersetzt die Makrogeschichte, und die Suche nach gesellschaftlichen Zusammenhängen wurde als illusionär aufgegeben. Im Rahmen der Postmoderne wurde jedoch die Aufmerksamkeit auch auf die Schwächen der kapitalistischen Moderne, die Begrenztheit ihres emanzipatorischen Anspruchs gelenkt. Die Probleme der Hautfarbe, des Geschlechts, von Minoritäten und Interessengruppen erhielten größeres Gewicht, und es wurde die Sensibilität für "Instabilitäten, Unbestimmtheiten und Übergänge" geschärft.[4] In dem Maße, wie die Postmoderne nicht als Anti-Moderne auftritt, sondern nur über die Moderne hinausgeht, wird sie von einigen Theoretikern auch als Chance für eine neue "radikale" Politik gesehen.[5]

Die Diskussion um die theoretische Erfassung und politische Deutung des kulturellen Phänomens Postmoderne setzte Mitte der achtziger Jahre ein und wird der Desillusionierung über große Theorien zum Trotz unter Gesellschaftswissenschaftlern mit unverminderter Intensität geführt. Provoziert wurde sie 1984 von Frederick Jameson mit dem Beitrag "Postmodernism and consumer society" in der "New Left Review".[6] Jameson charakterisierte den Postmodernismus als drittes Stadium des klassischen Kapitalismus, als "'mode of production' in which cultural production finds a specific functional place"[7]. Ob nun die Postmoderne als Gesellschaftstyp wie bei Jameson oder als kulturelles Paradigma wie bei Scott Lash[8] begriffen wird, der neue Stellenwert der Kultur in der Auseinandersetzung um die theoretische Verarbeitung gesellschaftlicher Prozesse ist unbestritten. So wurde u.a. von Mike Featherstone die Diskussion um Charakter und Rolle von globaler und lokaler Kultur auch in die Globalisierungsdebatte eingeführt.[9] In der vergleichenden biographischen Studie soll auch dem Spannungsverhältnis von Globalisierung und Lokalisierung im historischen Kontext und unter unterschiedlichen gesellschaftlichen Bedingungen in zwei verschiedenen Regionen Indiens nachgegangen werden.

Angesichts der gegenwärtigen theoretischen Diskussion mußte das Herangehen an das Bauernführer-Projekt neu durchdacht werden. Die Bauernbewegung im spätkolonialen Indien - sie hatte ihre Blüte in den dreißiger Jahren unseres Jahrhunderts - war in verschiedener Hinsicht ein Kind der Moderne. Zum einen war sie in ihrer organisierten Form untrennbar mit der Bewegung zur nationalen Emanzipation verbunden. Als der Indische Nationalkongreß sich nach dem Ersten Weltkrieg unter Mahatma Gandhis Führung anschickte, eine Massenbewegung gegen die Kolonialherrschaft ins Leben zu rufen, richtete sich sein Interesse in erster Linie auf die Bauern. Er nahm sich ausgewählter Probleme an, die aus der unmittelbaren Konfrontation von Bauern mit der Kolonialmacht resultierten, und er motivierte seine Kader auf der mittleren und unteren Ebene, sich der Bauernproblematik zuzuwenden. Die Nationalbewegung gab so den Anstoß zur Organisierung der Bauernbewegung.

Der Widerstand der einmal in Bewegung geratenen Bauern ließ sich jedoch nicht auf den Kampf gegen die koloniale Herrschaft beschränken, er richtete sich bald auch gegen innergesellschaftliche Unterdrückungs- und Ausbeutungsverhältnisse. Der 1936 gegründete Allindische Bauernverband (All India Kisan Sabha) erhob einen emanzipatorischen Anspruch, der über den der antikolonialen Bewegung hinausreichte. Es ging nicht mehr nur um nationale Befreiung, sondern auch um soziale Emanzipation, eine Idee, die ebenfalls in der Moderne Gestalt gewonnen hatte. Sozialistisches Gedankengut wurde als unbeabsichtigte Folge von kolonialstaatlicher Bildung und globaler Kommunikation von Kommunisten und Kongreßsozialisten in Indien propagiert. Den Führern der Bauernbewegung, die sich vom Nationalkongreß in der Bauernfrage enttäuscht sahen und Anregung wie praktische Hilfe bei den Repräsentanten dieser intellektuellen Strömungen suchten, kam bei der Vermittlung und praktischen Umsetzung neuer Ideen unter den Bauern eine Schlüsselrolle zu. Sie trugen entscheidend dazu bei, daß der Gedanke von der moralischen Berechtigung sowie der ökonomischen und politischen Notwendigkeit struktureller Reformen auf dem Lande noch in der Kolonialzeit sowohl unter den Bauern als auch in der Nationalbewegung Fuß faßte. Sie wurden Akteure des Wandels.

Während die politische Geschichte des konfliktreichen Verhältnisses von National- und Bauernbewegung, das Aufkommen und die Verbreitung sozialistischen Gedankenguts auf dem indischen Subkontinent, die aufbrechenden Klassenkonflikte unter den Bauern und das Schicksal der All India Kisan Sabha im Rahmen der National- und Sozialgeschichte wissenschaftlich gründlich untersucht wurden, sind die sozio-kulturellen Transformationsprozesse im spätkolonialen Indien in ihrem wechselseitigen Zusammenhang vernachlässigt worden. Es geht um das Spannungsverhältnis zwischen lokaler, regionaler, nationaler Kultur auf dem indischen Subkontinent einerseits und den okzidentalen Kultureinflüssen andererseits. Angesichts der Orientalismus-Debatte ist die Art und der Charakter der lokalen Auseinandersetzung mit den im wesentlichen durch den Kolonialkontakt vermittelten Institutionen und Ideen, die sowohl systemerhaltend wie auch systemkritisch sein konnten, von besonderem Interesse.

Im Rahmen dieser Debatte ergibt sich auch die Frage, in welcher Weise die Auseinandersetzung mit Ideen aus einem anderen Kulturraum unter den Bedingungen von Herrschaft und Unterordnung die kulturelle Identität des kolonialen Objekts, in diesem Fall der Bauern und ihrer Führer, veränderte, inwieweit sie überhaupt Objekt waren und in welchem Umfang sie als Subjekt agierten. Zum anderen geht es darum, die Widersprüchlichkeit des Geschichtsprozesses zu erfassen. Die Unzufriedenheit der indischen Linken über die Inkonsequenz des antifeudalen Kampfes der Bauern im kolonialen Indien und die Enttäuschung über die Unstetigkeit des in diesen Kämpfen teilweise erreichten bäuerlichen Klassenbewußtseins äußern sich nicht selten als Kritik am Verhalten ihrer damaligen Führer.[10] Auch um über die Berechtigung dieser Kritik zu entscheiden, erweist es sich als notwendig, über die Analyse von Klassen- und politischen Strukturen hinaus die subjektive Seite des politischen Handelns von Gruppen, Klassen, Schichten zu beleuchten und den Handlungsspielraum ihrer Führungspersönlichkeiten unter den konkreten historischen Umständen näher zu bestimmen. Eine Möglichkeit, wieder das individuelle Subjekt im anonymen Kollektiv ausfindig zu machen, bietet die Biographie.

Das Schicksal der historischen Biographie, ihr Charakter, ihr Inhalt, ihre Zielrichtung und ihr Stellenwert waren von jeher eng mit dem vorherrschenden Trend der Geschichtsschreibung verbunden. Mit dem Aufkommen der Strukturgeschichte, der Analyse von Systemen, Strukturen und Prozessen war das Interesse am Leben herausragender Persönlichkeiten, an der "Heldenbiographie" des 19. Jahrhunderts, verlorengegangen. Mit der Abwendung von der bloßen Strukturgeschichte der sechziger Jahre, der Hinwendung zur vernachlässigten Mentalitäts- und Alltagsgeschichte erlebte jedoch auch die Biographik eine neue Blüte. Vor allem Sozialwissenschaftler und Soziologen entdeckten den Wert der bisher den Historikern vorbehaltenen Biographieforschung für ihre neuen Forschungsvorhaben.[11] Die Lebensgeschichten von "Durchschnittsmenschen" oder von Angehörigen bestimmter Klassen oder Schichten wurden als wertvolles Quellenmaterial für die Erschließung der Alltagsgeschichte wiederentdeckt. Aus der Individualbiographie wurde die Kollektivbiographie. Mit Hilfe biographischer Quellen sollte das gesellschaftlichen Leben in bestimmten historischen Perioden in all seinen Aspekten erfaßt werden. Vor allem der subjektiven Seite des Geschichtsprozesses wollte man auf diese Weise auf die Spur kommen. Autobiographien wurden zur Fundgrube für die historische Sozialpsychologie.

Die Aneignung der Biographieforschung durch die Sozialwissenschaften wirkte auf die Geschichtswissenschaft zurück. Die "neue historische Biographie"[12] unterscheidet sich jedoch in ihrer theoretischen und methodischen Grundlage beträchtlich von der traditionellen Biographik. Nicht das Individuum selbst steht nun im Mittelpunkt, sondern der Zusammenhang von Individuum und Gesellschaft sollte ergründet werden. Es kommt darauf an festzustellen, wie sich Individuen in den vorgefundenen Strukturen bewegen, wie sie sich ihnen anpassen oder sie zu verändern suchen. Die Biographien der als "Akteure des Wandels" fungierenden Bauernführer sollen ebenfalls unter diesem Gesichtspunkt untersucht werden. Auch die Bauernführer waren Akteure, die von der Auseinandersetzung zwischen orientalischen und okzidentalen, von lokalen und globalen Kulturen geprägt wurden und eine aktive Rolle in diesen Auseinandersetzungen spielten. Die nähere Betrachtung dieser "Akteure des Wandels" kann sowohl über die Transformationsprozesse selbst wie auch über deren subjektive Verarbeitung durch die Beteiligten Aufschlüsse geben.

Das Interesse an der Biographie von Bauernführern im spätkolonialen Indien ist unter diesem Gesichtspunkt keineswegs als Abkehr von der Suche nach Zusammenhängen zu begreifen. Ähnlich wie bei Morris-Jones, der 1976 mit seinen Autoren Biographien von politischen Akteuren der mittleren und unteren Ebene als "window on to the institutions and processes of politics" nutzte und den Blick "through lives to structures"[13] richtete, soll hier der Blick auf die historischen Prozesse gerichtet werden. Die Biographie der Bauernführer, die als Mittler zwischen den Kulturen fungierten, soll Licht auf soziokulturelle Transformationsprozesse in Indien in der ersten Hälfte unseres Jahrhunderts werfen. Die Methode einer vergleichenden biographischen Studie bietet dafür beste Voraussetzungen.

Für den biographischen Vergleich schienen mir von den drei prominenten Bauernführern der dreißiger Jahre Swami Sahajanand Saraswati (1889-1950) aus Bihar und N.G. Ranga (1900-1995) aus Andhra am besten geeignet. Zum einen bieten ihre Biographien einen spannungsreichen Kontrast und zum anderen liegt zu beiden ausreichendes Quellenmaterial vor. Sowohl der Swami als auch Ranga haben Autobiographien hinterlassen. Swami Sahajanand Saraswati zog in der Zeit seines Gefängnisaufenthalts im Jahre 1941 Bilanz über sein Leben. Die in Hindi verfaßte Autobiographie "Mera Jiwan Sangharsh" (Mein Lebenskampf) wurde erst nach seinem Tod im Jahre 1952 veröffentlicht und erlebte im Jahre 1985 eine Neuauflage. N.G. Ranga publizierte seine Lebenserinnerungen im Jahre 1968 unter dem Titel "Fight for Freedom". Obwohl die Autobiographien der beiden Bauernführer nicht ihr ganzes Leben wiedergeben, zum Teil ohne Nutzung schriftlicher Unterlagen, ohne nachträgliche Detail-Recherchen und aus der bloßen Erinnerung heraus geschrieben wurden, sind sie wertvolle Zeitdokumente, die im Zusammenhang mit Akten der Kolonialbehörden, der zeitgenössischen Presse und anderen Publikationen umfassende Einblicke gewähren.

Die vorliegenden Autobiographien geben Aufschluß über den Lebenslauf und die geistige Entwicklung der Bauernführer, über die prägenden kulturellen Einflüsse im familiären und regionalen Umfeld, auf dem Bildungsweg und in der praktischen politischen und sozialen Tätigkeit. Zudem bieten sie eine subjektive Sicht auf die wesentlichen kulturellen, sozialen und politischen Strömungen im Indien der ersten Hälfte des 20. Jahrhunderts wie auch auf wichtige politische Prozesse. Ergänzendes Quellenmaterial findet sich in den Nachlässen beider Bauernführer oder denen ihrer Mitstreiter. Aufschlußreich sind zudem die Berichte des Geheimdienstes der Kolonialregierung. In den Staatsarchiven von Bihar, Andhra und Tamilnadu finden sich zum Beispiel Mitschriften ihrer Reden vor den Bauern mit Kommentaren über die Reaktion der Zuhörer. Hinzu kommen die vierzehntägigen Berichte an das Innenministerium zur politischen Lage in den einzelnen Provinzen. Über die politische Tätigkeit beider Bauernführer geben die in Archiven und Bibliotheken zugänglichen Materialien des Allindischen Bauernverbandes und der verschiedenen Parteien Aufschluß. Zeitungsberichte können das Bild abrunden. Leider weisen sie wegen des klimatisch bedingten rapiden Verfalls der archivierten Zeitungen und der dementsprechend schlechten Qualität der Verfilmungen schmerzhafte Lücken auf.

Aus verschiedenen Gründen bietet sich als Form der Darstellung die vergleichende biographische Studie an. Zum einen ist es nicht Anliegen des Projektes, das Leben der beiden Bauernführer vollständig darzustellen. Ihre Biographien sollen - wie schon erwähnt - als Fenster auf den gesellschaftlichen Wandel im spätkolonialen Indien dienen. Während Swami Sahajanand Saraswati fast sein gesamtes Leben in jener Zeit verbrachte, fiel bei N.G. Ranga die zweite Hälfte seines langen, politisch aktiven Lebens in die Zeit der staatlichen Souveränität Indiens, mit Problemen, die grundverschieden von denen des nationalen Unabhängigkeitskampfes waren. Während deshalb der Lebenslauf Swami Sahajanand Saraswatis bis zu seinem natürlichen Ende betrachtet werden soll, wird N.G. Rangas Biographie nur bis zur Zeit des Todes von Swami Sahajanand Saraswati verfolgt. Zum anderen strebt die biographische Studie auch keine vollständige und gleichwertige Darstellung aller Lebensetappen beider Bauernführer an. Zum einen gibt es kaum zu schließende Lücken im Quellenmaterial. Zum anderen soll die Aufmerksamkeit besonders auf einige, mit dem Leben dieser Bauernführer verbundene zeitrelevante Probleme gerichtet werden, die Aufschluß über den komplizierten Prozeß der nationalen und sozialen Identitätsbildung jener Zeit geben können.

Der Vergleich der Biographien hat einen weiteren nicht zu unterschätzenden Vorteil. Die beiden Bauernführer bieten wegen ihrer Einbindung in gegensätzliche, dabei jeweils in ihrer Eigenart geradezu typische Traditionslinien einen spannungsreichen Kontrast. Sie erhielten ihre Prägung und agierten zunächst in landwirtschaftlich ungleich entwickelten und sozio-kulturell verschiedenartig strukturierten Regionen Indiens. Sie beschritten äußerst gegensätzliche Bildungswege und kamen auf völlig unterschiedliche Weise mit sozialistischen Ideen in Kontakt. So gegensätzlich ihr Hintergrund, ihr Werdegang und ihre daraus resultierende Lebenshaltung auch waren, hatten sie doch Gemeinsamkeiten. Sie trafen sich in der Bauernbewegung, in der Leitung des Allindischen Bauernverbandes, und verfolgten zumindest zeitweilig ein gemeinsames Anliegen und eine gemeinsame politische Linie. Die vergleichende biographische Studie soll sowohl den Kontrast im Leben beider Bauernführer herausarbeiten wie auch das Wirken jener Kräfte erhellen, die im Jahre 1936 die so unterschiedlichen Persönlichkeiten auf einer gemeinsamen Plattform zusammenbrachten und sie zu Akteuren des Wandels werden ließen.

Im folgenden will ich auf einige Themenkomplexe hinweisen, die die Kontraste im Lebenslauf der beiden Bauernführer deutlich machen und denen in der biographischen Studie besondere Aufmerksamkeit gewidmet werden soll. Zum einen sind es die beträchtlichen regionalen Entwicklungsunterschiede mit ihren gesellschaftlichen Folgen. Swami Sahajanand Saraswati wurde als Navrang Rai im Ghazipur-Distrikt im Osten der Vereinten Provinzen (U.P.) geboren und betätigte sich politisch hauptsächlich in dem angrenzenden westlichen Teil der Provinz Bihar. Die Verhältnisse in den östlichen Vereinten

Provinzen und im westlichen Bihar waren sehr ähnlich. Beide Regionen gehörten zu den landwirtschaftlich rückständigen, vom Samindari-Steuerveranlagungssystem geprägten Gebieten. Hier hatte sich eine parasitäre Schicht von einigen großen und vielen kleinen Grundbesitzern - Samindaren - entwickelt, die ihr Land von Pächtern und Unterpächtern bearbeiten ließen. Sie waren an einer grundlegenden Reform dieses Systems wenig interessiert. Widersprüche brachen hier in wirtschaftlichen Krisenzeiten kaum zwischen den Samindaren und der Kolonialregierung auf - waren die Samindare als Schicht doch eine Hauptstütze der Kolonialmacht - sondern zwischen den Samindaren und den von Niedergang und Ruin bedrohten Pächtern. Navrang Rai stammte selbst aus einer Familie mit kleinem Samindari-Besitz, und er gehörte einer der obersten Kasten an. Er war Brahmane, wenn auch nur einer niederen Gattung.

Nidubrolu Gogineni Ranganayakulu, N.G. Ranga genannt, hatte einen völlig anderen Hintergrund. Er wurde in Nidubrolu, im fruchtbaren Guntur- (früher: Krishna-)Distrikt der damaligen Provinz Madras, dem heutigen Andhra, geboren. Es war vorwiegend ein Raiatwari-Gebiet, landwirtschaftlich fortgeschritten, mit sich stabilisierender und diversifizierender Warenproduktion.[14] Nur etwa ein Drittel der Telugu-sprachigen Region befand sich unter anderen Steuerveranlagungssystemen, wie dem Samindari- oder Inamdari-System. Dem unmittelbaren Vergleich mit der Situation in den Raiatwari-Gebieten ausgesetzt, befanden sich die Grundbesitzer hier bald in einer Defensivposition gegenüber ihren Pächtern. Die Bauern in den Raiatwari-Gebieten waren direkt der Kolonialverwaltung unterstellt und meist persönlich für die Wirtschaft verantwortlich, obwohl es auch Unterverpachtung gab. In Krisenzeiten setzten sich die Bauern direkt mit der Regierung auseinander und wurden deshalb von der Kongreßpartei als Basis für die Kampagnen des gewaltlosen Widerstands umworben. Rangas Familie gehörte zur Schicht der von der zunehmenden Kommerzialisierung profitierenden aufstrebenden Bauern. Zudem gehörte er einer der dominierenden Bauernkasten der Region - den Kammas - an.

Die Art der Bildung, die sich die beiden Bauernführer aneigneten, bot einen ähnlichen Kontrast. Während Swami Sahajanand Saraswati den uralten hinduistischen Bildungsweg beschritt, erwarb N.G. Ranga eine moderne Bildung und absolvierte ein Studium in England. In ihren individuellen Entscheidungen waren beide nicht unerheblich beeinflußt durch beträchtliche Unterschiede in bezug auf den Stellenwert und die Ausrichtung von Bildung in den unterschiedlichen Regionen. Die nähere Betrachtung ihrer gegensätzlichen Bildungswege erlaubt Rückschlüsse auf die Bandbreite, den Inhalt und die Möglichkeiten von Bildung im spätkolonialen Indien.

In der rückständigen Hindi-Region Nordindiens gab es anders als im Süden und Westen um die Jahrhundertwende kaum gezielte indigene Bestrebungen zur Verbreitung von Bildung und der Modernisierung ihres Inhalts. In den landessprachigen Grundschulen wurden das kulturelle Erbe und die Sicht der oberen Kasten mit Bildungsprivileg an die eigenen Kinder weitervermittelt.[15] Das Wissen um indische Bestrebungen zur Religions- und Sozialreform war auf dem Lande gering. Die Grundschule, die Swami Sahajanand Saraswati - damals noch Navrang Rai - besuchte, bot somit kaum geistige Anregungen und bestärkte ihn in seinen ausgeprägten religiösen Neigungen. Die in seinem dörflichen und schulischen Umkreis betriebene Shiva-Verehrung machte ihn zu einem Sanatani, einem orthodoxen Hindu,[16] und auch das in der German Mission High English School in Ghazipur erworbene Wissen ließ ihn scheinbar unbeeindruckt. Noch vor der Reifeprüfung begab er sich ins Aparnath-Kloster von Benares, um ein Danda Samnyasi, ein Bettelmönch zu werden. Der Swami studierte in Klosterschulen und unter der Anleitung traditioneller religiöser Gelehrter die umfangreichen Sanskritschriften in all ihren Aspekten. Er entwickelte sich im Rahmen dieses von der Kolonialmacht geduldeten parallelen Bildungssystems selbst zu einem traditionellen Sanskrit-Gelehrten ohne staatlich anerkannten Abschluß.

N.G. Ranga wuchs ein Jahrzehnt später in Andhra in einem sozialen und politischen Klima auf, das eine völlig andere Einstellung zur Bildung förderte und ihren traditionellen Rahmen sprengte. Es war eine Zeit, in der Kastenbewegungen der Kammas wie anderer Bauernkasten im Rahmen der aufkommenden Nicht-Brahmanenbewegung auf Reformen orientierten, den Brahmanen das Bildungsprivileg streitig zu machen begannen und Eigeninitiativen auf dem Bildungsgebiet förderten, die in Andhra schon eine gewisse Tradition besaßen. Abendschulen und Erwachsenenbildung wurden angeregt, und es gab eine aktive Bibliotheksbewegung. Ranga selbst beteiligte sich als Jugendlicher mit Eifer an Bemühungen, die ablehnende Haltung der älteren Bauerngeneration gegenüber der Bildung abzubauen. Verstärkt wurde diese Aufbruchsstimmung der ersten beiden Jahrzehnte des 20. Jahrhunderts durch die nationalen Emanzipationsbestrebungen der Telugu sprechenden Andhras wie auch durch die gesamtindische antikoloniale Bewegung.

Über das traditionelle Wissen hinaus wurde in dieser Atmosphäre die kritische Aneignung westlicher Bildung gefördert. Als einem der ersten Vertreter einer Bauernkaste gelang es Ranga, sich 1921 als "non-collegiate student" an der Universität von Oxford einzuschreiben und Ökonomie, Politikwissenschaft und Soziologie zu studieren. Die Kenntnisse, die er zusätzlich bei der praktischen und theoretischen Einführung in die Sozialarbeit im Barnett House in Oxford und der Toynbee Hall in London wie auch auf den Sommerschulen der Workers Educational Association und des Labour Research Department erwarb, befähigten ihn später zu einer professionellen Arbeit unter den Bauern. Das politische Umfeld, in dem er sich in England bewegte, förderte eine antikoloniale, systemkritische Haltung. Er kam als fabianischer Sozialist und glühender Patriot nach Indien zurück.

Ein Vergleich des biographischen Werdegangs beider Bauernführer erlaubt auch aufschlußreiche Einblicke in Wirkungsweise und Funktion der seit dem 19. Jahrhundert anhaltenden Bemühungen um Religions- und Sozialreform in der indischen Gesellschaft wie auch die zu Anfang des 20. Jahrhunderts in ganz Indien aufkommenden Kastenbewegungen. Die beiden einander teils ausschließenden, teils aber auch bedingenden und ergänzenden Tendenzen ließen die beiden späteren Bauernführer nicht unberührt. Beide griffen sogar zeitweilig aktiv in das Geschehen ein. Ihre Haltung war jedoch so grundverschieden wie ihre Abstammung und ihr früher Werdegang. Kastenkonferenzen, -Assoziationen und -Bewegungen entstanden als unmittelbare Reaktion auf die Politik der Kolonialregierung. Durch die Erfassung im Zensus wurde dem Kastenstatus eine offizielle Bedeutung zugemessen. Die Organisierung auf Kastenbasis bot sich unter diesen Bedingungen zum einen als eine Möglichkeit an, das koloniale Prinzip der Interessenvertretung im Kampf gegen Kastendiskriminierung zu nutzen. Zum anderen vergrößerte sie die Chancen der Kastenangehörigen im Kampf um den sozialen Aufstieg.

Die Kastenbewegungen wurden gewöhnlich von einer kleinen Gruppe Gebildeter getragen und von wohlhabenden Mitgliedern finanziert. Es ging um die Festigung der Kastensolidarität, soziale Reformen und Bildungsbestrebungen im Rahmen der Kaste. Je nach Stellung in der Kastenhierarchie vertraten die Bewegungen jedoch unterschiedliche Anliegen. Während bei den unteren und mittleren Kasten neben Sanskritisierungsbestrebungen[17] der Kampf gegen soziale und ökonomische Diskriminierung im Vordergrund stand, bemühten sich Kasten mit einem höheren Status um die Verbesserung ihrer Chancen im Ringen um einen Anteil an den von der Regierung gebotenen ökonomischen, politischen und Beschäftigungsmöglichkeiten. Während Kastenorganisationen der oberen Kasten sich um die Sicherung und Verteidigung von traditionellen Privilegien bemühten, konnten Kastenbewegungen der Unberührbaren und der Shudra-Kasten einen Beitrag leisten, die Grundfeste der traditionellen Ordnung, das hierarchisch gegliederte Kastensystem, von innen heraus zu erschüttern.

N.G. Ranga nahm als Jugendlicher an Kastenkonferenzen der Kammas teil. Die Bewegung der aufstrebenden Bauernkaste war Teil der Nicht-Brahmanenbewegung und unterhielt Kontakt zu anderen gleichgelagerten Bewegungen. Ranga erlebte sie als Protest gegen die überkommene soziale Ordnung.[18] Sie orientierte auf soziale Reform und Aneignung von Bildung, vermittelte Selbstbewußtsein und stellte das Bildungsprivileg der traditionellen Bildungsträger, vor allem der Brahmanen, in Frage. Die Kamma-Bewegung war Teil der allgemeinen Aufbruchstimmung und mündete in die Andhra-Bewegung und die antikoloniale Bewegung. Die Ablehnung des Kastensystems an sich war für Ranga später nur noch ein kleiner Schritt. Mit den Strömungen zur Religions- und Sozialreform seiner Zeit machte sich Ranga durch die Bücher in der Dorfbibliothek und die Schule vertraut. Er war beeindruckt von dem südindischen Aufklärer, Sozialreformer und Literaten Veerasalingam[19] und den Synthese-Bestrebungen der Hindu-Religionsreformer des späten 19. und beginnenden 20. Jahrhunderts, Swami Vivekananda aus Bengalen und Swami Rama Tirtha aus dem Pandschab.[20]

Swami Sahajanand Saraswati, der als Bettelmönch der Welt entsagt hatte, wurde ebenfalls durch eine Kastenbewegung wieder auf seine Umgebung aufmerksam. Die Kaste der Bhumihars - kleine und große Landwirte mit teils beträchtlichem Samindari-Besitz - kämpfte um die Anerkennung als Brahmanen, ein Status, den ihr höherkastige Brahmanen wegen ihrer fast ausschließlich landwirtschaftlichen Tätigkeit streitig machen wollten. Eine wohlhabende, in der Landwirtschaft verwurzelte Elite mit politischen Ambitionen bemühte sich hier um Aufwertung ihres sozialen Prestiges. Der Swami als Angehöriger einer verwandten Kastengruppe, der Jujhautias, ließ sich gewinnen, die Brahmanentradition der Bhumihars mit Hilfe der alten Schriften und durch den Nachweis von Verwandtschaftsbeziehungen mit hochkastigen Brahmanen zu belegen. Er schoß jedoch nach Meinung einflußreicher Bhumihars über das Ziel hinaus, als er seinen Ehrgeiz darein setzte, bei den Bhumihars die Hauspriestertradition durch die Purohit-Bewegung[21] wiederzubeleben. Während sich der Swami als Hüter der Tradition engagierte, strebte die Bhumihar-Elite nach einem Platz in der modernen Gesellschaft und lehnte die Rückkehr zu verschütteten Traditionen ab. Völlig im Gegensatz zu Ranga fühlte sich der orthodoxe Swami auch von in seiner Region aktiven Bewegungen zur Religionsreform wie dem Arya Samaj nicht angesprochen. Erst über die politische Bewegung freundete er sich mit dem Gedanken der Sozialreform an.

So groß die Gegensätze zwischen dem der Tradition verpflichteten Bettelmönch und Sanskritgelehrten und dem in Oxford ausgebildeten Bauernintellektuellen auch waren, im Schmelztiegel der vom Indischen Nationalkongreß geführten antikolonialen Bewegung verloren sie ihre Bedeutung. Die dynamische Wirkung der Nationalbewegung auf das Leben der Beteiligten wird am Schicksal der beiden unterschiedlichen Bauernführer besonders deutlich. Zur Leitfigur für den aktiven Einstieg des Swami in die Nationalbewegung wurde Mahatma Gandhi. Gandhis Persönlichkeit, sein asketisches Auftreten, seine tiefe Religiosität und das kritisch positive Verhältnis zur Tradition des eigenen Landes faszinierten den orthodoxen Swami. Das Prinzip der Nichtzusammenarbeit mit der Kolonialregierung sprach wiederum seine patriotischen Gefühle an. Der Swami wurde zum Kongreßfreiwilligen und widmete sich seit Beginn der zwanziger Jahre mit vollem Einsatz der Kongreßarbeit auf dem Lande. N.G. Rangas politisches Weltbild wurde dagegen durch seine bäuerliche Herkunft, die geistig anregende Atmosphäre seiner Jugend in einer allgemeinen Aufbruchsstimmung, aber auch durch das Studium in England und den Kontakt mit englischen Sozialisten geprägt. Der nationale Unabhängigkeitskampf bot den Rahmen, in dem er seine in den Studienjahren erarbeiteten Vorstellungen weiterentwickelte.

Das Bemühen des Indischen Nationalkongresses seit den zwanziger Jahren, sich unter den Bauern eine Massenbasis zu schaffen, führte den Swami in die Bauernproblematik ein und inspirierte auch N.G. Ranga, Bauernprobleme auf der politischen Ebene anzupacken. Die Arbeit des Swami als Kongreßfreiwilliger in den zwanziger Jahren und seine ersten im Auftrag der Kongreßpartei vorgenommenen Organisationsversuche unter den Bauern machten ihn wie auch N.G. Ranga mit seinem ausgeprägten theoretischen und praktischen Interesse an der Bauernproblematik zum geeigneten Mittler zwischen der Kongreßführung und ihrer ländlichen Basis. In ihrer Funktion als Mittler zwischen der nationalen und sozialen Bewegung sahen sich beide mit ähnlichen Problemen konfrontiert. Die Mittler konnten sich nicht darauf beschränken, die Kongreßideen in die ländlichen Gebiete zu tragen. Sie waren durch die Situation vor Ort gezwungen, in innergesellschaftlichen Auseinandersetzungen Partei zu ergreifen. Als Interessenvertreter bäuerlicher Schichten gerieten sie vor allem in der Zeit der Selbstverwaltung der Provinzen in der zweiten Hälfte der dreißiger Jahre zwangsläufig in offenen Konflikt mit den Kongreßregierungen. Die Analyse dieses Konfliktes soll durch die subjektive Sicht der Beteiligten bereichert werden.

Die aktive Betätigung in der Nationalbewegung und unter den Bauern war von dynamischer Wirkung auf die Persönlichkeitsentwicklung der beiden Bauernführer und die Wandlung oder veränderte Gewichtung ihrer Identitätsbezüge. Vor allem der Swami machte eine dramatische, mit fortwährenden inneren Kämpfen verbundene Entwicklung durch. Seine wohlhabenden Gönner in der Bhumihar-Bewegung, von denen er als Bettelmönch abhängig war, machte er sich zu Gegnern. Während sie als Grundherren die Kolonialregierung unterstützten, engagierte sich der Swami mit ganzer Kraft in der National- und Bauernbewegung und ergriff in Konfliktsituationen die Partei der Pächter. Der Bruch mit der Kastenbewegung war unvermeidlich. Sein soziales Engagement in der Bauernbewegung brachte ihn jedoch auch mit der offiziellen Kongreßpolitik in Konflikt. Seine praktischen Erfahrungen bewogen ihn, sich von seiner Leitfigur Gandhi abzuwenden und mit Kongreßsozialisten und Kommunisten zusammenzuarbeiten. Im Gefängnis eignete er sich sozialistisches Gedankengut an. In dem Maße, wie gesellschaftliche Fragen im Leben des Swami an Bedeutung gewannen, wie der weltabgewandte Bettelmönch zum sozial engagierten Bauernführer wurde, verloren Kastenfragen ihre Bedeutung, und die Religion trat in den privaten Bereich zurück. Seine tiefe innere Religiosität und seinen asketischen Lebensstil behielt der Swami jedoch bis an sein Lebensende bei.

N.G. Rangas Entwicklung war dagegen kaum von dramatischen Brüchen gekennzeichnet. Sie war durch die Dynamik des Unabhängigkeitskampfes geprägt, die groß genug war, über Kastenbewegungen hinauszuführen und die nationale Bewegung der Andhras als Thema aufzugreifen. Die Erfahrungen, die Ranga als Angehöriger einer aufstrebenden, um Anerkennung ringenden Bauernkaste in seinem lokalen Umfeld wie auch während des Studiums in Oxford machte, ließen ihn zum professionellen Bauernaktivisten und Parlamentarier für die Sache des selbständigen Bauern werden. Über die Kastenkritik hinaus wandte er sich unter dem Einfluß des fabianischen Sozialismus der Sozialkritik zu. Die indischen Sozial- und Religionsreformer des späten 19. Jahrhunderts vermittelten ihm geistigen Halt und verbanden ihn mit den Traditionen des eigenen Landes. Ranga versuchte, aus Industrieländern des Westens stammende Denkmuster der Realität des eigenen Landes anzupassen und sie für die politische Praxis zu nutzen. Er strebte dabei eine Synthese von bäuerlichen Werten sowie gandhistischen und sozialistischen Konzepten an. Aufgabe des biograhischen Vergleichs ist es auch, sowohl die Gemeinsamkeiten als auch die Unterschiede zwischen den theoretischen Einsichten des Swami und den Vorstellungen, die Ranga als Bauernintellektueller in Wort und Schrift aktiv verbreitete, herauszuarbeiten.

Aus unterschiedlichen Gründen und Motiven hatten Swami Sahajanand Saraswati und N.G. Ranga die Vertretung von Bauerninteressen zu ihrer Lebensaufgabe gemacht. Ihre Erfahrungen hatten sie gelehrt, daß es schwierig war, konsequente Bauernpolitik im engen Rahmen einer politischen Partei zu betreiben. Sie teilten deshalb ein Mißtrauen gegen parteipolitische Bindungen und waren dennoch immer auf politische Bündnispartner angewiesen. Ein Hauptanliegen, das die drei Bauernführer in den dreißiger Jahren in der All India Kisan Sabha zusammenführte, war die Veränderung der kolonial geprägten sozialökonomischen Struktur auf dem Lande. Das erforderte die Überwindung innergesellschaftlicher Widerstände gegen strukturelle Reformen. Vom Kongreß enttäuscht, suchten sie Bündnispartner für die All India Kisan Sabha bei Kongreßsozialisten und Kommunisten. Die politischen Bündnisse waren jedoch immer starken Zerreißproben ausgesetzt und nicht von Dauer.

Die Geschichte des Bauernverbandes, in dem die beiden Bauernführer eine prominente Rolle spielten, ist hinreichend untersucht. Es ist bekannt, daß er am Vorabend der Unabhängigkeit des Landes zerbrach und sich seine Führer entzweiten. Zu dieser Entwicklung trugen nicht nur die Belastungen bei, die aus den unterschiedlichen politischen Bündnissen resultierten, sondern der schwer zu fixierende Charakter der Bauernpolitik selbst. Die Bauernorganisationen lebten von der lokalen, oft spontan aufbrechenden Unzufriedenheit bestimmter Bauerngruppen oder -schichten. Indem sie sich zum konsequenten Fürsprecher konkreter Anliegen machten, gewannen sie ihre Mitglieder und Anhänger, verloren sie aber wieder, wenn das Problem zumindest teilweise gelöst war. Eine dauerhafte, solide organisatorische Basis ließ sich unter diesen Umständen schwer schaffen. Auch der heterogene Charakter der Bauernschaft stellte den Bauernverband und seine Führer vor schwierige politische Probleme. Außer religiösen, ethnischen und Kastenunterschieden gab es beträchtliche soziale Unterschiede und schon in der Kolonialzeit aufbrechende Interessengegensätze. Die Frage nach der bevorzugten sozialen Basis unter den verschiedenen bäuerlichen Schichten, nach der Politik, die gegenüber der bäuerlichen Oberschicht, den ungeschützten Pächtern und der großen Schicht von völlig rechtlosen Landarbeitern einzuschlagen war, beschäftigte die Bauernorganisationen und ihre Führer in Theorie und Praxis. Konfliktpotential, an dem sich der Streit zwischen den Bauernführern letztlich auch entzündete, enthielt nicht zuletzt das Problem der Gewichtung von nationaler und sozialer Frage. Mit dem Projekt soll die erbitterte theoretische Diskussion um diese Fragen durch die subjektive Sicht der Beteiligten bereichert werden.

Wenn die vergleichende biographische Studie als Fenster auf den gesellschaftlichen Wandel im spätkolonialen Indien dienen soll, muß der Blick letzlich auch auf die Art und Weise und den Inhalt des Diskurses zwischen Bauernführern und Bauern gerichtet, der wechselseitige Einfluß und das Zusammenspiel beider Seiten bestimmt werden. Am konkreten Beispiel soll analysiert werden, inwieweit die organisierte Bauernbewegung dazu beitrug, traditionelle und kolonial geprägte Wertvorstellungen unter den Bauern zu erschüttern und ein antifeudales Bewußtsein zu schaffen. Gleichzeitig muß die objektive und subjektive Grenze der Verständigungsmöglichkeit zwischen den Bauernführern und den ihnen zeitweilig folgenden bäuerlichen Schichten beleuchtet werden. Leitlinie der Studie soll es sein, Leben und Wirken der Bauernführer streng im historischen Kontext zu betrachten. Die Sozialreformer des 19. Jahrhunderts sind vor allem auch im Kontext der Orientalismus-Debatte im unabhängigen Indien neu bewertet worden. Ashok Rudra kritisierte in dem Zusammenhang den "ex-parte trial of a historical period and its leading personalities conducted with not the slightest regard for the norms of historical justice"[22]. Dieses Schicksal soll den beiden Bauernführern in der vergleichenden biographischen Studie nicht widerfahren.

Anmerkungen

1   Douglas Kellner, The End of Orthodox Marxism. In: Antonio Callari/Stephen Cullenberg/Carole Biewener (Hg.), Marxism in the Postmodern Age. Confronting the New World Order, New York-London 1995, S. 35.
2   Michel Vovelle, Ideologies and Mentalities. In: Raphael Samuel/Gareth Stedman Jones (Hg.), Culture, Ideology and Politics. Essays for Eric Hobsbawm, London u.a. 1982, S. 9f.
3   Ebenda, S. 11.

4   Jan Nederveen Pieterse, Emancipations, Modern and Postmodern. In: Development and Change 3 (1992) 3, S. 26.
5   Vgl. Bryan S. Turner, Periodization and Politics in the Postmodern. In: Bryan S. Turner (Hg.), Theories of Modernity and Postmodernity, London u.a. 1993, S. 11f.
6   Vgl. Hans Bertens, The Idea of the Postmodern. A History, London-New York 1995, S. 209f.
7   Frederic Jameson, Postmodernism, or, The Cultural Logic of Late Capitalism, Durham 1991, S. 406.
8   Scott Lash, Sociology of Postmodernism, London-New York 1990, S. 4.
9   Mike Featherstone (Hg.), Global Culture. Nationalism, Globalization and Modernity, London u.a. 1990; Mike Featherstone, Global and Local Cultures. In: Jon Bird/Barry Curtis/Tim Putnam/George Robertson/Lisa Tickner (Hg.), Mapping the Futures. Local Cultures, Global change, London-New York 1993.
10 Kritik wird zum einen immer wieder an der Kastenposition der Bauernführer geübt, zum anderen an ihrem Unvermögen, die Schichten der ungeschützten Pächter und der Landarbeiter zu organisieren. Vgl. z.B. Girish Mishra/Braj Kumar Pande, Socio-Economic Roots of Casteism in Bihar. In: N.L. Gupta (Hg.), Transition from Capitalism to Socialism & Other Essays, New Delhi 1974, S. 166; oder D N, Swami Sahajanand and the Kisan Sabha. In: Economic and Political Weekly, Bombay 24 (1989) 13, S. 661f.; Iconoclasm Is Necessary. In: Economic and Political Weekly, Bombay 24 (1989) 33, S. 1921f.
11 Vgl. Daniel Bertaux (Hg.), Biography and Society. The Life History Approach in the Social Sciences, Beverly Hills 1981; Andreas Gestrich/Peter Koch/Helga Merkel (Hg.), Biographie - sozialgeschichtlich. Sieben Beiträge, Göttingen 1988.
12 Vgl. Hedwig Röckelein, Der Beitrag der psychohistorischen Methode zur "neuen historischen Biographie". In: Hedwig Röckelein (Hg.), Biographie als Geschichte, Tübingen 1993.
13 W.H. Morris-Jones, Introduction. In: W.H. Morris-Jones (Hg.), The Making of Politicians: Studies from Africa and Asia, London 1976, S. 1f.
14 Vgl. A. Satyanarayana, Andhra Peasants under British Rule. Agrarian Relations and the Rural Economy 1900-1940, New Delhi 1990.
15 Vgl. Krishna Kumar, Quest for Self-Identity. Cultural Consciousness and Education in Hindi Region, 1880-1950. In: Economic and Political Weekly 25 (1990) 23, S. 1251.
16 Swami Sahajanand Saraswati, Mera Jivan Sangharsh, Bihta (Patna) 1952, S. 17.
17 Sanskritisierung ist nach M.N. Srinivas der traditionelle Versuch niederer Kasten, im Rahmen der Kastenhierarchie aufzusteigen, indem sie auf den Genuß von Fleisch und Alkohol verzichteten und Sitten, Gebräuche und die Glaubensformen der Brahmanen übernahmen. Vgl. M.N. Srinivas, Caste in Modern India And Other Essays, Bombay u.a. 1962, S. 42f.
18 N.G. Ranga, Fight for Freedom. Autobiography, Delhi u.a. 1968, S. 24.
19 Ebenda, S. 42.
20 Ebenda, S. 51.
21 Die vom Swami in den zwanziger Jahren initiierte Bewegung regte die Ausbildung von Bhumihar-Söhnen zu Hauspriestern (Purohits) an.
22 Ashok Rudra, Non-Eurocentric Marxism and Indian Society, Calcutta 1988, S. 91.

Reverend J. J. M. Nichols-Roy als Stammesangehöriger, Missionar, gesamtindischer Politiker. Versuch der Annäherung an eine umstrittene Persönlichkeit

Kersti Aßmann

Reverend James Joy Mohon Nichols-Roy ist eine in der wissenschaftlichen Literatur bisher wenig beachtete Persönlichkeit der indischen Geschichte, die für die Entwicklung des Nordostens Indiens am Ende der britischen Kolonialperiode und während der ersten Jahre nach der Erringung der politischen Unabhängigkeit eine bedeutende Rolle spielte. Als Angehöriger des Stammes der Khasi, als von den Briten ausgebildeter Missionar und als assamesischer bzw. später gesamtindischer Politiker stand Nichols-Roy in dieser Phase des Umbruchs zwischen den unterschiedlichen Gruppierungen der indischen und speziell der nordostindischen Gesellschaft. Seine Metamorphose vom Stammesangehörigen zum Missionar und schließlich zum Politiker erhielt durch diese Zeit sozialer und politischer Umbrüche eine besondere Brisanz. In der Persönlichkeit von Nichols-Roy vereinten sich indigene wie auch westliche Ideen, und er wurde zum Mittler zwischen den unterschiedlichen Gruppen der Gesellschaft.

Im folgenden Beitrag wird versucht, den Lebensweg von Reverend Nichols-Roy nachzuvollziehen und eben diese Rolle als Mittler und als Akteur des Wandels der Geschichte anhand bestimmter Höhepunkte, aber auch Reibungspunkte in seinem Leben näher zu beleuchten.

James Joy Mohon Nichols-Roy wurde am 12. Juni 1884 als U Joy Mohon Roy im Dorf Shella in den Khasi Hills geboren. Seine Mutter, Ka Rimai Syiemlieh, war eine direkte Nachfahrin des Khasi Chiefs von Nonghkhlaw, U Tirot Singh, der Anfang des 18. Jahrhunderts in der Widerstandsbewegung der Khasi gegen die britische Kolonialmacht eine große Rolle gespielt hatte. Sein Vater, U Khagendra Mohon Roy, war Bauer.

U Joy Mohon Roy erhielt eine Schulbildung in einer Missionsschule und wurde ab 1899 an der Universität von Kalkutta zum Missionar ausgebildet. Von 1906 bis 1907 wirkte er als Missionar in verschiedenen Gebieten Indiens. 1907 heiratete er die amerikanische Missionarin Nora Evelyn Nichols. Er nannte sich danach Reverend James Joy Mohon Nichols-Roy. 1913 bis 1915 unternahm Nichols-Roy Reisen nach Japan, China, Großbritannien und Irland. In den zwanziger Jahren begann er, sich in der Nationalen Bewegung Indiens politisch zu betätigen. 1923 gründete er die erste politische Organisation der Khasi, den Khasi National Durbar. Von 1921 bis 1959 war er Mitglied des Assam Legislative Council und der Assam Assembly. 1926 trat er dem Indischen Nationalkongreß bei.

Zwischen 1927 und 1956 war er viermal Minister in verschiedenen assamesischen Regierungen. Er hatte dabei folgende Aufgabengebiete: Steuern, örtliche Selbstregierung, Gesundheit, Forstwirtschaft, Industrie, Kooperation, Gefängnisse und Post. 1934 stand er dem Anti-Drogen-Komitee in Assam vor. 1945 bis 1946 reiste Nichols-Roy nach Kanada, Australien und in die USA und hielt dort Vorträge über den Kampf um die indische Unabhängigkeit. 1946 wurde er in die Verfassunggebende Versammlung Indiens berufen und arbeitete dort im Ausschuß für Minoritäten und im Ausschuß für die Stammesgebiete Assams mit. Er hatte entscheidenden Anteil an der Formulierung des 6. Anhangs (Provisions as to the Administration of Tribal Areas in Assam) der indischen Verfassung.

1956 legte Nichols-Roy sein Ministeramt in der assamesischen Regierung nieder und trat aus der Kongreßpartei aus. Neben seiner Tätigkeit als Missionar und Politiker war er auch Unternehmer. Ihm gehörte die erste, 1918 gegründete Konservenfabrik Assams, die United Fruit Company Ltd. sowie eine Druckerei in Shillong. Er schrieb zahlreiche Bücher und Broschüren religiösen sowie Artikel politischen Inhalts und publizierte in Zeitschriften und Zeitungen zu politischen Fragen. 1959 starb Rev. Nichols-Roy.[1]

Diese kurze Biographie[2] zeigt deutlich das bewegte Leben eines Mannes in den für Indien und die Welt so wichtigen Jahren zwischen 1920 und 1960. Sein Grundanliegen war die Integration der Stammesbevölkerung auf der Grundlage der Gleichberechtigung einerseits und die Anerkennung ihrer Besonderheiten andererseits. Dieses Ziel verfolgte er mit großer Hartnäckigkeit. Er stieß dabei immer wieder auf Widerstand. In der Literatur findet man deshalb äußerst widersprüchliche Einschätzungen zu Nichols-Roy. Es gibt positive Äußerungen über ihn, in denen seine Fähigkeiten, Initiativen und Verdienste hervorgehoben werden. So bezeichnet B. P. Singh ihn als einen Führer der indischen Nationalbewegung. Im Dictionary of National Biography wird er als "a true nationalist" bezeichnet.[3] Auf der anderen Seite existieren einige sehr kritische Bemerkungen über ihn, und es gibt Versuche, ihn als Querulanten und Verräter darzustellen.[4]

Dies widerspiegelt die anhaltende Auseinandersetzung über den Umgang mit der indischen Stammesbevölkerung. Für das Verständnis dieser Auseinandersetzung, die bis in die Gegenwart teilweise mit militärischen Mitteln ausgetragen wurde, ist es erforderlich, sich mit der sozio-ökonomischen und kulturellen Spezifik, einschließlich der geographischen, ethnischen und linguistischen Gegebenheiten, zu beschäftigen. Der verliegende Beitrag beschränkt sich allerdings darauf, die Person von Nichols-Roy und sein Handeln in diesem Umfeld zu betrachten.

Die Provinz Assam war in der geographischen Ausdehnung, wie sie zu Beginn des 20. Jahrhunderts bestand, ein Ergebnis der britischen Kolonialpolitik, wie vieles in Indien. Im Nordosten Britisch-Indiens gelegen, grenzte sie im

Norden an Tibet/China und Bhutan, im Osten an Burma, im Süden und Westen an Bengalen. Anfang des 19. Jahrhunderts bestand dieses Gebiet aus mehreren unabhängigen Territorien mit unterschiedlichem Entwicklungsniveau. In der Brahmaputra-Ebene herrschten die Ahom und südlich davon die Kachari. Bei beiden hatten sich Staaten auf feudaler Grundlage herausgebildet. Die angrenzenden Berggebiete waren von mehreren hundert verschiedenen Stammesgruppen besiedelt. Zu ihnen gehörten Kuki-Chin Stämme wie Lushai und Mizo, Naga-Stämme, Khasi, Jaintia, Garo, Adi, Khampti, Mompa und andere. Sie waren zum großen Teil Brandrodungsfeldbauern. Ihre Kultur war mit animistischen Sitten und Gebräuchen wie Kopfjagd usw. verbunden. Jede Stammesgruppe hatte eine eigene Sprache. Es existierten mehrere hundert unterschiedliche Sprachen und Dialekte in diesem Gebiet.

Die sukzessive Einbeziehung des Nordosten Indiens in das britische Kolonialimperium begann ab 1826 mit der Unterzeichnung des Vertrages von Yandabo. Die Briten konzentrierten sich, von Bengalen kommend, bei ihrer Einflußnahme zunächst auf das Herrschaftsgebiet der Ahom, die Brahmaputra-Ebene. Nach und nach wurden umliegende Berggebiete in die koloniale Administration einbezogen. Die Khasi Hills, zwischen Bengalen und der Brahmaputra-Ebene gelegen, wurden wegen ihrer geographischen Lage relativ früh von der kolonialen Administration erfaßt. Sie wurden größtenteils von den ethnischen Gruppen der Khasi bewohnt. Die Khasi lebten zu Beginn des 19. Jahrhunderts, wie andere Bewohner der Berggebiete Nordostindiens auch, im Stadium der Stammesgesellschaft. Bei ihnen überwogen animistische Glaubensvorstellungen. In den Randgebieten hatten teilweise auch hinduistische Vorstellungen Einzug gehalten. Ihre Dialekte gehörten zur Gruppe der Mon-Khmer Sprachen. Bei den Khasi herrschten matriarchalische Traditionen vor. Früher als bei anderen Stämmen der Berggebiete Nordostindiens wie z. B. den Garo, den Kuki-Chin-Gruppen, den Nagas oder der Stämme nördlich der Brahmaputra-Ebene vollzogen sich bei den Khasi erste Veränderungen in der Stammesstruktur, die sich dann durch den Kontakt mit der britisch-indischen Kolonialadministration vertieften. Im Gegensatz zu den zuvor genannten Stammesgruppen lebten die Khasi weniger isoliert und hatten mehr Kontakte zu den Bewohnern der an die Khasi Hills angrenzenden Ebenen. In den Randgebieten existierten Anfang des 19. Jahrhunderts bereits Handelsbeziehungen ins nördlich gelegene Brahmaputratal und ins südlich gelegene Bengalen. Es entwickelten sich erste soziale Unterschiede in der Stammesgemeinschaft. Das Land der Khasi war jedoch noch gemeinsames Eigentum und gehörte der Dorfgemeinschaft oder einzelnen Clans. An der Spitze der sozialen Hierarchie der Khasi standen Dorfoberhäupter, die als Siem, Sardar, Lyngdoh oder auch Wahadar bezeichnet wurden. Sie kamen in der Regel immer aus einem Clan und wurden der weiblichen Linie folgend gewählt. In einigen Siedlungsgebieten der Khasi hatten einzelne Dorfoberhäupter so großen Einfluß und Macht erworben, daß sich ihre Zuständigkeit über mehrere Dörfer erstreckte. In der Literatur werden sie häufig als "Chiefs" oder sogar als "Rajas" oder "Ruler" bezeichnet (im folg.: Chief).

Die Khasi hatten bereits Anfang des 19. Jahrhunderts Kontakte zu den Briten, die infolge des Einflusses der Briten in der Brahmaputra-Ebene intensiver wurden. Da die Khasi Hills zwischen der südlich gelegenen bengalischen und der nördlich gelegenen Brahmaputra-Ebene liegen, mußten die Briten eine Straße durch die Khasi Hills bauen, um auf kürzestem Weg von Bengalen ins Brahmaputra-Tal zu kommen. Sie planten auch den Ausbau von Stützpunkten. Nach anfänglicher Zustimmung der Khasi stießen sie später auf starken Widerstand verschiedener Khasi-Gruppen. Es gelang ihnen aber, einen Teil der Siedlungsgebiete der Khasi unter ihre direkte Herrschaft zu bringen, die sog. britischen Khasi-Gebiete. Einige der Khasi-Chiefs leisteten jedoch besonders starken Widerstand gegen die Briten. Nach militärischen Auseinandersetzungen, die sich über mehrere Jahre hinzogen, wurden mit ihnen Abkommen geschlossen. Rund 25 als "Khasi-States" bezeichnete Gebiete wurden damit unter indirekte Herrschaft der Briten gebracht. Die Gerichtsbarkeit der Chiefs der Khasi-States wurde eingeschränkt. Die koloniale Administration sicherte sich den Zugriff auf Bodenschätze und Brachland. Zu den größten Khasi-States gehörten Khyrim, Mylliem und Nongkhlaw. Sie umfaßten jeweils mehrere Dutzend Dörfer.

Die Siedlungsgebiete der Khasi wurden schrittweise administriert. Nach dem Bau der ersten Straßen bauten die Briten den klimatisch günstig gelegenen Ort Shillong in den Khasi Hills als Verwaltungszentrum aus. Bereits Mitte des 19. Jahrhunderts wurden Kohlegruben in den Khasi Hills betrieben. Der erste britische Regierungsbevollmächtigte, David Scott, regte die Anlage von Obstplantagen in den Khasi Hills an. Unterstützt von der Kolonialregierung wurden aus einigen der ehemaligen Brandrodungsfeldbauern unter den Khasi Plantagenbesitzer, indem sie Teile des von den Briten kontrollierten Brachlandes in privaten Besitz übernahmen, und Händler, die ihre Waren bis nach Kalkutta und Gauhati lieferten. Kleine Betriebe zur Verarbeitung landwirtschaftlicher Produkte begannen sich herauszubilden. In der Gesellschaft der Khasi entstand eine neue soziale Schicht, die marktwirtschaftlich orientiert war.[5] Ähnliche Prozesse vollzogen sich, wenn auch zeitlich später, in anderen Stammesgebieten Nordostindiens.

Die Entwicklung der Stammesbevölkerung Nordostindiens wurde auch durch Missionare nachhaltig beeinflußt. Die Khasi wehrten sich zunächst erfolgreich gegen Missionierungsversuche. Seit Ende des 19. Jahrhunderts konnten Missionare aber auch bei ihnen ein Netz von Missionsstationen mit Schulen, Krankenstationen usw. zu errichten. Besonders die Vermittlung von Bildung, die über Lese- und Schreibkundigkeit hinausging und bis zum Hochschulabschluß führen konnte, hatte nachhaltige Auswirkungen auf die Herausbildung einer zahlenmäßig kleinen, modernen, intellektuellen Elite aus der "primitiven" Stammesbevölkerung. Diese Elite erhielt eine Ausbildung als Kirchenvertreter, Lehrer, Apotheker, Juristen usw. Die Bedeutung der Bildungsvermittlung ist vor allem darin zu sehen, daß dadurch ein Erkennen der Welt über den Horizont der eigenen ethnischen Gemeinschaft hinaus sowie bisher unbekannter gesellschaftlicher Zusammenhänge möglich wurde. Später sollte das Bekanntwerden mit europäischem liberalem Gedankengut eine Rolle spielen. Wichtig war aber auch das Erkennen der Bedeutung und der Möglichkeiten des Individuums, was in der christlichen Ethik eine Rolle spielt. Dadurch unterschieden sich die selbstbewußten christianisierten Stammesangehörigen vor allem von hinduisierten Stammesangehörigen, die aufgrund des Wiedergeburtsgedankens bereit waren, ihr "Schicksal", am Rande der hinduistischen Kastengesellschaft zu leben, hinzunehmen, ohne sich zu wehren.

Es waren also vor allem zwei Faktoren, die das Entstehen einer neuen sozialen Gruppe, einer aus der Stammesgesellschaft heraus gewachsenen Mittelschicht bei den Khasi bzw. in Nordostindien forcierten: einmal die durch die Briten hineingetragene marktwirtschaftliche Orientierung und zum anderen die Förderung durch christliche Missionare. Von dieser Entwicklung wurde jedoch nur eine zahlenmäßig kleine Gruppe der Stammesbevölkerung tangiert. Die Mehrheit der Stammesbevölkerung lebte weiterhin relativ isoliert, ging ihrer traditionellen Tätigkeit als Brandrodungsfeldbauern nach und pflegte ihre traditionellen Sitten und Bräuche. Die neu entstandenen Mittelschichten dagegen waren es, die sich besonders seit Anfang dieses Jahrhunderts, zum großen Teil unterstützt von der traditionellen Elite, als Führung der Stammesbevölkerung verstanden und deren und vor allem auch die eigenen Interessen gegenüber den anderen Bevölkerungsgruppen, der Kolonialmacht und später dem indischen Staat vertraten. Reverend Nichols-Roy gehörte zu dieser sozialen Gruppe.

Anfang der zwanziger Jahre begannen Vertreter der Khasi, sich erstmals politisch für die Interessen ihrer ethnischen Gemeinschaft zu engagieren. 1921 kamen verschiedene Khasi Chiefs und Vertreter der Khasi-Mittelklasse zusammen, um über Möglichkeiten der Vertretung der Rechte und Traditionen der Khasi zu beraten. Sie erarbeiteten ein Memorandum an das Indian States Enquiry Committee. 1923 ging aus dieser Gruppe die erste politische Partei der Khasi, der Khasi National Durbar, hervor. Es war die erste politische Organisation der Khasi überhaupt. Der erste Präsident des Khasi National Durbar war der Chief von Khyriem. Nichols-Roy, auf dessen Initiative die Gründung der Partei zurückgeht, wurde ihr erster Sekretär.

Das Ziel des Khasi National Durbar war die Schaffung der Einheit und Kooperation aller Khasi-Gruppen und Khasi-Gebiete, die Förderung der ökonomischen Verhältnisse der Khasi, der Schutz ihrer Sitten und Bräuche, die Förderung der gemeinsamen Verwaltung der Khasi und die Vertretung ihrer

Interessen nach außen. Besonders in den Anfangsjahren des Bestehens der Partei wurde der Khasi National Durbar durch das Einreichen mehrerer Memoranden an die Regierung aktiv. Nichols-Roy gab 1927 den Posten des Sekretärs der Partei ab und übernahm andere Aufgaben.[6] So hatte er sich Anfang der zwanziger Jahre als Kandidat für den Assam Legislative Council zur Verfügung gestellt und wurde in den Council gewählt.[7]

1927 wurde Nichols-Roy in die assamesische Regierung kooptiert. Bei der Regierungsneubildung 1927 war festgestellt worden, daß das gesamte Kabinett aus Moslems bestand, obwohl diese damals nur etwa 30 Prozent der assamesischen Bevölkerung ausmachten. Da die Vertretung des Surma-Tals noch vakant war, wählte der damalige Gouverneur von Assam, Sir John Kerr, Nichols-Roy aus. Für seine Wahl sprachen mehrere Gründe. Er war Sir John Kerr dadurch aufgefallen, daß er aktiv an den Beratungen des Legislative Council teilnahm. Der Gouverneur sah in ihm einen geeigneten Vertreter der Stammesbevölkerung wie auch der christlichen Bevölkerung in der assamesischen Regierung.[8]

Es war die Zeit, in der sich in Nordostindien auch andere Stammesgruppen erstmals merkbar politisch zu Wort meldete. Dies hatte mehrere Gründe. Erstens war es im gesamten Britisch-Indien zu einem Aufschwung der Nationalen Bewegung gekommen. Das Wirken Mahatma Gandhis, die Entwicklung der Nationalen Bewegung zu einer Massenbewegung usw. dürften auch von den Mittelschichten innerhalb der Stammesgesellschaften Nordostindiens durch die Presse oder über Kontakte zu anderen Bevölkerungsgruppen aufmerksam verfolgt und auch diskutiert worden sein. Zweitens wurde den Stammeseliten klar, daß ein Rückzug der Briten aus Indien auch für sie und ihre Stammesgruppen weitgehende Folgen haben würde. Dies bewirkte, daß sich die traditionellen wie auch die modernen Eliten der unterschiedlichen Stämme Gedanken über die Zukunft ihrer Bevölkerungsgruppen machten. Dies war zum großen Teil mit dem Wunsch verbunden, die vorkoloniale Unabhängigkeit wiederzuerlangen. Drittens lösten die Aktivitäten der Statutory Commission (Simon Commission) zur Vorbereitung der Verfassung von 1935 Diskussionen unter den Stammeseliten über den Status, den die Stämme in der neuen Verfassung erhalten sollten, aus. In der Verfassung von 1919 hatten die Stammesgebiete Nordostindiens den Status von "backward tracts" erhalten. Nun wurde die Frage diskutiert, ob man die Stammesbevölkerung Assams weiterhin administrativ vom assamesischen Kernland, der Brahmaputra-Ebene, separieren oder sie administrativ an die Bevölkerung der Ebene anschließen sollte. Die britisch-indische Kolonialregierung ging davon aus, daß es für die unterentwickelten und mit Mühe pazifierten Stammesgebiete Nordostindiens besser wäre, in der Verfassung als "excluded areas" eingeordnet zu werden. Dies bedeutete, daß diese Gebiete allein vom britischen Gouverneur verwaltet würden. Die assamesische Regierung hatte somit gegenüber den Stammesgebieten keinerlei Verantwortlichkeit, aber auch keine Mitspracherechte. Alle Maßnahmen, die

Stammesgebiete betrafen, erforderten die ausdrückliche Weisung des Gouverneurs. Für die Stammesbevölkerung bedeutete diese direkte Unterstellung unter den Gouverneur, daß dieser ihnen seinen Schutz vor Ausbeutung, Übervorteilung durch Händler und Geldverleiher aus der Ebene usw. gab. Traditionelle Sitten und Bräuche, die niedere Gerichtsbarkeit blieben erhalten, die traditionellen Oberhäupter wurden anerkannt. Andererseits waren sie als Bewohner der "excluded areas" vom politischen Leben Assams ausgeschlossen. Sie hatten z. B. kein Recht, Vertreter in die assamesische Staatenversammlung zu wählen, hatten keinerlei Einfluß auf die Entwicklung der Provinz Assam usw. Damit wäre jedoch auch ihre Isolierung gefestigt worden. Ein großer Teil der Stammeseliten, besonders die traditionellen, sah im Status der "excluded areas" größere Vorteile.

Reverend Nichols-Roy bildete hier eine Ausnahme. Er sah die Zukunft der Stammesbevölkerung Nordostindiens in einer Gemeinschaft mit der assamesischen Bevölkerung. In den Diskussionen Ende der zwanziger und Anfang der dreißiger Jahre in Assam setzte er sich vehement für eine administrative Angliederung der Gebiete der Khasi, Jaintia und Garo an das assamesische Kernland ein. Er stellte sich damit auch gegen die Empfehlungen der assamesischen Provinzregierung. Er argumentierte, daß besonders die Khasi und Jaintia (dank der zahlreichen Missionsschulen) auf dem Gebiet der Bildung nicht weniger entwickelt seien als die Bevölkerung der Ebene. Die Khasi, Jaintia und die benachbarten Garo könnten deshalb auch alle politischen Rechte, die der Bevölkerung der Ebene zugestanden würden, wahrnehmen. Zugleich forderte er jedoch die Fortdauer eines gesetzlichen Schutzes für diese Stammesbevölkerung, die sie als Bewohner rückständiger Gebiete beanspruchen könnte.[9]

Es war nicht zuletzt das Ergebnis des energischen Auftretens von Nichols-Roy und von mehreren Memoranden, die er an die Simon Commission sandte, daß das Gebiet der Khasi, Jaintia, Mikir und Garo 1935 mit dem Government of India Act als "partly excluded areas" eingeordnet wurde, im Gegensatz zu anderen Stammesgebieten wie z. B. dem der Nagas oder Lushais, die zu "excluded areas" erklärt wurden.

Nichols-Roy war mit seiner Ansicht, daß erstens die Gebiete der Stammesbevölkerung grundsätzlich administrativ und ökonomisch an Assam angegliedert werden sollten und daß zweitens die Stammesbevölkerung bei diesem Prozeß bestimmte Schutzmechanismen sowie Unterstützung brauchte, ein Vorreiter für eine Politik gegenüber den Stämmen, die sie vor einer abrupten Assimilierung schützte, ohne sie in Reservate zurückzudrängen. Er handelte sich damit die Kritik vieler Stammesvertreter wie der Khasi Chiefs, aber auch von Vertretern der modernen Elite ein. Diese sahen gerade hinsichtlich der möglichen politischen Unabhängigkeit Indiens durch eine engere Verbindung an Assam ihren Traum von einer vollständigen Unabhängigkeit für ihre ethnischen Gruppen in Gefahr. Ausdruck der von Nichols-Roy ausgelösten Diskussionen um diese Fragen waren u. a. die Auseinandersetzungen im Khasi National Durbar.

Auf der anderen Seite stieß Nichols-Roy mit seinen Forderungen auf den Unwillen der Vertreter der assamesischen Staatenversammlung, in der er zu dieser Zeit der einzige Stammesvertreter war. Die etablierten assamesischen Politiker reagierten auf seine Vorstellungen mehr oder weniger mit Unverständnis und Ablehnung. Viele von ihnen waren nicht bereit, die "wilden, unzivilisierten und primitiven" Stämme als gleichberechtigte Partner zu sehen.

Nachvollziehbar wird diese Haltung, wenn man sich die soziale und historische Entwicklung Assams zur damaligen Zeit vor Augen hält. Diese historische Entwicklung war infolge der kolonialen Einflüsse deformiert, und es hatte sich eine Reihe von Umbrüchen vollzogen, die sich auf die sozialen Strukturen Assams auswirkten. Die assamesische Gesellschaft war sozial, ethnisch und religiös heterogen und gespalten. Sie befand sich in einem umfassenden Transformationsprozeß. Die autonome ethnisch-soziale Entwicklung war unterbrochen. Infolge kolonialer Einflußnahme, wozu Urbanisierung, Industrialisierung, Administrierung und damit verbunden auch die Anwerbung von Migranten gehörten, war eine neue soziale Struktur der Bevölkerung entstanden. Vor allem aus der forcierten Migration resultierte im Laufe der Zeit eine Reihe von Konflikten in allen Gebieten Assams. Besonders Auseinandersetzungen zwischen den von den Briten für die sog. white color jobs nach Assam geholten und politisch aktiven Bengalen und den autochthonen Assamesen lassen sich über die gesamte Kolonialperiode verfolgen. Neben diesen Spannungen existierten traditionelle Vorbehalte und Ressentiments zwischen der entwickelteren Bevölkerung der Ebene und den Stammesgesellschaften der Berggebiete fort. Diese sollte auch Nichols-Roy als einziger Vertreter der Stammesbevölkerung in der assamesischen Regierung zu spüren bekommen.

Anhand der Quellen wird deutlich, daß Nichols-Roy in seinem Amt als Minister mit einer Reihe von Vorurteilen konfrontiert war und es von seiten der assamesischen Politiker massiven Widerstand gegen ihn gab. Nachdem er 1927 von der Kolonialverwaltung als Minister eingesetzt worden war, wurden mehrmals Mißtrauensanträge gegen ihn gestellt. Die Gründe dafür werden in der indischen Sekundärliteratur als "undurchsichtig" bezeichnet. Ein dritter Mißtrauensantrag, mit dem ihm 1929 vorgeworfen wurde, er würde die Politik der Regierung mißachten und deren Durchsetzung behindern, war erfolgreich, und er mußte sein Amt aufgeben. In der Literatur wird darauf verwiesen, daß Rev. Nichols-Roy "fallengelassen" wurde, weil er sich die "Feindschaft" der Mehrheit der gewählten Mitglieder des Legislative Council zugezogen hatte.[10]

Zwischen 1929 und 1937 übte kein weiterer Stammesangehöriger Assams ein Ministeramt aus. Nichols-Roy wurde nach der Einführung der Provinzautonomie 1937 erneut in die assamesische Provinzregierung einbezogen und arbeitete dort bis 1938. Regierungschef Assams war von 1937-1939. M. Saadulla, der auch einige Zeit Vorsitzender der Moslemliga Assams war. 1939 wäre Nichols-Roy beinahe Regierungschef Assams geworden. Er wurde dabei ein Spielball im Hindu-Moslem-Konflikt, der auch vor Assam nicht Halt machte.[11]

M. Saadulla sollte 1939 im Auftrage des Gouverneurs erneut die Regierung in Assam bilden, obwohl er während der Wahlen zur Assembly keine Mehrheit erreicht hatte. Der Indische Nationalkongreß versuchte dies jedoch zu verhindern, um den Einfluß der Moslems im politischen Geschehen Assams zurückzudrängen. Der Indische Nationalkongreß beauftragte deshalb 1939 Nichols-Roy und einen weiteren Kongreßpolitiker, Ali Hyder Khan, die Bildung einer assamesischen Kongreßregierung vorzubereiten. Nichols-Roy war dazu auch bereit und unternahm diesbezüglich erste Schritte. Er wandte sich an den damaligen Gouverneur Sir Robert Reid. Dieser fürchtete jedoch verstärkte Auseinandersetzungen zwischen Hindus und Moslems in Assam und sprach sich gegen den Indischen Nationalkongreß aus. Er äußerte, daß er kein "puppet ministry" wolle und beauftragte erneut M. Saadulla mit der Regierungsbildung. M. Saadulla, der seit 1927 mit Nichols-Roy zusammengearbeitet und diesen unterstützt hatte, suchte sich danach einen anderen Stammesvertreter für die Mitarbeit in seiner Regierung aus.[12]

Für die Zeit von 1939 bis 1946 gibt es nur wenige Quellen über Nichols-Roy. Nach dem Zweiten Weltkrieg, als es um die Zukunft Assams und speziell der Berggebiete im unabhängigen Indien ging, wurde er erneut aktiv. Unter einigen britischen Beamten wie Sir Robert Reid und Reginald Coupland existierten Ideen, die Berggebiete Assams und Burmas wegen ihrer unterentwickelten Stammesbevölkerung zu einer Kronkolonie oder ähnlichem zu machen. Sir Robert Reid, der von 1937 bis 1942 Gouverneur von Assam war, trat gegen Ende seiner Amtszeit verstärkt durch Publikationen und mit Vorträgen an die Öffentlichkeit und machte auf die Probleme der Stammesbevölkerung in Nordostindien aufmerksam. Er betonte besonders die historischen, kulturellen, aber vor allem die großen ökonomischen Unterschiede zwischen der Stammesbevölkerung in den Berggebieten Assams und der Bevölkerung der Ebene. Die Möglichkeiten der politischen Vertretung der Stammesbevölkerung in einer gemeinsamen Administration mit der Bevölkerung der Ebene hielt er für begrenzt. Seiner Ansicht nach war die Stammesbevölkerung nicht in der Lage, sich gegenüber der Bevölkerung der Eben durchzusetzen. Er äußerte dabei auch Zweifel an der Fähigkeit der Stammesvertreter. In einem Vortrag der Gesellschaft für Geographie am 7. Februar 1944 in London kam er aufgrund der Erfahrungen während seiner Amtszeit zu folgender Einschätzung der Stammesvertreter:

> "With the Partially Excluded Areas, the disadvantages were I think greater. To begin with, representation in the Legislative Assembly was an almost worthless privilege. The poor Mikir member knew hardly any

English and never opened his mouth and merely attached himself where his support seemed most likely to be profitable to himself. The two Garos enjoyed no authority in the house, and commanded no respect for reasons which I need not elaborate. The Khasi M.L.A., a Church of England padre (gemeint ist Nichols-Roy - K.A.), was an able man but a lone voice and I know he felt he could do little in that capacity for his people."[13]

Aus diesem Zitat wird deutlich, daß Nichols-Roy unter den Stammesvertretern in der assamesischen Assembly herausragte und diese ihm bei der Durchsetzung seiner Ideen vermutlich nur wenig Unterstützung gaben oder geben konnten. Zum Vergleich von Nichols-Roy mit anderen Vertretern der assamesischen Assembly äußerte sich Reid an anderer Stelle: "The Khasi Member, Mr. Nicholas-Roy, who was a Minister in the pre-1937 Constitution and also a Member of the first Saadulla Ministry (1937-1938), ... can compete on pretty good terms with the rest."[14]

Sir Robert Reid plädierte für einen Zusammenschluß der Stammesgebiete Nordostindiens mit den im Osten angrenzenden Stammesgebieten Burmas zu einer britischen Kronkolonie. Er war der Meinung, daß die britische Regierung, da sie nun einmal die Stammesgebiete in das britische Kolonialimperium einbezogen hatte, eine Verantwortung für die Zukunft dieser Stämme hätte.[15]

Die Ideen von Sir Robert Reid fanden bei vereinzelten britischen Beamten, die in Nordostindien gearbeitet hatten, Zustimmung. Auch ein Teil der Stammeseliten war der Idee einer Kronkolonie, zumindest der politischen Unabhängigkeit ihrer Stammesgebiete von Indien, nicht abgeneigt. So äußerte z. B. Rev. L. Gatphoh, ein Vertreter der Jaintia Hills in der assamesischen Assembly und ein enger Freund von Nichols-Roy, die Hoffnung, daß die Jaintia Hills einer solchen Kronkolonie angeschlossen würden.[16]

Nichols-Roy wies den Gedanken an eine Kronkolonie oder ein ähnliches britisches Protektorat vehement zurück. Er wendete sich in einem 1946 verfaßten Memorandum an die Cabinett Mission auch gegen die Idee, die Berggebiete an Pakistan anzuschließen, wie das z. B. Jinnah gefordert hatte. Im Gegenteil, er verwies auf eine enge Verbindung der Stammesbevölkerung mit den Assamesen und sprach sich für einen Anschluß der Stämme an Assam aus. Eine Angliederung der Berggebiete an Bengalen lehnte er ebenfalls ab. Er forderte in diesem Memorandum allerdings auch, daß in der neuen indischen Verfassung eine besondere Repräsentation der Berggebiete verankert sein sollte. Da die Probleme in den Berggebieten Assams besonders groß seien, forderte er für die fast eine Million umfassende Stammesbevölkerung der Berggebiete zwei Sitze im gesamtindischen Parlament.[17]

Mit seinen Vorstellungen fand er starke Unterstützung bei Gopinath Bardoloi, dem assamesischen Chefminister. Bardoloi, der wie Nichols-Roy dem INC angehörte und stark von Nehrus Ideen bezüglich der Entwicklung der Stammesbevölkerung inspiriert war, hatte seine Gedanken zum Zusammenleben der

Stammesbevölkerung und der assamesischen Bevölkerung während seiner Gefängniszeit von 1940 bis 1941 mit Mitgefangenen diskutiert und in Tagebuchform aufgezeichnet. [18]

Am 16. Mai 1946 wurde in einer Erklärung der Cabinet Mission auf die Notwendigkeit hingewiesen, daß man den sog. excluded und partially excluded areas sowie den tribal areas in der Verfassung des unabhängigen Indien besondere Aufmerksamkeit schenken müsse. Während der Kolonialzeit hatte das Hauptziel der Politik gegenüber diesen Gebieten darin bestanden, die Stammesbevölkerung vor dem Verlust ihres wichtigsten Produktionsmittels, ihres Landes, sowie vor den Zugriffen von Geldverleihern zu schützen. Die Politiker des unabhängigen Indien gingen darüber hinaus. Der Herausgeber des Buches "The framing of India's Constitution", B.S. Rao, faßt die neue Zielstellung folgendermaßen zusammen:

> "From the beginning the objectives of the Government's policy in regard to the tribes and tribal areas were primarily directed to the preservation of their social customs from sudden erosion and to safeguarding their traditional vocations without the danger of their being pauperized by exploitation by the more sophisticated elements of the population. At the same time it was recognized that this stage of isolation could not last indefinitely: a second and major objective was therefore laid down, that their educational level and standard of living should be raised in order that they might in course of time be assimilated with the rest of the population."[19]

Dafür entsprechende Vorschläge für die Verfassung zu erarbeiten, wurde innerhalb der Verfassunggebenden Versammlung dem Ausschuß für Grundrechte und Minoritäten, dem auch Nichols-Roy angehörte, übertragen. Am 27. Februar 1947 wurden drei Unterausschüsse ins Leben gerufen, einer für die "Tribal Areas in the North-West Frontier Povince", welcher 1947 an Pakistan ging, einer für die "Tribal and Excluded and Partially Excluded Areas in the Provinces other than Assam" sowie einer für Assam. Über den letzteren, auch "North East Frontier (Assam) Tribal and Excluded Areas Sub-Committee" genannt, hatte G. Bardoloi den Vorsitz. Daneben gab es vier weitere Mitglieder, eines davon war Nichols-Roy, sowie zwölf zeitweise kooptierte Mitglieder aus verschiedenen Stammesgebieten.

Am 28. Juli 1947, bereits ein halbes Jahr nach seiner Bildung, legte der Unterausschuß für die Stammesgebiete Assams einen Report vor. Der Report war das Ergebnis von Touren durch die Lushai Hills, die North Cachar Hills, die Mikir Hills und die Naga Hills. Eine Vielzahl von Gebieten wurde aus unterschiedlichen Gründen, wie schlechtes Wetter, Kommunikationsschwierigkeiten und Zeitmangel, nicht besucht. In den besuchten Stammesgebieten war es nur möglich, jeweils ein administratives Zentrum aufzusuchen sowie ein oder zwei umliegende Dörfer.[20] Während dieser Touren und später in Shillong, der damaligen Hauptstadt Assams, befragte man einzelne Vertreter aus den unterschiedlichen Berggebieten über ihre Meinung zur künftigen Entwicklung ihrer Gebiete.

Nichols-Roy hatte über die Einbeziehung der Stammesbevölkerung in die Provinz Assam klare Vorstellungen, die er selbst in schriftlicher Form als Vorschläge in die Verfassunggebende Versammlung einbrachte.[21] Wichtig war ihm erstens, daß der Stammesbevölkerung garantiert wurde, eine Vertretung in den verschiedenen politischen Gremien zu haben, zweitens der verfassungsmäßige Schutz des Grund und Bodens sowie drittens der Schutz des Rechtssystems der Stammesbevölkerung. Er setzte sich deshalb für die Schaffung von autonomen District Councils in den Stammesgebieten ein.

Nichols-Roy versuchte bereits im Vorfeld der Verfassungsdiskussion Ängste und Befürchtungen der Stammesbevölkerung über das Zusammenleben mit den Assamesen zu entkräften. Dazu ging er selbst in verschiedene Stammesgebiete, führte dort Gespräche mit unterschiedlichsten Vertretern der Stammesgesellschaften, auch einfachen Leuten, und trat in Versammlungen auf. Durch seine Gespräche war er in der Lage, viele der bestehenden Ängste und Vorurteile unter Angehörigen der Stammesbevölkerung abzubauen. Nichols-Roy war ein ausgezeichneter Redner und konnte während seiner Auftrittte große Massen von seinen Ideen überzeugen. Dies wird u. a. anhand der Protokolle der Verfassunggebenden Versammlung deutlich, die zu den Befragungen im Zuge der Ausarbeitung des Verfassungsentwurfes durchgeführt wurden. So berichtet beispielsweise Larsingh Khyriem, ein Khasi, in einem Memorandum der Jowai Subdivision von einem Treffen von zwanzigtausend Khasi aus allen Gebieten der Khasi Hills, auf dem Nichols-Roy seinen Entwurf für die Verfassung vorgestellt habe. Larsingh Khyriem verweist darauf, daß die auf diesem Treffen Anwesenden nach der Rede von Nichols-Roy dessen Vorschlägen zur Verfassung in allen Punkten zugestimmt hätten.[22]

Es gab aber auch Stammesangehörige bzw. -gruppen, die den Plänen skeptisch gegenüberstanden und sich entweder für vollständige Unabhängigkeit nach Abzug der Briten, d. h. Trennung von Indien bzw. Assam, oder einen Anschluß an Pakistan oder Burma aussprachen. Im Vorwort zum Report des Unterausschusses deutet G. Bardoloi an, daß es im nachhinein Unzufriedenheit über das Vorgehen des Unterausschusses und Uneinigkeit über dessen Ergebnisse innerhalb einzelner Stammesgruppen, besonders der Lushai/Mizo und Naga gab. Eine Reihe von Stammesgruppen und politischen Organisationen fühlte sich ungenügend in die Entscheidungsfindung einbezogen. Beispielsweise zeigten sich erste Irritationen beim Naga National Council und der Mizo Union. Diese Organisationen sollten später eine bedeutende Rolle im Kampf um Autonomie unter den Naga und Mizo spielen.

Um die komplizierte Situation nach 1947 in den Stammesgebieten Nordostindiens zu verstehen, müssen jedoch mehrere Dinge beachtet werden, darunter erstens die Tatsache, daß die Stammesbevölkerung Assams zwar insgesamt wenig entwickelt war, es jedoch unter den verschiedenen Gruppen große Unterschiede gab, was den Grad ihrer ökonomischen Entwicklung, der Integration oder Assimilation in benachbarte, höher entwickelte Gesellschaften betraf, hinsichtlich ihrer Oberschichten usw. So gab es beispielsweise von seiten der Stämme der sog. North Eastern Frontier Agency (NEFA, später Arunachal Pradesh) nördlich des Brahmaputratales kaum Äußerungen zur künftigen Verfassung, was daraus resultierte, daß sie ökonomisch wenig entwickelt waren, es kaum moderne Eliten unter ihnen gab und der Grad ihrer Assimilation mit den im Süden lebenden Nachbarn aus unterschiedlichen Gründen nur gering war.

Zweitens spielte ein für die Stammesbevölkerung tragisches Mißverständnis eine Rolle. Vertreter der Stammesbevölkerung glaubten zu dem Zeitpunkt, als der Unterausschuß seinen Report erstellte, immer noch, daß sie selbst über ihren Status (Unabhängigkeit wie in vorkolonialer Zeit, britische Kolonie, Anschluß an Indien, Pakistan oder Burma) entscheiden könnten. Zu diesem Zeitpunkt war aber in Delhi längst entschieden, daß ihre Siedlungsgebiete zu Indien und nicht zu Pakistan oder Burma gehören würden. Außerdem bestand für die Zentralregierung in Delhi kein Zweifel darüber, daß alle Gebiete, die am 17. August 1947 von der ehemaligen Kolonialmacht übernommen wurden, auf Dauer zur Indischen Union gehörten. Die oben angedeuteten Diskussionen verschiedener britischer Beamter über die Zukunft der Stammesgebiete Nordostindiens spielte bei den Überlegungen der Stammesvertreter mit Sicherheit eine Rolle, aber auch indische Beamte ließen die Fragen nach dem Status der Stammesgebiete offen und versuchten Antworten darauf mit politischem Taktieren und "diplomatischem" Geschick zu umgehen. Symptomatisch dafür ist das Neun-Punkte-Abkommen (sog. Hydari-Abkommen), das der assamesische Gouverneur, Sir Akbar Hydari, mit dem Naga National Council am 26. Juni 1947 schloß. Dieses Abkommen stellte einen Kompromiß zwischen den Forderungen der Naga-Führer und den Vorstellungen der indischen Regierung dar. In ihm wurde festgelegt, daß der Naga Hill District zunächst Bestandteil des unabhängigen Indien bzw. Assam werden sollte. Seine unklaren Formulierungen sollten jedoch den Kern für den künftigen, bis in die Gegenwart andauernden Naga-Konflikt bilden. Der Punkt 9 des Hydari-Abkommens beinhaltet die Aussage, daß das Abkommen für zehn Jahre gültig sei. Nach Ablauf dieser Frist sollte der Naga National Council entscheiden, ob die Vereinbarung verlängert würde oder aber eine neue Übereinkunft herbeizuführen sei. Der vollständige Text des Punktes 9 lautet:

"The Governor of Assam as the Agent of the Government of India Union will have a special responsibility for a period of ten years to ensure the due observance of this agreement; at the end of this period, the Naga National Council will be asked whether they require the above agreement to be extended for a further period, or a new agreement regarding the future of the Naga people arrived at."[23]

Der ursprüngliche, von den Naga vorgeschlagene Inhalt des Punktes 9 lautete:

"The Governor of Assam as the agent of the government of Indian Union will have a special responsibility for a period of ten (10) years to ensure the due observance of this agreement, at the end of this period the Nagas will be free to decide their own future."[24]

Ein großer Teil der Naga-Führer sah mit dem Abkommen die Möglichkeit, nach zehn Jahren tatsächlich noch einmal über die weitere Entwicklung der Naga innerhalb Indiens oder aber über die Schaffung eines unabhängigen Naga-Staates zu entscheiden. Für die Vertreter der indischen bzw. assamesischen Regierung war jedoch klar, daß lediglich eine Entscheidung über mehr oder weniger Autonomie für die Naga innerhalb Indiens zur Debatte stehen könnte. Dies wurde auch den politisch aktiven Naga bald klar. Sie sahen in dieser Auslegung des Abkommens einen Vertrauensbruch und Unredlichkeit indischer und assamesischer Politiker. Naga-Vertreter, die sich zuvor für einen Anschluß der Naga an Indien ausgesprochen hatten, tendierten nun zu der Meinung, daß es besser wäre, einen von Indien unabhängigen Naga-Staat zu schaffen.

Im Falle der Naga und der Lushai/Mizo kommt noch ein anderer Faktor hinzu. Große Teile ihres Siedlungsgebietes in den Naga Hills, Manipur und den Lushai Hills waren die einzigen Gebiete Britisch-Indiens, die 1943 direkt in den Kriegsschauplatz des Zweiten Weltkriegs einbezogen waren. Während der Schlachten vor Kohima und Imphal sowie durch ihren Guerillakampf hatten Naga und Lushai/Mizo (Soldaten und vor allem Zivilisten) entscheidenden Anteil daran, daß die japanische Armee zurückgeschlagen werden konnte. Von britischen Beamten und Militärs war ihnen damals versprochen worden, im Falle der Vertreibung der Japaner die Naga und Lushai/Mizo weiter zu "beschützen" und ihnen eventuell sogar die Unabhängigkeit zurückzugeben.

In zahlreichen Briefen, Petitionen und Memoranden an indische und britische Beamte und Politiker berufen sich sowohl Naga als auch Lushai/Mizo auf dieses Versprechen. So sandte die Lushai Chiefs Conference am 18. Mai 1947 eine Petition an den britischen König, in der es u. a. heißt:

"When the Japs joined the Germans and overran all the countries of the East to Lushai Hills ... the japs already stood at the door of the Lushai Hills, the Indians who were on the west to Lushai Hills lost all hopes of the British coming out victorious, and inclined to join the Japs, and that,

to disrupt the supply line of the British Army, who were fighting the Japs as a delay action on the Burma front, took non-violent action by destroying Railway communications and the likes.
The Lushais during this critical time were not dismayed in their intention; therefore, although the Indians denied to help the British, the Lushais, without caring for the other Indians inclination, made up their mind and with high morale intended to stand by the side of the British, at the risk that if the British stood out they too would stand out; and if the British fell, they too would fall; so the Lushais made a separate war declaration against the japs in the eyes of the world. At that time Major A.G. McCall, the then Superintendent, Lushai Hills, declared on behalf of the King Emperor, that so long as the Lushais wanted the British Government to be their leader and caretaker, the British Government would never leave the Lushais alone; in addition to this war declaration against the japs, the Lushais raised Levies, joined the Lushai Scout Corps, and made up their mind to fight the Japs to the last man by both men and women, if the japs entered the Lushai Hills at all."[25]

Interessant ist in diesem Zusammenhang die Frage, warum es so große Vorbehalte und Ängste gegenüber einem Einschluß in die Indische Union gab. Die Gründe dafür sind vielfältig. Es bestanden Ängste vor einer "Herrschaft der Hindus" mit Steuern, Ausbeutung und Landverlusten sowie dem Verbot, der traditionellen Religion nachzugehen, Rindfleisch zu essen und Reisbier zu trinken. In Petitionen betonten Stammesvertreter immer wieder, daß ihre Kultur und Religion sich von der anderer Inder unterscheide. Bei dieser Meinungsbildung wurde die Stammesbevölkerung sicher auch von Missionaren und britischen Beamten beeinflußt. Aber auch eigene Erfahrungen einzelner Stammesangehöriger mit Leuten aus der Ebene spielten eine Rolle. So wurden viele Stammesangehörige, die assamesischen oder bengalischen Händlern Waren verkauften, als "Primitive" behandelt und gedemütigt. Angestellte der indischen Zentralregierung und auch assamesische Regierungsangestellte, die oftmals hochkastige Hindus waren, ließen bei Kontakten mit Stammesangehörigen oft durchblicken, daß sie in deren Kultur nichts Erhaltenswertes sahen und sie sich selbst als "Kulturbringer" fühlten. Vor allem waren es die Vertreter der herangewachsenen Mittelschichten unter der Stammesbevölkerung, die ohne den Schutz der britischen Kolonialmacht Gefahren für ihre Geschäfte sahen und ökonomische Nachteile befürchteten. Die traditionellen Oberhäupter hatten Angst, den ihnen durch die Briten gewährten Status als Chef eines Dorfes oder größeren Gebietes sowie verschiedene Privilegien wie Einbehalten eines Teils der Steuern oder die niedere Gerichtsbarkeit zu verlieren.

In der Regel herrschte innerhalb der einzelnen Stammesgruppen, auch unter den Eliten, keine einheitliche Meinung über die zukünftige Entwicklung vor. Politische Organisationen waren meist lokal begrenzt und häufig auf bestimmte

Stammesgruppen beschränkt. Je nach eigener Erfahrung oder Meinungsbildung wurden Wünsche an den Unterausschuß herangetragen. Für diesen bestand die Schwierigkeit darin zu entscheiden, wessen Meinung stellvertretend für die jeweilige Stammesgruppe berücksichtigt werden solle. Deutlich wurde auch, daß eine Entscheidungsfindung innerhalb relativ kurzer Zeit für die Mehrheit der Stammesbevölkerung ein Problem war. Das Anliegen, für den Entscheidungsprozeß mehr Zeit zur Verfügung zu haben oder eine Interimsperiode zu schaffen, taucht besonders in den Gesprächsprotokollen des Unterausschusses häufig auf.

Der Unterausschuß, der im Januar 1947 gegründet worden war, lieferte seinen Report bereits im Juni des gleichen Jahres an die Verfassunggebende Versammlung. Damit wird deutlich, daß der Prozeß der Entscheidungsfindung in einem rasanten Tempo verlief und bei weitem nicht alle Widerstände und Vorbehalte aus dem Weg geräumt werden konnten. Viele der genannten Probleme werden im Report des Unterausschusses nicht genannt oder nur angedeutet.

Kritik daran wird vor allem in der jüngeren indischen Literatur geübt. Es wird darauf hingewiesen, daß ernsthafte Widerstände der Stämme gegen den 6. Anhang, gegen die staatliche Zuordnung zur Provinz Assam usw. ignoriert worden sind.[26] Nichols-Roy wird u. a. vorgeworfen, daß er die Khasi-Vertreter, die in die Verfassungskommission geladen waren, in ihrer Willensbildung stark beeinflußt habe. R.S. Lyngdoh betont in seinem Buch zur Geschichte Meghalayas, daß die politische Entwicklung in Nordostindien ohne die Aktivitäten von Reverend Nichols-Roys anders verlaufen wäre.[27]

Der vom Unterausschuß an die Verfassunggebende Versammlung eingereichte Report stellte im wesentlichen eine grobe Bestandsaufnahme der Situation in den Stammesgebieten Nordostindiens dar. Im Report wurden Empfehlungen zur Handhabung der Stammesgebiete gegeben, die weitgehend mit den von Nichols-Roy vorgeschlagenen Punken übereinstimmten. Im Report wurde die Schaffung von District Councils und Regional Councils in den Berggebieten Assams vorgeschlagen, die der Stammesbevölkerung weitreichende Autonomie garantieren sollten. Mit Hilfe dieser Councils sollte der Stammesbevölkerung das Recht über ihr Land erhalten bleiben. Eine Ausnahme bildeten größere, der Regierung unterstellte Forstgebiete. Die niedere Gerichtsbarkeit war ebenfalls diesen Councils unterstellt. Den District Councils sollten die Grundschulausbildung und die medizinische Versorgung der Stammesbevölkerung sowie bestimmte Entwicklungsprojekte unterstellt werden. Zur Realisierung ihrer Aufgaben sollten den District Councils Steuern zur Verfügung gestellt werden. Die District Councils sollten ein Mitspracherecht bei Fragen bezüglich des Abbaus von Rohstoffen, der in den Händen der Provinzregierung lag, haben. Vertreter der District Councils sollten ein Recht auf Vertretung in den Provinzgremien wie auch im gesamtindischen Parlament entsprechend ihrem prozentualen Anteil haben. Im Falle einer Mißwirtschaft oder eines Mißbrauchs der District Councils hatte die Provinzregierung das Recht, die District Councils außer Kraft zu setzen.[28]

Mit diesen Empfehlungen sollte der Stammesbevölkerung Assams die Möglichkeit zur Entwicklung innerhalb Indiens und zugleich zu ihrer Integration in die indische Gesellschaft gegeben werden. Die Empfehlungen wandten sich damit sowohl gegen Ideen, die Stammesbevölkerung weitgehend zu isolieren, damit ihre traditionelle Lebensweise erhalten bliebe, als auch gegen Ideen, sie ohne besondere Schutzmechanismen in die indische Gesellschaft zu assimilieren, was in der Praxis letztendlich ein Aufgehen in den untersten Stufen der hinduistischen Kastengesellschaft, Verschuldung, Verlust des Bodens als Hauptproduktionsmittel usw. bedeutet hätte.

Die Empfehlungen des Unterausschusses gingen in den Entwurf zur Verfassung ein und fanden ihren Niederschlag im 6. Anhang der indischen Verfassung. Der Entwurf für den 6. Anhang wurde am 5. und 6. September 1949 in der Verfassunggebenden Versammlung in New Delhi diskutiert. Dabei kam das gesamte Meinungsspektrum indischer und speziell assamesischer Politiker zur Stammesproblematik in Indien und besonders in Assam zum Ausdruck. In der Diskussion zeigte sich, daß mehrere Mitglieder der Verfassunggebenden Versammlung aus verschiedenen Teilen Indiens, vor allem aber zwei assamesische Mitglieder, große Vorbehalte gegenüber den in den Verfassungsentwurf eingebrachten Vorschläge des Unterausschusses hatten. Sie versuchten zunächst, den 6. Anhang insgesamt zu kippen und, als dies nicht gelang, auszuhöhlen. So wendete sich Kuladhar Chaliha, ein Vertreter Assams, vehement gegen die District Councils und begründete dies am Beispiel der Nagas folgendermaßen:

> "The Nagas are a very primitive and simple people and they have not forgotten their old ways of doing summary justice when they have a grievance against anyone. If you allow them to rule us or run the administration it will be a negation of justice or administration and it will be something like anarchy. If you see the background of this Schedule you will find that the British mind is still there. There is the old separatist tendency and you want to keep them away from us. You will thus be creating a Tribalstan just as you have created a Pakistan. The ultimate result will be that you create a Communistan, and hence it is that I am suggesting this amendment subject to such directions as may be given by the Governor or by the Legislature of the State.
> There are so many people of our country, so many Assamese, Punjabis and Sikhs - all people of the country. You cannot consign them to misrule, to a primitive rule. It is impossible that they should remain such. It is said that they are very democratic people, democratic in the way of taking revenge; democratic in the way that they first take the law into

their own hands. And it is threatened by some that they are so democratic that they will chop off our heads. They have not been able to chop off our heads for the last three thousand years and till 1948 they have not been able to do anything, and we are not afraid that they will chop off our heads if they are not given independence of administration. It is a threat which is useless and worthless. We should not be frightened by these threats by some people who say that they will come down to us."[29]

Aus seiner Argumentation wird die jahrhundertealte Distanz zwischen der Bevölkerung der Ebene und der Berggebiete Assams deutlich. Stämme wie die Naga waren der Bevölkerung der Ebene vor allem durch ihre Überfälle auf die Randgebiete der Ebene mit Kopfjagd und Menschenraub ein Begriff. Zum gleichen Zeitpunkt, als Kopfjagd und Menschenraub durch die Briten verboten wurden, waren auch die Kontakte zwischen beiden Bevölkerungsgruppen infolge der britischen Stammespolitik auf ein Minimum reduziert worden, so daß sich an den alten Klischees nicht viel änderte. Ein Vertreter aus Bihar, Brajeshwar Prasad, argumentierte ähnlich:

"The resposibilities of parliamentary life can be shouldered by those who are competent, wise, just and literate. To vest wide political powers into the hands of tribals is the surest method of inviting chaos, anarchy and disorder throughout the length and breadth of this country. I may be confronted with the question 'What will you say to the tribals if they come and tell you that they want political autonomy and all the powers that have been vested in the District and Regional Councils?' I will never concede this demand. I am not in favour of the principle of self-determination. I believe in the principle of the greatest good of the greatest number. I will not jeopardise the interest of India at the altar of the tribals. The principle of self-determination has worked havoc in Europe."[30]

Auch Rohini Kumar Chaudhuri, ein anderer Vertreter Assams, gehörte zur Gruppe der Politiker, die den 6. Anhang der Verfassung nicht befürworteten, weil er seinen eigenen politischen und ökonomischen Interessen entgegenstand. Er lehnte den Gedanken der Integration der Stammesbevölkerung ab und bekannte offen:

"We want to assimilate the tribal people... So much so, that I living in Shillong cannot purchase property from any Khasi except with the permission of the Chief of the State or with the permission of the Deputy Commisioner. I have no right to purchase any property in the tribal areas. An Indian has no right to purchase lands in those areas without the permission of the Deputy Commissioner or the Chief of the State."

Seiner Ansicht nach würde die für die Verfassung vorgeschlagene Lösung, genauso wie die britische Politik, die Stämme von der assamesischen Politik fernhalten.³¹

Nichols-Roy bedauerte, daß es unter den Diskutierenden, auch unter denen aus Assam, nur geringe Kenntnisse über die Situation in den Berggebieten gab. Er wies auf die spezifischen Bedingungen der Berggebiete Assams und auf die großen sozialen, kulturellen, linguistischen und ökonomischen Unterschiede zur Bevölkerung der Ebene hin. Er betonte die hohen Werte der Stammesgesellschaften, in denen es keine soziale Ungleichheit, keine Kasten, keine Kinderehe gibt. Er verwies darauf, daß die Stämme Nordostindiens nie unter einer Hindu- oder Moslem-Herrschaft gewesen seien, daß sie schon immer eine Art Selbstregierung gehabt hätten und daß die vorgeschlagenen District Councils nichts anderes wären. Zugleich aber würden sie der assamesischen Regierung Möglichkeiten der Kontrolle über die Stämme einräumen. Er warnte vor einer zwangsweisen Assimilierung, die alles bisher aufgebaute Vertrauen zerstören würde:

> "There is another point which must be considered in this connection. To keep the frontier areas safe these people must be kept in a satisfied condition. You cannot use force upon them. Human nature is such that when you use force to make a people do sommething they run to somebody else. If you want to win them over for the good of India you will have to create a feeling of friendliness and unity among them so that they may feel that their culture and ways of living have not been abolished and another kind of culture thrust upon them by force. That is why the subcommittee thought that the best way to satisfy these people is to give them a certain measure of self-government so that they may develop themselves according to their own genius and culture. That will satisfy them and they will feel that India is their home and they will not think of joining Tibet or Burma. But if you were to follow some of the ideas advanced by one or two honourable Members of this House, it will not be a unifying influence but an influence which will divide these hill tribes from India and that will be very unfortunate indeed."³²

B.R. Ambedkar unterstütze Nichols-Roy in seiner Argumentation und verwies auf die großen Unterschiede zwischen der Stammesbevölkerung Assams und der Stammesbevölkerung des übrigen Indien, welche bereits viel stärker assimiliert und von der hinduistischen Kultur beinflußt sei. Diese machten eine besondere Gesetzgebung für diese Teile der indischen Bevölkerung notwendig.³³

Als Beispiel für die Ernsthaftigkeit der Auseinandersetzungen und die Tiefe der Kluft zwischen den Meinungen der Mitglieder der Verfassunggebenden Versammlung soll an dieser Stelle B. Das aus Orissa genannt werden. Er argumentierte mit dem abstrusen Argument noch vorhandener Einflüsse britischer Agenten, die im Grenzgebiet zu Burma tätig seien. Er warf Nichols-Roy in diesem Zusammenhang vor, daß er die Stammesgebiete separiere und so den britischen Einfluß zementiere.[34] Außerdem hielt er Nichols-Roy vor, er würde mit dem 6. Schedule die Zwei-Nationen-Theorie fortführen:

> "Sir, I may be a fool in this House but I just want the House to know that what Rev. Nichols-Roy said is only in continuation of the two-nation theory... Sir I hate the provision of sixth Schedule whereby you are perpetuating primitive conditions of life. I have warned you yesterday and I warn you again. The British spies through help of British and American missions and Communists are coming through these tribal areas and for that Reverend Nichols-Roy will be held responsible."[35]

Wegen seiner Bemühungen, den Landbesitz der Stammesbevölkerung zu schützen, wurde Nichols-Roy vorgeworfen, er würde die gesamtindische Landreform behindern und "feudale Strukturen" schützen. Er hatte sich dabei mit bestimmten Gruppen indischer Politiker auseinanderzusetzen, die an einem Zugriff auf das Land der Stammesbevölkerung interessiert waren und es gern in den Prozeß der Kapitalisierung von Grund und Boden einbezogen hätten.

Nachdem deutlich wurde, daß der 6. Schedule nicht zu kippen war, war die nachfolgende Diskussion in der Verfassunggebenden Versammlung davon geprägt, daß von verschiedenen Mitgliedern Ergänzungen eingebracht wurden, die vor allem die Wirksamkeit der District Councils einschränken sollten. Dazu gehörten Anträge, die Gerichtsbarkeit und die Steuerhoheit der Councils zu reduzieren. Es wurde versucht, den District Councils die Kontrolle über Geldverleiher und über den Handel zu entziehen. Der Einfluß der assamesischen Assembly auf die Gebiete, die den Councils unterstanden, sollte ausgedehnt werden. Zwei administrative Zentren, Dimapur und Shillong, sollten aus dem 6. Schedule herausgelöst werden usw.

Die hart und kontrovers geführte Diskussion zum 6. Anhang der Verfassung macht deutlich, daß viele Fragen und Probleme innerhalb der kurzen Zeit der Verfassunggebung nicht ausdiskutiert werden konnten. Es mußten viele Kompromisse gefunden werden. Eine Vielzahl der getroffenen Entscheidungen war stark politisch geprägt und entsprach nicht dem eigentlichen Willen aller Politiker. Viele indische Politiker gingen auch davon aus, daß spezielle Gesetze für die Stammesbevölkerung eine Übergangsentscheidung seien und spätestens zehn Jahre nach der Erringung der Unabhängigkeit nicht mehr nötig seien, weil man die Stammesbevölkerung bis dahin mit Hilfe von Entwicklungsmaßnahmen an den "mainstream" der indischen Bevölkerung angeglichen habe. Sardar Patel beispielsweise äußerte in einer Diskussion zu den Grundrechten in der indischen Verfassung, daß die Stämme in zehn Jahren das Niveau der übrigen Bevölkerung Indiens erreicht haben würden und man das Wort "tribes" gar nicht brauchen würde.

> "It is not befitting India's civilization to provide for tribes. ... It means something and it is there because for two hundred years attempts have been made by foreign rulers to keep them in groups apart with their customs and other things in order that the foreigners' rule may be smooth. The rulers did not want that there should be any change. Thus it is that we still have the curse of untouchability, the curse of the tribes, the curse of vested interests and many other curses besides."[36]

Zu dieser Zeit herrschte insgesamt großer Optimismus, die ökonomische Unterentwicklung der Stammesbevölkerung in Indien schnell abbauen zu können. So war auch die Formulierung der Verfassung vom Wunschdenken bestimmt, alles ändern zu können und schnell Entwicklung schaffen zu können.

In der Praxis erwies sich die Durchsetzung des 6. Anhangs der Verfassung und besonders der Klauseln zu den District Councils als äußerst schwierig. 1950 starb G. Bardoloi, der Chefminister Assams, der ein wesentlicher Verbündeter von Nichols-Roy in der Stammespolitik war. Die nachfolgenden Regierungen versuchten, die Richtlinien des 6. Anhangs zu umgehen, bzw. mißachteten sie. Sie favorisierten den Weg der völligen (auch zwangsweisen) Assimilation der Stammesbevölkerung. Bereits Anfang der fünfziger Jahre wurde erkennbar, daß trotz der gesetzlichen Bestimmungen des 6. Anhangs der Verfassung keine effiziente Autonomie für die Stammesbevölkerung in den Berggebieten Assams möglich war, weil dazu unter den maßgeblichen assamesischen Politikern der politische Wille fehlte. Unverständnis gegenüber der Situation in den Berggebieten, Überheblichkeit von Beamten, Unredlichkeit gegenüber der Stammesbevölkerung, Versuche, Lösungen mit Gewalt herbeizuführen, führten bald zum Vertrauensverlust. Dies war ein Grund für Unzufriedenheit und Unruhen unter der Stammesbevölkerung, wie z. B. bei den Naga, aber auch bei den Khasi und anderen Stämmen.

Von 1946 bis 1956 war Nichols-Roy erneut Minister in der assamesischen Regierung, diesmal in einem vom Kongreß gebildeten Kabinett. Daß auch diese Zeit von Schwierigkeiten gekennzeichnet war, zeigt ein Brief des Gouverneurs Sir Akbar Hydari an Sardar Patel von 1947, in dem Hydari anregte, doch Nichols-Roy aus dem Amt zu entfernen, weil er dort zu viele Schwierigkeiten mache. Sir Akbar Hydari schrieb:

> "I know that Bardoloi thinks that he (Nichols-Roy - K.A.) will be more dangerous out of office than in office. At one time I subscribed to this view, but now I am of the opinion that the disadvantages of his continuing in the ministry outweigh the advantages. He is widely disliked and discredited. He is not even a good executive and is an obstacle to our putting some pep into the Provincial P.W.D. which is sorely needs if we are to keep on a programme of necessary construction. I realise that the elimination of Nichols-Roy cannot be brought about at once but I am putting

the matter in your mind to enable you to think over ways and means."
Sardar Patel erwiderte: "I am looking into the matter."[37]

Leider sind der Autorin zum Zeitraum zwischen 1950 und 1956 nur wenige Quellen zugänglich, so daß noch viele Fragen offen bleiben. Für Nichols-Roy muß es eine große Enttäuschung gewesen sein zu sehen, wie sein Werk zunichte gemacht wurde. Rev. Er legte 1956 sein Amt nieder, enttäuscht u. a. darüber, daß er nicht mit der Verwaltung der Stammesgebiete beauftragt worden war. Das Rüstzeug dazu hatte er sich zweifellos während seiner Tätigkeit in der Verfassungsgebenden Versammlung Indiens geholt. 1956 trat er auch aus der Kongreßpartei aus. In seinen letzten Lebensjahren kam er zu der Erkenntnis, daß ein separater Staat der Stammesbevölkerung Assams notwendig sei, um tatsächliche Autonomie zu erreichen. Bereits 1954 schrieb er in einem geheimen Memorandum an die State Reorganisation Commission:

> "I give my moral support to this demand for a Hill State ... on condition that none will speak in any way as to cause feeling of hatred and enmity against our Assamese brethern and that unnecessary and unpleasant and unreasonable expressions should not be uttered against the Government of Assam which might create unrest."[38]

Der Lebensweg von Nichols-Roy, der eng mit der nordostindischen, speziell aber auch der assamesischen Geschichte verbunden war, spiegelt die Kompliziertheit der dortigen administrativen, sozialen und ökonomischen Prozesse wider. Er war ein Vertreter der modernen Stammeselite, der für die Stammesbevölkerung einen Platz im modernen Indien suchte. Dabei ging er in seinem Denken und Handeln weit über seine ethnische Gruppe hinaus. Er stieß jedoch an Grenzen und mußte sich nicht nur mit den traditionellen Eliten innerhalb seiner ethnischen Gruppe auseinandersetzen, sondern auch mit Assamesen und anderen Indern.

Nichols-Roy lebte in einer Zeit des Wandels, der sowohl innerhalb seiner eigenen ethnischen Gemeinschaft als auch in Assam bzw. Indien stattfand. Er lebte im Spannungsfeld mehrerer Identitäten (Stammesangehöriger, assamesischer bzw. indischer Politiker, christlicher Missionar). Seine Identität bewegte sich mehr oder weniger auf drei Ebenen: erstens der Stammesgesellschaft, zweitens der assamesischen bzw. indischen Gesellschaft und drittens der europäischen bzw. westlichen Gesellschaft. Er nahm dabei zugleich eine Mittlerrolle zwischen diesen verschiedenen Ebenen und Traditionen ein. Der Stammesgemeinschaft der Khasi entstammend, wurden anhand seiner Person zunächst verschiedene koloniale Einflüsse auf die Khasi sichtbar wie Auswirkungen der Christianisierung oder die koloniale Förderung und Herausbildung einer Mittelschicht. Anders als andere Angehörige der Stammesbevölkerung blieb Nichols-Roy jedoch seinen ethnischen Wurzeln treu und verleugnete sie nicht. Dies wurde beispielsweise 1949 in den Diskussionen zu Verfassungsgebenden

Versammlung deutlich, als er die Kultur der Stammesbevölkerung verteidigte und die Vorzüge der Stammesgesellschaft hervorhob. Er betonte:

"... the hill tribes can claim that they have a better system than some of the people of the plains. I think the latter must rise up their standard. Among the tribesmen there is no difference between class and class. Even the Rajas and Chiefs work in the fields together with their labourers. They eat together. Is that practised in the plains? The whole of India has not reached that level of equality. Do you want to abolish that system? Do you want to crush them and this their culture must be swallowed by the culture which says one man is lower and another higher. ... To say that the culture of these people must be swallowed by another culture, unless it is a better culture, and unless it be by a process of gradual evolution, is rather very surprising to any one who wants to build up India as a nation and bring all people together."[39]

Nichols-Roy erkannte aber auch, daß die Stammesbevölkerung nicht auf dem traditionellen Niveau stehen bleiben konnte, sondern sich entwickeln mußte. Er hatte begriffen, daß es weder möglich noch wünschenswert war, die traditionelle Lebensweise der Stammesbevölkerung zu erhalten/zu konservieren. Ihm war klar, daß mit der britischen Kolonialpolitik und der christlichen Missionierung ein Prozeß des Aufbruchs der Stammesgesellschaft eingeleitet worden war, der nicht wieder rückgängig gemacht werden konnte. Hier war er voll und ganz der Angehörige der modernen Stammeselite, die diesen Prozeß der Auflösung der Stammesgesellschaft von innen her einleitete. Deshalb kämpfte er vehement für eine Integration der Stammesgesellschaften in eine größere, entwickeltere Gesellschaft, ein Prozeß, der mit Autonomierechten abgefedert und schrittweise vollzogen werden sollte. Er kam damit in Konflikt mit einer Vielzahl anderer Stammesvertreter, die sich für vollständige Autonomie einsetzten.

Er sah die Entwicklungsunterschiede zwischen den Stammesgebieten und dem übrigen Indien, betonte aber auch, daß bei entsprechenden Entwicklungsmaßnahmen (Bildung, ökonomische Entwicklung usw.) die Entwicklungsunterschiede zu überwinden seien. Für die Übergangsphase der gewissermaßen beschleunigten Entwicklung der Stammesgebiete hielt er Schutzmaßnahmen für notwendig.

In seinem Anliegen sah sich Nichols-Roy anderen politischen Kräften Indiens gegenüber, die die Stammesbevölkerung durch schnelle Assimilierung, ohne Rücksicht auf deren Besonderheiten, unter ihre Kontrolle bringen und die Rechtsverhältnisse Indiens auf die Stammesbevölkerung übertragen wollten. Diese Politiker sahen sich als Vertreter der Mehrheit der indischen Bevölkerung. Ihr politisches Ziel war es, die Stammesbevölkerung so schnell wie möglich in den "mainstream" einzugliedern. Bei vielen von ihnen bestand große Unkenntnis über die Situation der Stammesbevölkerung, wenig Interesse an deren Entwicklung und kaum Bereitschaft, etwas für diese zu tun. Besonders für Politiker mit hinduistischem Hintergrund war es schwierig, in der Stammesbevölkerung mehr als nur "outcasts" zu sehen. Sie standen im Konfliktfeld zwischen ihrer jahrhundertealten hinduistischen Kultur, die auf dem Kastensystem beruht, und dem erklärten politischen Ziel, soziale Gleichheit im unabhängigen Indien zu schaffen.

Zwischen Nichols-Roy und diesen politischen Kräften bestand zwar Konsens darüber, daß die Entwicklungsunterschiede zwischen der Stammesgesellschaft und der übrigen Bevölkerung abgebaut werden sollten, Dissens bestand jedoch darüber, wie man mit der Rückständigkeit der Stammesbevölkerung umgehen sollte und wie der Entwicklungsabstand verringert werden sollte.

Für das Verständnis der Motivation und des Handelns von Nichols-Roys Handeln spielt noch eine andere Ebene, in der er sich bewegte, eine Rolle. Er war in der assamesischen Gesellschaft - und später in Gesamtindien - ein angesehener Geschäftsmann und Politiker. Als Politiker ging er über seine eigenen Interessen und Ziele als etablierter Geschäftsmann hinaus. Seine ethnische Herkunft reicht dafür als Erklärung wohl nicht aus. Entscheidenden Einfluß auf seine Motivation dürften auch seine christliche Erziehung, seine Tätigkeit als Missionar, u. a. 1906/07 in Travancore-Cochin, Lahore, Lyalpore und Montgomery, seine amerikanische Frau sowie seine Reisen ins Ausland gehabt haben. Nichols-Roy nahm dadurch europäische bzw. westliche Ideen, wie beispielsweise die des Selbstbestimmungsrechts, westlicher Demokratie oder eines humanen Menschenbildes auf. Seine christliche Ethik kommt z. B. in der bereits erwähnten Rede vor der Verfassunggebenden Versammlung durch folgende Bemerkungen zum Ausdruck:

> "I myself being a hillman, know what I feel. Being a Christian, I want universal brotherhood everywhere. I want this in the whole of India and in the fold of the tribal people also ... I speak also with a sense of universality and brotherhood of mankind. I speak keeping in view the high ideal of rasing all people to the same level."[40]

Auch die Ideen des Indischen Nationalkongresses, der zu dieser Zeit ähnliche Grundpositionen hatte, sowie Mahatma Gandhis müssen Nichols-Roy inspiriert haben. In bezug auf seine Persönlichkeit sind noch viele Fragen offen, die erst durch die Erschließung weiterer Quellen eine Antwort finden können. Der vorliegende Beitrag stellt einen Versuch dar, sich dieser Persönlichkeit zu nähern.

Anmerkungen

1. Vgl. S.P. Sen (Hg.), Dictionary of National Biography. Bd. III, Kalkutta 1974, S. 265ff.
2. Zu einzelnen Daten gibt es in der Literatur abweichende Angaben.
3. Vgl. B.P. Singh, The problem of change - a study of North East India, Delhi 1987, S. 55; Sen (Hg.), Dicionary..., a.a.O., S. 266.
4. Vgl. Shibanikinkar Chaube, Hill politics in North-East India, New Delhi 1973, S. 65f., 86, 114; B. Datta-Ray, The emergence and role of middle class in north east India, New Delhi 1983, S. 142f.
5. Vgl. Datta Ray, The emergence..., a.a.O., S. 123ff.
6. In den folgenden Jahren begrenzten vor allem innere Streitigkeiten der Mitglieder des Khasi National Durbar über Kompetenzen einzelner Mitglieder sowie die Strategie des Durbar dessen Wirksamkeit. Das hatte zur Folge, daß die Partei im politischen Leben kaum noch eine Rolle spielte. Sie splitterte sich später auf. Vgl. Datta Ray, the emergence..., a.a.O., S. 141ff.
7. Die Angaben dazu sind nicht eindeutig. In dem von V. Venkata Rao herausgegebenen Buch "A century of government and politics in North East India", Bd. 2, Meghalaya, New Delhi 1984, wird auf Seite 7 erwähnt, daß 1924 nach einem Garo ein wallisischer Missionar (Nichols-Roy?) für den Legislative Council nominiert wurde. Auf S. 106 des gleichen Buches wird darauf verwiesen, daß Nichols-Roy insgesamt achtmal von 1920 bis 1957 gewählt wurde. Nach Datta-Ray, The emergence..., a.a.O., S. 138, wurde er 1921 als Vertreter Shillongs in den Council gewählt. Im Dictionary of National Biography wird erwähnt, daß er von 1921 bis zu seinem Tode 1959 Mitglied des Assam Legislative Council und der Assembly gewesen sei (S. 266). In diesem Zusammenhang muß darauf verwiesen werden, daß die Quellenlage oder besser der Zugang zu den Quellen zur Geschichte Nordostindiens äußerst unbefriedigend ist. Dies ist besonders in Indien selbst der Fall. So sind z.B. im Nationalarchiv in Delhi nur Akten zu Assam vor 1914 zugänglich. Forschungsarbeiten, besonders von ausländischen Wissenschaftlern, zu Nordostindien insgesamt werden nicht gern gesehen und sind überhaupt nur unter schwierigen Bedingungen möglich.
8. V. Rao bringt noch einen weiteren Grund ins Spiel. Er mutmaßt, daß die amerikanische Frau von Rev. Nichols-Roy Verbindungen zum Gouverneur gehabt und so dessen Entscheidung beeinflußt habe. Vgl. V. Venkata Rao, A century of government and politics in North East India. Bd. 1: Assam, New Delhi 1983, S. 55.
9. Vgl. Rao, Bd. 2: Meghalaya, a.a.O., S. 9.
10. Vgl. Rao, Bd. 1: Assam, a.a.O., S. 56.
11. Der Anteil der Moslems betrug in Assam vor dem Zweiten Weltkrieg nahezu 35 Prozent, und es gab ernsthafte Überlegungen, die Provinz Assam an Pakistan anzugliedern. Die Moslem League war besonders unter den Khasi sehr aktiv und bemühte sich um deren Zustimmung dazu.
12. Vgl. Rao, Bd. 1, Assam, a.a.O., S. 68f.; Milton S. Sangma, Sir Robert Neil Reid as a Governor of Assam 1937-1942. In: Journal of North-East India Council for Social Science Research, Shillong 13 (1989) 2, S. 2.
13. Vgl. Robert Neil Reid, The excluded areas of Assam. In: The Geographical Journal, London CIII (Jan.-Febr. 1944) 1/2, S. 26.

14 India and Oriental Office Library and Records (IOLR), London, MSS Eur E 325/2, A Note on the future of the present Excluded, Partially Excluded and Tribal Areas of Assam by Sir R. Reid, 1941-42, S. 14.
15 Vgl. Robert Neil Reid, Assam. In: Journal of the Royal Society of Arts, London XCII (Apr. 1944), S. 247.
16 Vgl. D.R. Syiemlieh, The Crown Colony-Protectorate for North-East India: The tribal response. In: Proceedings of North East India History Association, eleventh Session, Imphal 1990, S. 208.
17 IOLR, London, Photo Eur 336. Note by Hon'ble Rev. J.J.M. Nichols-Roy, B.A. Minister, Assam Government, Hill Districts of Assam: their Future in the new constitution of India, S. 5f. Datta-Ray schreibt in seinem Buch, daß der Gouverneur Assams, Akbar Hydari, nach 1947 aufgedeckt habe, daß Rev. Nichols-Roy eine geheime Bewegung geleitet habe, die das Ziel hatte, die Khasi Chiefs zum Anschluß an Pakistan zu bewegen. Vgl. Datta-Ray, The emergence..., a.a.O., S. 143.
18 Vgl. Nehru Memorial Library, New Delhi, Manuscript Section, Bardoloi Papers, Misc. 1, Our Hills brethern of Assam, S. 25ff.
19 Vgl. B. Shiva Rao (Hg.), The Framing of India's Constitution - A study, New Delhi 1968, S. 577.
20 Vgl. Constituent Assembly of India, North Eastern Frontier (Assam) Tribal and excluded areas subcommittee. Vol. I (Report), New Delhi, 15.4.1948, S. 1.
21 Vgl. Proposed Draft Constitution of a part of Assam namely the Khasi and Jaintia Hills by Rev. J.J.M. Nichols-Roy (Minister, Assam Government). In: Constituent Assembly of India, North Eastern Frontier (Assam) Tribal and exluded areas subcommittee, Vol. II (Evidence) part II, S. 183ff., 215.
22 Vgl Constituent Assembly of India, North East frontier (Assam) Tribal and Excluded areas sub-committee, Vol. II (Evidence), part II, S. 195.
23 Bei einigen Autoren wird der Punkt 9 auch als Punkt 8 zitiert. Vgl. dazu D.R. Mankekar, On the slippery slope in Nagaland, Bombay 1967, S. 196.
24 IOLR, London, L/PjV/7/10635, Ultimatum to the Government of India, 4th. Nov., 1947.
25 IOLR, London, MSS Eur F 229/19, Letter to His Majesty the King Emperor of India from The Lushai Chiefs Conference, 18.5.1947.
26 Vgl. P.S. Datta (Hg.), North East and the Indian state, New Delhi 1995, S. 47.
27 Vgl. Radhon Sing Lyngdoh, Government and politics in Meghalaya, New Delhi 1996, S. 196.
28 Constituent Assembly of India, North Eastern Frontier (Assam) Tribal and excluded areas sub-committee, Vol. I (Report), 15.4.1948, S. 35ff.
29 Vgl. Constituent Assembly of India, Debates, Vol. IX, New Delhi 1949, S. 1007f.
30 Ebenda, S. 1009.
31 Ebenda, S. 1015.
32 Ebenda, S. 1022.
33 Ebenda, S. 1025.
34 Ebenda, S. 1028.
35 Ebenda, S. 1077.
36 Constituent Assembly of India, Debates, Vol. III, New Delhi 1949, S. 455f.
37 Vgl. Rao, Bd. II, Meghalaya, a.a.O., S. 118f.
38 Ebenda, S. 38.
39 Constituent Assembly of India, Debates, Vol. IX, New Delhi 1949, S. 1021.
40 Vgl. ebenda.

Akteur des Wandels, Darstellung und Selbstdarstellung. Überlegungen zur Erstellung einer Biographie des türkischen Politikers Celal Bayar (1883-1986)

Camilla Dawletschin-Linder

Mit der Erstellung einer politischen Biographie eines Akteurs der modernen Entwicklung der Türkei von der Endphase des Osmanischen Reichs bis in die jüngste Republikzeit verbindet sich das Ziel, einen neuen Blickwinkel in der türkischen Historiographie anzuwenden, die in weiten Teilen nach wie vor Atatürk-zentriert ist. Trotz aller kritischen Würdigungsversuche auch in der Türkei selbst steht die gesamte türkische Geschichtsschreibung der letzten 70 bis 80 Jahre im Schatten der Person Atatürks. Mein Ziel war es, durch die Zentrierung auf eine andere Person, die zudem ganz im Gegensatz zu Atatürk im türkischen Kontext nicht als "Held" angesehen wird, die Umbruchszeit in der türkischen Geschichte von einer anderen Warte aus zu sehen und andere Akzente zu setzen. Das heißt auch, daß Fragen gestellt werden, die im türkischen Kontext - aus welchen Gründen auch immer - nicht gestellt wurden.

Celal Bayar war ein Zeitgenosse und Mitstreiter Atatürks, der weit über Atatürks Tod hinaus seine politische Karriere verfolgen konnte. Er erhielt seine politische Prägung als aktiver Politiker der Gesellschaft für Einheit und Fortschritt (türk.: Ittihad ve Terakki), bestimmte weitgehend die Wirtschaftspolitik der frühen türkischen Republik und hatte nach dem Tod Atatürks bei der störungsfreien Übergabe der Macht an den zweiten Präsidenten, İsmet İnönü, eine Schlüsselstellung inne. 1950 wurde er selbst zum Staatspräsidenten gewählt und hatte dieses Amt für zehn Jahre inne, bis er 1960 durch den ersten Militärputsch in der Republikzeit gestürzt, zum Tode verurteilt, begnadigt und de jure, aber nie de facto rehabilitiert wurde. Dieser Punkt ist für das Thema von Darstellung und Selbstdarstellung von Bedeutung. Bayar war ein Politiker, der nicht immer in der vordersten Reihe stand, dessen ungewöhnlich lange politische und persönliche Karriere Verwerfungen und Rückschläge aufwies und der in der Historiographie seines eigenen Landes von vielen, wenn nicht den meisten, als einer biographischen Studie für nicht würdig angesehen würde. Bayar fällt in die Kategorie einer ihr Zeitalter mitgestaltenden Persönlichkeit, einer Person, die in vieler, aber beileibe nicht in jeder Hinsicht herausragend, jedoch nicht überragend war.

Der spezifischen Diskussion der wissenschaftlichen Darstellung und Selbstdarstellung im Falle Celal Bayars sollen einige Überlegungen über die Rolle und Tradition des Verfassens von Biographien im vorderasiatischen Kulturkreis vorangestellt werden. Die Erkenntnisse, welche Tradition das Biographienschreiben in diesem geographischen und kulturellen Kontext hat und welche historische Rezeption Biographien erfuhren, können auch für die Diskussion der Darstellungen und der Selbstdarstellung im Falle Bayars aufschlußreich sein. In welcher Weise ist das Biographienschreiben als Mittel der Historiographie im nahöstlichen Kulturkreis verankert, welche Lebensbilder haben die historiographische Entwicklung in den letzten Jahrzehnten beeinflußt und geleitet?

Die Geschichtsschreibung der Region, in der das Zentrum des islamischen Kulturkreises liegt, gründet sich auf eine lange Tradition der Sammlung von biographischem Material, die in die vorislamische Zeit mit ihren mündlichen Überlieferungen zurückreicht. Das arabische Wort *sīra* hat bezeichnenderweise nicht nur die Bedeutung von "Biographie", sondern auch von "Geschichte". Biographien gaben sehr früh einen Anstoß zur Historiographie überhaupt, denn die zentrale Figur Muhammads nicht nur in der Religion, sondern in allen gesellschaftlichen Bereichen, vor allem auch in der Rechtssprechung und Gesetzgebung, machte ein genaues Studium und eine Beschreibung seines Lebens, seiner Taten und Äußerungen unabdingbar. So bezeichnet der Begriff *as-sīra* (also mit dem bestimmten Artikel) die Biographie Muhammads.[1]

Als Quellen dafür wurden die einander mündlich überlieferten Aussagen von Gewährsmännern aufgeführt, die in rückläufiger Zeugenkette (*isnād*) bis zu den Prophetengefährten zurückgeführt wurden. Diese Art der Quellenangabe brachte als logische Folge die eingehendere Beschäftigung mit den Zeugen selbst mit sich. Ursprünglich lag das Motiv dafür darin, die Glaubwürdigkeit der Zeugen zu untersuchen, indem man sich mit ihnen als Person, mit ihrer Herkunft und ihrem Lebenswandel befaßte. Daraus entwickelte sich eine Gattung von Biographien der Prophetengefährten und der ihnen nachfolgenden heiligen Männer, die sogenannte *ṭabaqāt*-Literatur (Einteilung in Klassen). Diese wurde dann in späteren Jahrhunderten sowohl zeitlich als auch thematisch ausgeweitet.[2]

Neben dieser Art von Biographien-Sammlungen religiös vorbildlicher und heiliger Männer entstanden Biographien durch die Hofgeschichtsschreiber einzelner Herrscher, auch sie mit dem Ziel, den exemplarischen Charakter ihrer Subjekte herauszustellen, wobei hier die mangelnde Objektivität vorausgesetzt werden muß. Oft kann man sie in unserem Sinne als "Geschichten" und weniger als Historiographie bezeichnen.

Die gesamte nahöstliche Biographienliteratur ist zum Zweck der Ermahnung, Bildung und Erbauung und aus Anlaß des Vorbildcharakters des Subjekts geschrieben. Dies deckt sich nicht ganz mit der modernen europäischen Auffassung von Lebensgeschichten, denen vorrangig das Interesse an einer Person als Individuum zugrundeliegt. Ebenso stellen die im nahöstlichen Geschichts- und Geographieraum anzutreffenden Autobiographien in seltenen Fällen eine das ganze Leben einer Person umfassende Geschichte dar als vielmehr Memoiren, Erinnerungen, Anekdotensammlungen. Arabische Herrscher haben mehrfach Memoiren hinterlassen, während dies im türkischen Sprachraum nicht der Fall war.³ Diese Memoiren wurden verfaßt, um einen oder auch mehrere der folgenden Zwecke zu erfüllen: Eigenlob oder Rechtfertigung der eigenen Taten; Erbauung und Vorbild für andere oder aber die Sicherung der Unsterblichkeit, indem der Nachwelt das Wissen um die eigenen Taten erhalten werden sollte. Sie enthalten jedoch nur in weniger Fällen Informationen über das, was uns heute am Individuum besonders wichtig ist: persönliche Aussagen über Gefühle, inneren Zwiespalt, Zweifel, persönliche Entscheidungsprozesse, auch Kritik an eigenen Entscheidungen etc.⁴

Diese traditionelle Auffassung der Biographie im nahöstlichen Kulturkreis ist auch heute in dieser Art weit verbreitet. Dazu trägt meiner Meinung nach auch bei, daß in der nah- und mittelöstlichen Gesellschaft der einzelne Mensch auch heute noch weitgehend durch die gesellschaftliche, religiöse, familiäre, ethnische und sonstige Gruppe definiert ist, zu der er gehört. In der heutigen europäischen und erst recht in der nordamerikanischen Gesellschaft dagegen herrscht eine starke Betonung, man könnte auch versucht sein zu sagen: Überbetonung des Individuums und seiner Individualität, seiner Einzigartigkeit vor, ein Wertmaßstab, der wegen seiner negativen gesellschaftlichen Auswirkungen auch in unserer Gesellschaft nicht unumstritten ist. In der nahöstlichen Gesellschaft wird auf die Individualität eines einzelnen Menschen nicht so starken Wert gelegt, und sie wird auch z.B. in der familiären und schulischen Erziehung weit weniger gefördert als in Europa. Auch wenn diese Ausrichtung als Folge der weltweiten Wirtschaftsentwicklung, der neuen internationalen Medien, der daraus resultierenden Auflösung sozialer Verbände usw. in Veränderung begriffen ist, liegen die Akzente im nah- und mittelöstlichen Raum nach wie vor deutlicher auf der Zuordnung eines Individuums zu einer bestimmten Gruppe als in der europäischen oder der nordamerikanischen Gesellschaft.

Eine weitere Schwierigkeit bei der Aufgabe, gemäß unserem kritischen Anspruch an eine Biographie die Individualität eines Menschen aus dem nahöstlichen Bereich historisch zu dokumentieren, liegt in der Tatsache, daß die Mitglieder dieser Gesellschaft aufgrund der geringen Alphabetisierungsrate zumindest bis in die Zeit des Ersten Weltkriegs, in einigen Regionen auch darüber hinaus, und der damit verbundenen starken oralen Tradition wenig Schriftliches hinterlassen haben. Dies betrifft vor allem persönliche Zeugnisse in Form von Briefen, Tagebuchaufzeichnungen oder ähnliche Dokumente, die dem Biographen zu Einsichten in das Gefühls- und Gedankenleben des Subjekts verhelfen könnten.

In starkem Kontrast zu dem oben angedeuteten Aufgehen des Einzelnen in der Gruppe steht in der nah- und mittelöstlichen Gesellschaft eine für uns nicht mehr in dieser Weise nachvollziehbare Verehrung von einzelnen Männern (und nur diesen) als Helden. Dieses Heldentum ist fast immer mit bewaffnetem Kampf und mit politischer Führung verbunden. Auch hier könnte man als Prototyp Muhammed anführen, wäre dies wegen der herausragenden Stellung des Propheten in den Augen der Muslime nicht schon fast ein Sakrileg. Doch gibt es näherliegende Beispiele wie Abd el-Karim, Abd el-Nasir, Saddam Hussein, Abu Ammar (Arafat), Reza Schah oder Kemal Atatürk, die alle mannigfach Biographen gefunden haben. Einer der seriösen türkischen Biographen Atatürks, Ş.S. Aydemir, versuchte dazu eine rationale Begründung:

> "In einer normalen Demokratie werden die Aufgaben und Dienstvorschriften des Staatsoberhauptes durch Gesetze und Formen geregelt... Jedoch in einem Land, das durch eine Revolution gegangen ist und das diese Revolution noch nicht beendet hat, in diesem Land ist die Periode der Helden noch nicht zu Ende. Zu dieser Zeit und unter diesen Umständen ... ist ein nationaler Chef nicht nur ein Präsident sondern ein Führer (dieser Begriff ist hier ohne den deutschen Beigeschmack gemeint - C.D.-L.). Oder so wie in unserem Nationalen Befreiungskampf ein 'Erster' - und einzigartiger - Mann."[5]

Allein das Wort Held erscheint uns heute in unserem Kulturkreis anachronistisch, für uns ist der Begriff eigentlich nur noch in Verbindung mit der antiken Geschichte, mehr noch mit Sagen, akzeptierbar. Im nahöstlichen Kulturkreis jedoch sind Helden als positive Figuren akzeptiert. Daher sind exemplarische Biographien von Individuen, die eine durchschnittliche Persönlichkeit repräsentieren, die lediglich Vertreter einer bestimmten sozialen oder ökonomischen, nicht-religiösen Schicht oder Gruppe waren, im nahöstlichen wissenschaftlichen Kontext schwer denkbar.[6]

Das Phänomen des Helden war der unmittelbare Anknüpfungspunkt für die Motivation, eine Biographie eines nahöstlichen Politikers in kontraproduktiver Weise zur Heldenverehrung zu versuchen. Celal Bayar nimmt in der türkischerseits publizierten Historiographie keinen besonderen Platz ein. Bis vor wenigen Jahren wurde er sogar mehr oder weniger totgeschwiegen. Der bereits erwähnte bedeutendste türkische Biograph der Republik, Sevket Süreyya Aydemir, der zahlreiche Bände über das Leben verschiedener illustrer Persönlichkeiten gefüllt hat, der neben Atatürk ("Tek Adam", also "Der erste - oder einzigartige - Mann") und İnönü ("İkinci Adam", Der zweite Mann) auch einen umstrittenen "Helden" wie Enver Pascha beschrieben hat, hat sich Bayar nicht vorgenommen. Dies ist symptomatisch für die "offizielle" Historiographie der Türkei. Grund dafür war sicher auch Aydemirs persönliche Abneigung gegen Bayar aus politischen Gründen. Bayars politische Neuorientierung nach dem Tode Atatürks, seine Abkehr von der Republikanischen Volkspartei, deren Mitglied auch Aydemir war, und der Gang der politischen Ereignisse in den späten fünfziger Jahren, die schließlich zum Eingreifen des Militärs im Jahre

1960 führten und die Bayar persönlich mitangelastet werden, machten aus ihm eine nicht darstellungswürdige Person. Auch nach seiner Freilassung und selbst nach der Wiedererlangung der bürgerlichen Ehrenrechte, die ihm im Prozeß von Yassıada aberkannt worden waren, war Bayar in der Türkei persona non grata. Und eigentlich ist er das bis heute geblieben, mögen sich seine Anhänger, allen voran seine Familie und seine Freunde, sowie die alten Parteigänger der Demokratischen Partei noch so sehr um eine historiographische Revision bemühen. Dieses Übergehen einer wichtigen politischen Persönlichkeit und die mangelnde Auseinandersetzung mit der Regierungszeit der Demokratischen Partei könnte jedoch auch darauf hindeuten, daß die Ereignisse vor und nach dem Militärputsch von 1960 bis heute in der Türkei nicht aufgearbeitet sind. Das liegt nicht zuletzt an der Position, die das türkischen Militär im Staat innehat. Zusätzlich zur Ansicht, daß Bayar kein vorzeigbarer Held war, spielt in diesem Zusammenhang die Tatsache eine Rolle, daß Bayar keinerlei militärischen Hintergrund hatte. Dieses "Manko" haftete ihm lebenslang an.

Bei seiner Materialsammlung stützt sich der Biograph auch auf die im eigenen kulturellen Kontext des Subjekts vorhandenen Biographien. Diese Darstellungen und ihre Autoren gilt es, genauer zu betrachten. Bayars wichtigster türkischer Biograph, Cemal Kutay, war ein historisch interessierter Journalist, zuzeiten der Biographieerstellung ein Freund und Bewunderer seines Subjekts. Hätte man von ihm gefordert, den Leitsatz der Biographen zu beherzigen, daß Würdigung des Subjekts nicht Billigung bedeutet, er hätte es mit Unverständnis quittiert. Sein erstes Werk über Bayar stellte er nach dessen Rücktritt vom Amt des Ministerpräsidenten zusammen. Hinter dem schlichten Titel "Celal Bayar" in vier Bänden kommt jedoch lediglich ein Bericht der politischen Tätigkeiten Bayars in den Jahren 1932 bis 1939 zum Vorschein, in dem die Wiedergabe von Dokumenten jeglicher Art dominiert. Der Zeitpunkt und die Art der Darstellung lassen darauf schließen, daß Bayar selbst Kutay zum damaligen Zeitpunkt als persönlichen Biographen angestellt hat. Nach dem Tod Atatürks 1938 war Bayar, der unter der Präsidentschaft Inönüs eine Interimsregierung als Ministerpräsident führte, nämlich schnell bedeutet worden, daß er unter Inönü seine bisherige politische Karriere nicht fortsetzen könne. Bayar trat zurück, gegen ihn wurden Untersuchungen eingeleitet, die sich auf seine Amtsführung in den dreißiger Jahren bezogen; er befand sich also in einem politischen Tief und unter Rechtfertigungszwang. Auf die ein oder andere Weise plante er wohl die Wiederaufnahme seiner politischen Karriere. Zu diesem Zweck sollte Kutays äußerst ausführliche Beschreibung von Bayars Zeit als Wirtschaftsminister und als Ministerpräsident dienen.

Im Jahr 1950, auch dieser Zeitpunkt ist kein Zufall, also zum Amtsantritt Bayars als dritter Präsident der Türkei, nachdem seine Demokratische Partei überraschend eindeutig die Wahl gewonnen hatte, erschien eine kürzere Biographie wieder von Cemal Kutay, die Bayars Leben vom Anfang bis in die dreißiger Jahre hinein schilderte und in einem Anhang Zitate - selbstverständlich nur positiver Natur - verschiedener Zeitgenossen zur Person Bayars wiedergab.[7] Kutay jedenfalls, der auch später noch mehrere Sammlungen biographischer Geschichten, Details und Notizen Bayars veröffentlichte[8], steht in der Tradition der Hofbiographen, die unverhohlen die Bewunderung für ihr Subjekt ausdrücken und die sich die Erklärung und Rechtfertigung seiner Handlungen zum Ziel setzen. Kutays unnachahmlicher Vorteil andererseits war jedoch sein direkter Zugang zu Bayar. Sein Wissen entstammt einer guten Kenntnis des Menschen, zahlreichen Gesprächen und Erlebnissen mit dem Subjekt, die ein späterer Biograph nicht mehr erreichen kann. Daneben hatte Kutay, was ebenfalls für uns in dieser Weise nicht möglich ist, den ungehinderten Zugang zu persönlichen und staatlichen Dokumenten. Die Angewohnheit Kutays jedoch, wie auch vieler anderer türkischer Hobby-Historiker, Dokumente uninterpretiert und ohne Analyse "für sich sprechen zu lassen", wobei aber weder zu ersehen ist, nach welchen Kriterien und in welcher Form diese Dokumente ausgewählt und abgedruckt werden, noch ob sie - dies ein speziell osmanisch-türkisches Problem - sprachlich vereinfacht wurden oder nicht, erleichtert uns späteren Biographen die Auswertung dieses Materials nicht unbedingt. Neben Kutays Schilderungen existieren kürzere, jedoch zumeist das gesamte Leben Bayars umfassende Biographien von İsmet Bozdağ und Ziya Şakir, die noch zu Lebzeiten Bayars erstellt wurden.[9] Eine kritische Beschreibung ist nicht darunter.

Eine weitere, äußerst wichtige Quelle für den Biographen ist, so vorhanden, die Autobiografie des Subjekts, seine Memoiren, Erinnerungen, auch seine Aufzeichnungen und Briefe. Diese vom Subjekt selbstverfaßten Zeugnisse haben natürlich eine gefilterte und begrenzte Aussagekraft, die es genau zu analysieren gilt. A.J.P. Taylor geht sogar so weit zu fordern, ein Historiker solle selbst eine Autobiografie schreiben, wenn er die Autobiografie seines Subjekts recht beurteilen wolle. Das Gedächtnis werde selektiv, man erinnere sich oft daran, was man hätte tun sollen, anstatt an das, was man tatsächlich getan habe. In der Retrospektive könne auch alles erklärt werden, vor allem zum eigenen Vorteil. Wenn man über Zeitgenossen schreibe, so oft aus dem Blickwinkel heraus, wie man sie zum jetzigen Zeitpunkt sähe und nicht, wie sie damals waren. Der Historiker sei besser daran, denn er wisse, daß man mogele, während die berühmten Männer, (die ihre Erinnerungen schrieben), es nicht wüßten.[10] Die niedergeschriebenen Erinnerungen beziehen sich zudem oft nur auf bestimmte Lebensabschnitte des Subjekts, die dieses selbst für bemerkens- oder erinnernswert hielt, eine Einschätzung, die sich nicht unbedingt mit der des Biographen decken muß. Dennoch ist der Biograph als Historiker, der vor allem von seinen Quellen lebt, natürlich versucht, den Memoiren besondere Bedeutung zuzumessen. Hier schleicht sich leicht eine doppelt verzerrende Subjektivität der Betrachtung ein, die des Biographen und die des Subjekts.

Andererseits ist wiederum gerade die Subjektivität des biographischen Subjekts aufschlußreich und vielleicht aussagekräftiger als eine sogenannte objektive Beurteilung der Ereignisse. Der Biograph muß nur wissen, welche Fragen er an das Material stellen muß und welche Antworten er nicht erwarten darf.

In der Türkei sind in den letzten Jahrzehnten eine Fülle von Lebenserinnerungen erschienen, die jedoch zumeist nicht ein ganzes Leben oder zumindest den aktiven - politischen, militärischen oder schriftstellerischen - Lebensabschnitt einer Person darstellende Autobiographien sind, sondern vielmehr Memoiren oder sogar quasi-Memoiren. Der größte Teil davon beschäftigt sich mit den Jahren des Unabhängigkeitskriegs und der frühen Republik, also mit der Umbruchszeit.[11] Als quasi-Memoiren bezeichne ich die Werke, die von einem anderen, zumeist einem Journalisten, manchmal auch einem Wissenschaftler, im Auftrag des Subjekts geschrieben wurden, die dies im Text jedoch nicht erkennen lassen. Sie stellen sich, würde man das Deckblatt nicht zur Kenntnis nehmen, wie vom Subjekt selbst geschriebene persönliche Erinnerungen dar. Wie nicht selten in der türkischen Publizistik wird dabei ein Text mit dem Anschein der Authentizität versehen, ebenso häufig wird in diesen Texten in direkter Rede wiedergegeben, was nicht direkt überliefert sein kann. Das führt dazu, daß die Geschichtsschreibung vom Schreiben von Geschichten oft nicht zu trennen ist.[12]

Die entscheidenden Fragen zur türkischen Memoirenliteratur, wie bereits auch für das Erscheinen von Biographien angedeutet, lauten: Wann wurden sie geschrieben und wann sind sie erschienen? Diese Daten decken sich oft nicht, und diese Tatsache ist an sich von Bedeutung. Welches Ereignis oder welchen Zeitraum behandelt der Autor vorrangig, welchen Zweck verfolgte er mit der Niederschrift und welchen mit der Publikation seiner Erinnerungen? Sagt der Inhalt mehr über die Zeit aus, die er beschreibt, oder mehr über den Zeitpunkt, zu dem die Erinnerungen erschienen? Aufschlußreich ist ferner nicht nur das Beschriebene, sondern ebenso sehr das Übergangene, das, was zwischen den Zeilen steht, was als Gleichnis Erwähnung findet oder gar nicht beachtet wird. Für die Relevanz aller dieser Fragen finden sich auch in den Memoiren Celal Bayars Beispiele.

Bayar hat ein achtbändiges Werk von Memoiren hinterlassen, ein neunter Band existiert nur als Manuskript, wurde jedoch auszugsweise 1974 in der türkischen Zeitung "Günaydın" veröffentlicht. Die Entstehung dieses letzten Bandes habe ich im Jahr 1976 noch selbst miterlebt: jeden Tag zur gleichen Zeit kam zu dem damals schon hochbetagten 93-jährigen ein Sekretär, der für ein bis zwei Stunden das von Bayar Erzählte mitschrieb. Das war sehr beeindruckend, ich bewunderte die Selbstdisziplin dieses Mannes und die klaren intellektuellen Fähigkeiten, die Bayar mit über neunzig Jahren noch besaß. Durch diese Schilderung wird jedoch bereits deutlich, welchen Einflüssen das Entstehen von Memoiren unterliegen kann. In diesem Fall betrug z.B. der

Abstand zu den beschriebenen Erlebnissen bereits über 50 Jahre, und die Tatsache, daß Bayar selbst nicht mehr schreiben konnte, rückt diesen Teil der Memoiren in die Nähe von "oral history".

Die Memoiren Bayars sind über einen Zeitraum von 40 Jahren entstanden. Er selbst begann mit der Niederschrift während seiner politischen Auszeit Anfang der 40er Jahre und schrieb nach Aussagen seiner Tochter auch während seiner Amtszeit als Präsident der Republik daran weiter. Das geplante Erscheinen des ersten Bandes wurde durch den Militärputsch von 1960 verhindert und verspätete sich dann bis 1965. Die ursprünglichen Anfänge jedoch gehen Bayars eigenen Angaben zufolge noch viel weiter zurück, bis in die Lebenszeit Atatürks. Auf dem Klappentext der Bände rechtfertigt sich Bayar dafür, daß er sich selbst in dieser Weise in den Mittelpunkt stellt, was er typischerweise nicht gerne tat, und begründet seine Motivation, überhaupt Erinnerungen zu schreiben, mit folgender Geschichte: Eines Abends, während einer der berühmten "Tafelrunden", habe Atatürk alle Anwesenden nach ihrer Erinnerung an ihr erstes Zusammentreffen mit ihm gefragt. Als Bayar davon berichtete, habe ihn Atatürk gefragt, ob er denn seine Erinnerungen an diese Zeit aufgeschrieben habe. Als Bayar verneinte, habe er ihn gebeten, dies zu tun, und wiederum kennzeichnend für ihn selbst fährt Bayar fort:

> "Das war für mich ein Befehl. Möge er in Frieden ruhen, nach seinem Ableben war es wie ein Vermächtnis. Deshalb habe ich angefangen, dieses Buch zu schreiben und ihm den Titel 'So habe ich denn geschrieben' gegeben. Das Buch 'So habe ich denn geschrieben' wird den Zeitraum vom Waffenstillstand bis jetzt, den Nationalen Befreiungskampf, die Große Nationalversammlung und ihre Regierung, die ersten Phasen der Republik, Atatürk und seine Reformen von allen Seiten behandeln. Daneben, mit dem Gedanken daran, daß all dies für unsere junge Generation von Nutzen sein wird, verweilte ich auf den historischen Gründen und Bedingungen und Zwängen für die Entstehung unserer Revolution."[13]

Leider ist Bayar nicht mehr dazu gekommen, die "ersten Phasen der Republik und die Reformen" zu beschreiben. Die Ausführlichkeit seines Stils und diverse Abschweifungen vom Thema ließen ihn im Laufe von bisher publizierten 2800 Seiten in acht Bänden in der chronologischen Schilderung nur bis zum Kongreß von Erzurum gelangen. An anderer Stelle, im Vorwort zum 4. Band, drückt Bayar seine Motivation zum Schreiben noch einmal so aus:

> "...ich habe beschlossen, so lange ich lebe die wahren Ereignisse, an denen ich selbst beteiligt und deren Zeuge ich war, der Reihe nach aufzuschreiben und der Geschichte zu übergeben."[14]

Beim zweiten Lesen der Memoiren Bayars, mit bereits größerer Kenntnis der Person, mit Ideen für andere Fragestellungen, stellte sich auch hier mehr

Interessantes heraus. Zwischen den Zeilen stand viel mehr, als mir bei der ersten Durchsicht aufgefallen war, die mich durch die langatmige Beschreibung vieler Vorgänge, die Bayar nicht selbst miterlebt hatte, die jedoch allgemein bekannt sind, recht enttäuscht hatte. Ich nahm die Beschreibungen der von Bayar reichlich ausführlich geschilderten politischen Ereignisse der Jahre 1908-1920 nicht mehr nur als solche zur Kenntnis, sondern fragte mehr nach der Motivation, die dahintersteckte, Ereignisse, die in der türkischen Historiographie und vor allem auch in der Memoirenliteratur hundertfach beschrieben worden sind, noch einmal vor dem Leser auszubreiten. Die Auswahl und die Sichtweise des Aufgezeichneten enthielten den Schlüssel zum Verständnis.

Das eigentliche Thema seiner Memoiren sind die Ereignisse, die zum türkischen Befreiungskampf geführt haben ("Milli mücadele'ye giriş"), doch Bayar geht erst einmal in langen Exkursen zurück bis an die Anfänge der jungtürkischen Bewegung. Die Schilderung der Vorgänge um die Gesellschaft für Einheit und Fortschritt (GEF), die sog. Revolution von 1908 und die darauffolgende Entwicklung, die Erstürmung der hohen Pforte 1913 und die Parteienstreitigkeiten im osmanischen Parlament bis zum Krieg nimmt breiten Raum ein, nämlich fast fünf von acht Bänden. Die Bedeutung, die er den Entwicklungen der GEF in seinen Erinnerungen zumißt, die Loyalität gegenüber den GEF-Führern, vor allem Talat Pascha, die aus den Zeilen spricht, die Vergleiche, die er mit späteren Ereignissen anstellt, zeigen, wo seine politische Heimat lag, und belegen die Aussage seines Biographen Kutay, Bayar sei zeit seines Lebens Unionist geblieben. Hier hatte er seine politische Prägung erfahren, durch die GEF kam er in die Provinzpolitik und gewann in Izmir als Provinzsekretär Statur. Daß ihm diese offen eingestandene und bekannte Anhängerschaft an die GEF dann in den zwanziger Jahren wie manch anderem nicht zum Verhängnis wurde, kann man nur der Tatsache zuschreiben, daß Bayar von Anfang der Nationalbewegung an ein bedingungsloser Anhänger Atatürks wurde, und immer ein loyaler Anhänger des türkischen Nationalistenführers persönlich blieb. Er war bekannt dafür, daß er sich in allen seinen Ansichten und Entscheidungen auf Atatürk berief. Mit der Republikanischen Volkspartei, deren Mitglied er natürlich bis zu seinem Austritt 1945 war, und vor allem mit der Umgebung İsmet İnönüs, hatte er dagegen seine Schwierigkeiten, was sofort zutage trat, nachdem die Protektion Atatürks mit dessen Tod weggefallen war.

Während also die politischen Ereignisse der Jahre 1908 bis 1913 in größter Ausführlichkeit zumeist von der Warte der GEF in Istanbul geschildert werden, wird über die lokalen Ereignisse zuerst in Bayars Wohnort Bursa und dann in der Stadt und Provinz Izmir, wo er als GEF Provinzsekretär die politische Entwicklung mitgestaltete, für das Interesse des Biographen viel zu wenig berichtet. Gänzlich verwundert und enttäuscht ist der Biograph, daß Bayar die persönliche Schilderung der Jahre des Ersten Weltkriegs weitgehend ausspart.

Lediglich ein paar Episoden finden Erwähnung, die wiederum eifrig in allen türkischen Biographien nacherzählt werden. Nur indirekt erfährt man etwas über die wichtigsten Entwicklungen in der Westprovinz während des Krieges; die Erwähnung militärischer Ereignisse, die es zwar unmittelbar in Izmir nicht gab, deren Nachrichten jedoch das tägliche Leben bestimmt haben müssen, fehlt ganz. Über die Gründe kann man nur spekulieren. Ein Grund dafür mag sein, daß Bayar als Nicht-Militär das Gefühl hatte, diese Ereignisse könnten andere besser berichten als er. Ein anderer Grund könnte darin liegen, daß er diese Jahre nicht hätte schildern können, ohne die GEF und ihre Führungsspitze, der gegenüber er nach wie vor loyal war, zu kritisieren, da die Politik der GEF-Führung während dieser Jahre alles andere als ruhmreich war und auch die öffentliche Meinung in der Türkei dahin geht, kein gutes Haar an der Kriegspolitik der GEF zu lassen.

Die vor und während des Krieges in der Provinz betriebenen griechischen Aktivitäten und die griechische Politik gegenüber West-Kleinasien gibt er einerseits mit den Worten des Generals Metaxas wieder - wohl um eine möglichst große Authentizität zu erreichen - andererseits kolportiert er sie mittels eines ebenfalls von Kutay wiedergegebenen ausführlichen Erinnerungsberichts Eşref Kuşcubaşıs, des Chefs der berüchtigten Teşkilat-ı Mahsusa, des Geheimdiensts der GEF. Hier liegt also, wenn man so will, eine dreifache Brechung vor. Auch auf die armenische Frage geht Bayar ausführlich ein, über seine eigene Rolle dabei erfährt man allerdings nur das, was seinen eigenen Worten zufolge - natürlich wieder in direkter Rede - bei seiner Befragung im Jahre 1919 durch das dafür speziell eingerichtete Sondergericht in Izmir zur Sprache kam. Auch hier sind wieder die Auslassungen signifikant. Die Lektüre dieser Memoiren erfordert also ein hohes Maß an Rekonstruktions- und Imaginationsgabe.

Das Herzstück der Erinnerungen, und nicht zuletzt auch der eigentliche Grund für ihre Abfassung ist die Schilderung von Bayars eigenen Erlebnissen bei den Partisanen 1919/1920 zu Anfang des Nationalen Befreiungskampfes. Die Bände 6 und 7 der Memoiren sind diesem Thema gewidmet, das natürlich für den Biographen das ergiebigste ist.

Diese Darstellung des nationalen Kampfes an der Westfront mit allen Problemen und persönlichen Schicksalen, die sich damit verbanden, gibt meines Erachtens einen guten Einblick in die Genese des nationalen Kampfes. Zusammen mit verschiedenen anderen Memoiren der damaligen Protagonisten, unter anderen Fuat Cebesoy, Rauf Orbay, Kazim Karabekir, Kılıç Ali, könnte man damit ein historiographisches Mosaik einer Zeit entstehen lassen, die im Westen bisher hauptsächlich unter dem Blickwinkel der einigenden Führung Mustafa Kemals, des einzigen Zieles, eine neue Türkei zu begründen, bzw. vom erfolggekrönten Ende her gesehen wurde. Aus diesem Mosaik würden dann die anfänglich fragmentierte und fragmentarische Struktur des Widerstands und seine durchaus divergierenden Ziele deutlich sowie die prekäre Lage, die zu verschiedenen Zeitpunkten jederzeit wieder ins Gegenteil hätte umschlagen können.

Die Historiographie des türkischen Befreiungskrieges ist nach wie vor bestimmt durch den Text von Atatürks berühmter 36-stündigen Rede auf dem Parteitag der Republikanischen Volkspartei von 1927.[15] In dieser Rede, deren Text gleichsam zum Textbuch wurde, beginnt Atatürk seine Schilderung des Nationalen Befreiungskampfes mit dem Tag seiner Landung in Samsun am 19. Mai 1919. Damit setzte er nicht nur einen Nationalfeiertag fest, der bis heute begangen wird, sondern bestimmte auch die offizielle Sichtweise der Geschehnisse. Auf diese Weise werden unter anderem, wie der Historiker Erik Jan Zürcher festgestellt hat, die zu diesem Zeitpunkt bereits existierenden Aktivitäten anderer Nationalisten, so auch der in der Westprovinz Izmir bereits an verschiedenen Stellen organisierte Widerstand, übergangen. Celal Bayar zum Beispiel, und er war beileibe nicht der erste, hatte bereits am 18. März 1919 Haus und Heimatort verlassen, um sich den Aufständischen anzuschließen, die in der Provinz Izmir den Befehl des Sultans zur Demilitarisierung ignorierten. Zu diesem Zeitpunkt strebte Mustafa Kemal noch eine politische Lösung in der Hauptstadt an, erst einen Monat später entschied er sich, Istanbul zu verlassen und sich in die Provinz zu begeben.[16] Ismet Inönü stieß erst ein dreiviertel Jahr später aktiv zu den Nationalisten. In den Memoiren Bayars wird daher ein ergänzendes, ja sogar alternatives Bild von der ersten Oppositions- und nationalen Widerstandsbewegung erkennbar. In der erwähnten Rede Atatürks wird lediglich in einem 5-Zeilen-Abschnitt auf die Verdienste Bayars in seiner Camouflage als Galip hoca für die Organisation des Widerstandes in der Ägäisregion hingewiesen.[17]

Das entscheidende Motiv für Bayar beim Schreiben seiner Memoiren, nämlich zu erzählen, "wie es wirklich war", bezieht sich nicht nur auf die Ereignisse, sondern insbesondere auch auf seine eigene Person. Immer wieder stand er im späteren Verlauf seiner politischen Karriere unter Rechtfertigungsdruck, da er, wie bereits erwähnt, ja kein Vorzeigeheld und auch nicht unumstritten war. Besonders stark war der Zwang, "die Wahrheit der Ereignisse" nach dem Staatsstreich von 1960 und in den darauffolgenden Jahren, als Bayar, zunächst sogar zum Tode verurteilt, um die Wiedererlangung seiner bürgerlichen Ehrenrechte kämpfte, ans Licht zu bringen. Die Memoiren waren für ihn das einzige Forum, um auf Anschuldigungen verschiedenster Art und zu verschiedenen Zeiten zu entgegnen.

So dient selbst die Schilderung seiner Propagandatätigkeit in der Verkleidung eines muslimischen Wanderpredigers mit dem Namen Galip hoca zur Anzettelung des Widerstands im Frühjahr und Sommer 1919, erst gegen die britische Politik und die Anordnungen des Marionettensultans in Istanbul, dann gegen die griechische Besetzung der Ägäisregion, und der Kämpfe um Aydın und Denizli auch der persönlichen Rechtfertigung. Am Ende des 7. Bandes geht er ausführlich auf Gerüchte und Anschuldigungen ein, die während seiner Tätigkeit als Galip hoca von seinen Feinden ausgestreut wurden und von denen er damals, wie er schreibt, nichts wußte, wie auch auf die Wiederholung dieser Gerüchte bei späteren Autoren.[18] Eine dieser Anschuldigungen lautete, er habe die Organisation des Widerstands nur in seiner Eigenschaft als GEF-Gefolgsmann unternommen und damit lediglich das Ziel einer erneuten Machtübernahme durch diese Partei verfolgt. Hier kommen wieder die langlebigen Anschuldigungen gegen die Unionisten zu Tage. Damit verbunden waren Gerüchte, er habe dazu Geld aus der Schweiz erhalten. Auch wurde vom bereits erwähnten sehr populären Historiker Ş.S. Aydemir behauptet, Bayar habe eine Rede gehalten, in der er den bewaffneten Widerstand gegen die Griechen ablehnte. All dies gibt Bayar ausführlich in seinen Memoiren wieder, um dann die Unwahrheit dieser Behauptungen durch die Schilderung der Ereignisse aus seiner Sicht zu widerlegen, dazu fügt er auch Zeugenaussagen an, die ihn bestätigen. Als letzte Autorität und schlagender Beweis für seine Vaterlandstreue und nationalistische Gesinnung zu allen Zeiten dient dann das Zitat aus der bereits erwähnten Rede Atatürks. Diese Würdigung durch Atatürk, obwohl eine äußerst knappe Erwähnung, wird wie eine besondere Auszeichnung behandelt und verleiht Bayar und seiner Tätigkeit gleichsam das Siegel der Rechtmäßigkeit und Gesinnungstreue.

Die immerwiederkehrende Berufung auf Atatürk als die höchste Instanz ist typisch für Bayar. Auch an anderen Stellen in den Erinnerungen nehmen die Person Mustafa Kemal Atatürks und seine historische Rolle einen wichtigen Platz ein, obwohl Bayar dem großen Mann bis zu diesem Zeitpunkt, den er beschreibt, noch nicht einmal begegnet war. Nach der Darstellung seiner Erlebnisse an der Front von Aydin resümiert Bayar:

> "Manche, die diese Ereignisse von außen betrachten und studieren sagen, Atatürk habe nicht einmal eine 500-Mann starke Kraft gehabt, während wir an der Aydin-Front etwa 5000 bewaffnete Kämpfer hatten. Dies ist von der Zahl her richtig. Wir hatten auch schon begonnen, diese große Zahl in eine Ordnung zu bringen und in die militärische Ausbildung einzubeziehen. An der Sammlung dieser nationalen Kräfte ... und ihrer Aufstellung gegenüber dem Feind hatte auch ich meinen Teil. In diesem Zusammenhang kann ich (jedoch) behaupten, hätte es die Haltung jenes großen Mannes, seinen Weitblick und seine Eingebung, sein Ziel und sein Geschick in der Sammlung der nationalen Kräfte nicht gegeben, so wären wir und solche wie wir durch die Intrigen der Feinde und der Sultansverwaltung erdrückt und aufgelöst worden."[19]

Dieser Abschnitt ist in meinen Augen eine diplomatische Glanzleistung in der Darstellung und der Abwägung der einzelnen Komponenten: zum einen der Leistung der Nationalisten in Aydın, zum zweiten seiner eigenen Leistung und zum dritten der Ehrung dessen, dem letztlich immer wieder die Ehre gebührte, und sei es auch aus der zur Pflicht gewordenen Ehrerbietung heraus.

Ein weiterer bemerkenswerter Punkt in der Verwertung der Memoiren ist, daß Bayar sich bei der Schilderung vor allem der Kämpfe um Aydın den Anstrich von militärischer Kompetenz und Ausführung gibt. Er hatte ja nie eine militärische Ausbildung erhalten, war aufgrund eines Schicksalsschlags in der Familie sogar vom Militärdienst befreit gewesen, also durch und durch Zivilist. Als er Izmir verließ, um sich dem Widerstand anzuschließen, nahm er eine paramilitärische Rolle an. Zu den Widerständlern, die sich in der Region Aydın gesammelt hatten, gehörte auch ein mächtiger *efe*, eine Art lokaler Bandenchef, der außerhalb der Regierungsgewalt agierte und die Gegend unsicher machte.[20] Celal Bayar wurde von den Nationalisten dem mächtigen Demirci *efe* als Berater zur Seite gestellt, was in Wirklichkeit bedeutete, daß er ihn überwachen und bei der Stange halten sollte. Obwohl Bayar also die Funktion eines Propagandisten hinter den Linien innehatte, gibt er seiner Schilderung dieser Zeit, insbesondere der Kämpfe um Aydın, einen militärischen Anstrich, was er in seinen Memoiren zum Beispiel durch die Wiedergabe von Schlachtenplänen unterstreicht.

In seiner nächsten Position wurde er selbst militärischer Kommandeur. Auf dem Kongreß von Balikesir im Juli/August 1919 wurde Bayar in den Stab von Akhisar gewählt. Die Region um die Städte Manisa und Akhisar, die bereits im Mai 1919 von den Griechen besetzt worden waren, war hart umkämpft und durch Rebellen der eigenen Seite gefährdet. In Akhisar, wo verteilt über die Dörfer etwa 1200 Kämpfer standen, wurde Bayar trotz seines zivilen Standes zum ersten Mal Regimentskommandeur. Lange verweilte er dort nicht und man erfährt leider fast nichts über die etwa drei Monate, die er an dieser Front zubrachte, bevor er dann seinen Sitz als Abgeordneter von Saruhan (Manisa) im letzten osmanischen Parlament einnahm.[21]

Diese Monate bei den Partisanen an der Westfront, insgesamt natürlich nur ein äußerst kurzer Abschnitt seines 103-jährigen Lebens, waren in der Biographie Bayars äußerst wichtig, denn sie stellten eine Art raison d' être für seine politische Tätigkeit in der Republikzeit dar. In späteren Jahren sah sich Bayar immer wieder gezwungen zu betonen, daß er im Befreiungskrieg wie ein Soldat gekämpft habe. In einer Machtelite, die sich fast ausschließlich aus den im Befreiungskampf bewährten militärischen Führern rekrutierte, in einem Staat, in dem über Dekaden hinweg trotz aller gegenteiligen ideologischen Verbrämung das Militär die Fäden zog, blieb Bayar als Zivilist immer ein Außenseiter.

Auch die in seine Memoiren eingestreuten Exkurse über gänzlich unerwartete Themenkreise sagen viel über den Autor und seine Motivation aus. Als Beispiel hierfür soll ein in Band 4 eingeschobener Abschnitt von 70 Seiten über die Affaire Dreyfus stehen.[22] Ausgangspunkt für diesen Exkurs ist die Schilderung der sog. Stürmung der Hohen Pforte am 23. Januar 1913, als die Unionisten gewaltsam die Macht übernahmen, und die Erwähnung der darauffolgend eingerichteten außerordentlichen Gerichte. In einem Vergleich von Sondergerichtsbarkeit kommt er zum Beispiel des im Frankreich des ausgehenden 19. Jahrhunderts von einem Militärgericht zu Unrecht verurteilten Kommandanten Dreyfus. Dessen Fall hatte er eigenen Aussagen zufolge nach seiner Verurteilung durch das Militärgericht im Gefängnis von Kayseri im Jahr 1962 im Detail studiert. Es handelt sich also hier in Bayars Memoiren in Wirklichkeit um einen unvermittelten Sprung vorwärts bis in die Zeit nach dem türkischen Militärputsch von 1960. In größter Ausführlichkeit beschreibt er die Dreyfus-Prozesse, wobei überdeutlich seine Intention zutage tritt, direkte Parallelen zu sich und zu seinem Prozeß zu ziehen. In manchen Abschnitten brauchte man sogar nur die Namen auszuwechseln, so sehr identifiziert sich Bayar mit dem Schicksal des Leutnants Dreyfus. Signifikant dabei ist jedoch, daß er mit keinem Wort erwähnt, daß diese französische Staatsaffaire vorrangig eine antisemitische politische Komponente hatte. Auch auf die historische Einordnung in die politischen Auseinandersetzungen im Frankreich des ausgehenden 19. Jahrhunderts verzichtet er gänzlich. Seine Sichtweise erlaubt nur, in der Affaire Dreyfus einen Prozeß um Vaterlandsverrat, das Problem der Ehre und den Kampf um Gerechtigkeit für einen Unschuldigen zu erkennen. Dies ist, so kann man aus dem Vorwort für den Band schließen, der diese Abhandlung enthält, seine verschlüsselte Art, die Ereignisse nach 1960 zu schildern und vor allem die Prozesse von Yassıada darzustellen, wo er neben hunderten anderen führenden Mitgliedern der DP-Regierung auf der Anklagebank saß. Im selben Vorwort gibt er gleichzeitig seiner Hoffnung Ausdruck, daß "auch in der Türkei eine Zeit anbrechen wird, in der, wie in anderen zivilisierten und fortschrittlichen Ländern, das Schreiben von historischen Wahrheiten, das Aussprechen des Richtigen und die eigene Verteidigung unschuldiger Bürger keine strafbare Handlung mehr sein wird".

Die Tatsache, daß Autobiographien, Memoiren und Selbstzeugnisse, auch z.B. in der modernen Form eines Dokumentarfilms, zu dem das Subjekt selbst das Material beigesteuert hat - diese Quelle ist für die Lebensbeschreibung Bayars ebenfalls vorhanden - inhärente Gefahren bergen, ist natürlich bekannt. Meine Absicht war es, darauf hinzuweisen, daß sowohl die Darstellung des Subjekts von seiten seines eigenen Umfelds als auch und erst recht die Selbstdarstellung des Subjekts für den kritischen Biographen von großem Nutzen sein können, unter der Voraussetzung, daß sie aus dem kulturellen, historischen und politischen Umfeld und Kontext heraus beurteilt werden, in dem sie entstanden sind. Unsere Fragen müssen mit dem kritischen Wissen um die spezifischen Probleme dieses Umfelds und Kontextes gestellt werden, wenn wir die Antworten erhalten wollen, mit denen wir eine unseren Kriterien genügende kritische Darstellung der handelnden Person entwerfen können.

Anmerkungen

1. Vgl. Hans Wehr, A Dictionary of Modern Written Arabic.
2. So verfaßte z.B. adh-Dhahabi im 14. Jahrhundert eine auf mehr als 8800 Einzelbiographien aufgebaute Geschichte des Islams. Stephen und Nandy Ronart, Lexikon der Arabischen Welt, Zürich-München 1972, S. 258ff.
3. Vgl. Bernard Lewis, First-Person Narrative in the Middle East. In: Martin Kramer (Hg.), Middle Eastern Lives, New York 1991, S. 20-34.
4. Wie Hilary Kilpatrick zeigt, ist auf diesem Gebiet jedoch noch viel der literaturwissenschaftlichen Forschung vorbehalten, und die Möglichkeit überraschender Ergebnisse wird von ihr bereits angedeutet. Hilary Kilpatrick, Autobiography and Classical Arabic Literature. In: Journal of Arabic Literature, Leiden 22 (1991), S. 1-20.
5. Şevket Süreyya Aydemir, İkinci Adam, Istanbul 1967, S. 51.
6. Z.B. Dale Eickelman, Knowledge and Power in Morocco: The education of a Twentieth-Century Notable, Princeton 1985.
7. Cemal Kutay, Celal Bayar. Bir Türk'ün Biyografisi, o.O., o.J.
8. Cemal Kutay, Celal Bayar'in Yazdığı, Yazmadığı, Yazamadığı, Yazamıyacakları. (Was Bayar geschrieben hat, was er nicht geschrieben hat, was er nicht schreiben konnte und was er nie schreiben wird.) In: Tarih Sohbetleri, Istanbul 1966, S. 58-109; ders., Üç devirden hakikatlar, Istanbul 1982. Das Werk trägt den Untertitel: "Was Bayar nicht geschrieben hat und nicht schreiben konnte".
9. İsmet Bozdağ, Celal Bayar'ın hayat hikayesi. In: Mükerrem Sarol/İsmet Bozdağ (Hg.), 100 yaşında Celal Bayar'a Armağan. Istanbul 1982, S. 323-381, und ders., Bir çağın perde arkası. Atatürk-İnönü, İnönü-Bayar çekişmeleri, Istanbul 1972; Ziya Şakır, Celal Bayar. Hayatı ve eserleri, Istanbul 1952.
10. Alan J.P. Taylor, The Historian as Biographer. In: Grete Klingenstein/Hartmut Lutz/Gerald Stourzh (Hg.), Biographie und Geschichtswissenschaft. Aufsätze zur Theorie und Praxis biographischer Arbeit, München 1979, S. 260.
11. Um nur einige zu nennen: Kazim Karabekir, İstiklal Harbımızın Esasları, Istanbul 1951; Yakup Kadri Karaosmanoğlu, Politikada 45 Yıl, Ankara 1968 (eher literarisch); Rauf Orbay, Hatıraları. In: Yakın Tarihimiz, Mart 1962-Ocak 1963; Ahmet Emin Yalman, Turkey in my time, Oklahoma 1956; Falih Rıfkı Atay, Çankaya. Atatürk Doğumundan Ölümüne Kadar, Istanbul 1968; Ali Fuat Cebesoy, Siyasi hatıralar, Istanbul 1957-1960; ders, Milli Mücadele Hatıraları, Istanbul 1953; Fethi Okyar (Hg. Cemal Kutay), Üç devirde bir adam, Istanbul 1980.
12. Beispiele für Autobiographien oder Memoiren per proxy sind: Kılıç Ali, Kılıç Ali Hatıralarını antlatıyor, Istanbul 1955; Haldun Derin (Hg. Cemil Kocak), Çankaya özel kalemini anımsarken, Istanbul 1995; İsmet İnönü, Hatiralar. 1. Bd., 1959 erschienen in der Zeitschrift Akis, der 2. Band wurde 1968 auf Tonband von Sabahettin Selek in Ulus publiziert; 1985 als zweibändiges Werk in Istanbul erschienen.
13. Celal Bayar, Ben de yazdım, Klappentext des Schutzumschlags.
14. Ebenda, Vorwort zum 4. Band.
15. Mustafa Kemal Atatürk, Nutuk. 3 Bde. Erste allgemeine Ausgabe, Istanbul 1934. Für eine Einschätzung dieser Rede vgl. Erik Jan Zürcher, Turkey, A Modern History, London-New York 1993, S. 183; Mete Tuncay, T.C.nde Tek Parti Yönetiminin Kurulması (1923-1931), Istanbul 1989, S. 179, urteilt, sie sei "weniger ein Ergebnisbericht als eine Abrechnung".

16 Erik Jan Zürcher, Atatürk and the Start of the National Resistance Movement. In: Anatolica, Leiden 8 (1981), S. 99-113.
17 Mustafa Kemal Atatürk, Nutuk. Bd. 2, a.a.O., S. 15. Zur Vorbereitung des Abschnitts über die Anfänge der Westfront erbat Atatürk von Bayar einen Bericht über seine damaligen Erlebnisse. Dieser Bericht kann stellenweise zur Ergänzung der Memoiren dienen. Vollständiger Text: T. Duran, Milli Mücadele'de batı Cephesinde Kuvay-i Milliye'nin Kuruluşu ve Celal Bayar (Atatürk'e Verilen Rapor). In: Mükerrem Sarol, İsmet Bozdağ (Hg.), 100 yaşında Celal Bayar'a Armağan, Istanbul 1982, S. 237-271.
18 Celal Bayar, Bd. 7, a.a.O., S. 2303ff.
19 Ebenda, S. 2294.
20 *Efe*, eine Bezeichnung, die oftmals in ähnlicher Bedeutung verwendet wird wie *zeybek* oder auch *desteban*, wurden die Mitglieder von westanatolischen lokalen Banden genannt, die zwar außerhalb der Legalität agierten und von der Regierung bekämpft wurden, aber sozial durchaus nicht außerhalb der Gesellschaft standen. Den *efes* kam im entstehenden nationalen Befreiungskampf eine zentrale Rolle zu, da sie eine Anzahl Männer als loyale und furchtlose Gefolgschaft unter Waffen hielten und großen Einfluß auf die ländliche Bevölkerung ausübten. Sie waren jedoch untereinander stark verfeindet, was ihre Anbindung an ein gemeinsames Ziel sehr schwierig machte. Für die Nationalisten waren sie unsichere und unberechenbare Bundesgenossen.
21 Allerdings plagte ihn zu dieser Zeit die Malaria, die er sich im Menderes-Tal zugezogen hatte.
22 Celal Bayar, a.a.O., S. 1133-1200.

Memoirenliteratur türkischer Frauen im Umbruch vom Osmanischen Reich zur Türkischen Republik. Das Beispiel Leyla Saz

Börte Sagaster

Der folgende Beitrag handelt von einem Gegenstand, den ich eigentlich schon lange ad acta gelegt hatte: Ich greife hier das Thema meiner Magisterarbeit wieder auf, die Erinnerungen der türkischen Musikerin und Dichterin Leyla Saz (Leyla Hanım).[1] Ich will zunächst ganz kurz auf die neueren Entwicklungen in der osmanistischen Biographieforschung eingehen und anschließend mein Thema unter bestimmten Aspekten vorstellen: Ich möchte mich hier vor allem auf Leyla Hanıms Selbstverständnis als Frau der spätosmanischen Periode konzentrieren.[2] Das Jahr, in dem ich meine Magisterarbeit schrieb - 1989 - lag in einer Zeit, als ein breiteres Interesse an der osmanischen Memoirenliteratur als historischer Quelle aufkam, und es ist wohl nicht falsch, dies mit einem internationalen Trend zur Geschichtsforschung auf der "Mikroebene" - zur Alltagsgeschichte, zur Geschichte von Randgruppen und Minderheiten - in Zusammenhang zu bringen. Seit Ende der achtziger Jahre ist in der Türkei eine ganze Reihe von Veröffentlichungen erschienen, die vor allem osmanisch-türkische Texte aus dem 19. und beginnenden 20. Jahrhundert der türkischen Öffentlichkeit wieder zugänglich machten. Parallel dazu formiert sich derzeit ein neues Interesse, individuelle Lebensläufe stärker als bisher geschehen in die historische Forschung einzubeziehen und neu zu bewerten. Dabei spielen sozial- und mentalitätsgeschichtliche Aspekte und durch die gender studies angeregte Fragestellungen eine große Rolle.[3]

Osmanische Literatur autobiographischen Charakters gehörte lange zu den Literaturformen, die in der türkischen Geschichtswissenschaft als Quellen vernachlässigt wurden. Gegenüber der Wichtigkeit osmanischen Archivmaterials erschien sie als eine nicht sonderlich zuverlässige Quelle zweiter Kategorie. Für die Zeit vor dem 19. Jahrhundert herrschte zudem die allgemeine Ansicht vor, daß osmanische Autoren keine Schriften persönlicher Art geschrieben haben könnten, da solche Schriften einen starken Sinn für das Ich verlangten, den Autoren aus dem osmanisch-islamischen Raum vor der Europäisierungsperiode nicht gehabt hätten. Diese Art von "Betriebsblindheit" führte dazu, daß man nach Memoiren, Tagebüchern und persönlichen Briefen aus der Zeit vor den europäisch ausgerichteten Tanzimatreformen im 19. Jahrhundert nicht gezielt suchte. Arbeiten der letzten Jahre, die immer mehr in Ich-Form verfaßte osmanische Prosa aus der Zeit vor dem 19. Jahrhundert zu Tage bringen, zeigen jedoch, daß es durchaus nicht wenige Schriften mit autobiographischem Charakter auch vor dieser Zeit gegeben hat.[4]

Der wesentlichste Unterschied früher osmanischer in der ersten Person verfaßter Literatur, wie er sich im Vergleich mit europäischen Autobiographien desselben Zeitraums darstellt, liegt, wie Cemal Kafadar es in einem Aufsatz darlegt, im Konzept des Selbst begründet.[5] Während europäische autobiographische Literatur seit der Renaissance aus dem Bewußtsein der Individualität des Autors verfaßt wurde, haben osmanische Autoren sich in erster Linie als Teil der Gemeinschaft begriffen - es gibt in ihrer Literatur also keine deutlich erkennbare Distanz zwischen Erzähler und Erzähltem. Reflektiert wird nicht die breitere soziale Realität, sondern nur das eigene soziale Umfeld, und es fehlt als dritte Dimension die kritische Distanz zum Ich.[6] Dies änderte sich wesentlich in der Zeit der verstärkten Europäisierung im Osmanischen Reich, dem 19. und beginnenden 20. Jahrhundert. Der Versuch des Osmanischen Reiches, den Anforderungen der Moderne durch Reformen standzuhalten, schuf auch ein neues Menschenbild, welches auf dem aufklärerischen Verständnis des Menschen als dem wichtigsten Angelpunkt von Staat und Gesellschaft beruhte. Das Genre der Memoirenliteratur wurde in dieser Zeit zu einem wichtigen Medium, durch welches Meinungen geäußert und individuelle Kritik an Gesellschaft und Staat geäußert werden konnten. Nach dem Sturz Abdülhamids und der Aufhebung der Zensur 1909 kam eine ganze Reihe von Erinnerungsschriften auf den Markt, die diese wachsende Meinungspluralität in der osmanischen Gesellschaft bezeugen.

Und dies bringt mich wieder zu Leyla Hanım, die ihre Lebenserinnerungen erstmals 1921 in den Zeitungen *Vakit* und *İleri* als Fortsetzungsserie veröffentlichte.[7] Sie schrieb nach eigener Aussage über zwanzig Jahre an ihren Memoiren.[8] Neben ihrem Leben als Kind im Sultansharem zur Zeit von Abdülmecid I. (1839-1861) behandelt sie darin auch Themenschwerpunkte wie das Leben der Frauen in Istanbul, ihre späteren Begegnungen mit dem Harem Sultan Abdülaziz' (1861-1876) und ihre Reisen innerhalb des Osmanischen Reiches.[9] Ein ganz besonderer Stellenwert kommt bei ihr auch den Themen Kleidung, Mode und Tischsitten zu. Leyla Hanım, die sich zur Republikzeit den Nachnamen Saz gab, lebte von 1850 bis 1936. Sie entstammte einer angesehenen Familie der osmanischen Oberschicht. Ihr Vater, Hekim İsmail Paşa, war der Leibarzt Sultan Abdülmecids I. (reg. 1839-1861) und zu späteren Zeiten Vali (Gouverneur) verschiedener osmanischer Provinzen.[9] Ihre Mutter Nefise Hanım war die Tochter eines Privatkuriers Sultan Mahmuds II. Nefise Hanım war vor ihrer Heirat ein Mitglied des Gefolges von Fatma Sultan, einer der ältesten Töchter Abdülmecids, gewesen. Auch nach ihrer Heirat hielt der Kontakt an, so daß ihre beiden Töchter Adviye und Leyla als Gesellschafterinnen zweier der jüngeren Töchter Abdülmecids einen großen Teil ihrer Kindheit im Sultansharem verbrachten. Dank der Aufgeschlossenheit ihres Vaters, der selbst im Verlauf seiner medizinischen Ausbildung fünf Jahre in Paris gelebt hatte und westlichen Einflüssen und Neuerungen positiv gegenüberstand, erhielt Leyla nicht nur eine für ein Mädchen ungewöhnlich umfangreiche Ausbildung - sie lernte Arabisch, Persisch, Französisch und Griechisch und erhielt Musik- und Literaturunterricht - sondern wurde in ihren musikalischen und dichterischen Bemühungen auch von ihrem Vater unterstützt. Sie gilt heute als eine der wichtigsten Frauen der türkischen Musikgeschichte, die sowohl die klassischen osmanisch-türkischen als auch die europäischen Stile bestens beherrschte. Mit neunzehn Jahren wurde Leyla in Izmir, wo ihr Vater nun als Vali von Aydın Dienst tat, mit dem Kanzleichef ihres Vaters Sırrı Efendi, dem späteren "Giritli Sırrı Paşa",[10] verheiratet. Mit ihrem Mann, der als Verwaltungsbeamter in verschiedenen Provinzen Dienst tat, bereiste Leyla einige Jahre lang verschiedene Regionen des damaligen Osmanischen Reiches einschließlich Albaniens und Ägyptens.

Nun zu den Memoiren selbst. Leyla Hanıms Schreibstil wirkt aus der Perspektive eines heutigen Lesers steif, man vermißt an vielen Stellen lebendige Personenschilderungen und vor allem auch eine differenzierte Wertung des von ihr Erlebten, persönliche Äußerungen, eine Art Reflexion über das eigene Leben, was für uns einen wesentlichen Teil der Attraktivität von Memoirenliteratur ausmacht. Es ist auffällig an ihrer Schreibperspektive, daß nicht nur ihr eigener Charakter, sondern auch die Charaktere der übrigen von ihr beschriebenen Personen, ihre besonderen Eigenarten und Denkweisen, vielfach schemenhaft bleiben. Oft wirken ihre Beschreibungen klischeehaft, wobei auffällt, daß dieser Eindruck am stärksten da wird, wo sie hochgestellte Persönlichkeiten des osmanischen Herrscherhauses schildert. An diesen wird keine Kritik geäußert, sie sind alle gut, edel, wohltätig, schön etc. Leyla Hanım beschreibt an solchen Stellen keine Menschen, sondern ein altes osmanisches Ideal: das nämlich des reichen Wohltäters, der seinen Reichtum nicht für sich behält, sondern dafür sorgt, daß er zugunsten der Gemeinschaft neu verteilt wird.[11] Ihr Schreibstil ist also insbesondere dort, wo sie Menschen des osmanischen Hofes beschreibt, noch sehr von der Tradition panegyrischer Hoflyrik geprägt. Als Beispiel sei hier eine Passage zitiert, in der sie Adile Sultan, eine Schwester Mahmuds II., beschreibt:

> "Adile Sultanefendi war gottesfürchtig, wohlwollend, liebte die Armen und hatte ein freundliches Gesicht. Später fiel sie wegen des Verlustes ihres geliebten Gatten und ihrer geliebten Tochter in Verzweiflung und Niedergeschlagenheit und beachtete nichts mehr auf der Welt. Sie wünschte nichts mehr als weiterhin zu ihren Besucherinnen und der Dienerschaft freundlich zu sein und sich mit dem Dienst an Gott, Wohltätigkeiten und guten Taten zu beschäftigen. Sie ließ die reparaturbedürftigen Schulen und Häuser der Armen reparieren, ließ deren Kinder zur Schule gehen, ließ Bräuten die Aussteuer richten, ließ Krankenhäuser überwachen, ließ Wasser zu vertrockneten Brunnen bringen, ließ Brunnenschächte an den

Häusern der Armen und wasserlosen Wegen ausheben, kurz, sie ließ den Bedürftigen ihre Hilfe zukommen..."[12]

Will man dagegen das Neue an Leyla Hanıms Memoiren in den Blick bekommen, so sollte man sich auf andere Punkte konzentrieren: Neu an Leyla Hanıms Memoiren ist zum einen die Tatsache, daß sie von einer Frau geschrieben sind, zum zweiten, daß sie fast ausschließlich über Frauen und Frauenthemen schreibt, und zum dritten, daß sie ihren oben geschilderten steifen Schreibstil an mehreren Stellen durchbricht und sich dann doch nicht enthalten kann, ihre persönliche Meinung zu äußern. Daß Frauen schrieben und daß *über* Frauen geschrieben wurde, war bis ins 19. Jahrhundert hinein nicht selbstverständlich. Durch die europäisch ausgerichteten Reformen im 19. Jahrhundert kam jedoch im Rahmen einer veränderten Haltung der osmanischen Gesellschaft zu den Personenrechten auch eine Diskussion über die Stellung der Frau in Gang, die bewirkte, daß das Auftreten von Frauen in der Öffentlichkeit, ihr Zugang zur Bildung, Berufstätigkeit und ihr Wirken als Autorinnen neu bewertet wurden. Die Situation der osmanisch-türkischen Frauen erfuhr so im Verlauf des 19. Jahrhunderts einige grundlegende Änderungen. Nachdem im Zuge der Europäisierungsbestrebungen des osmanischen Staates erste Anfänge einer "Frauenbefreiung" von osmanischen Männern gemacht wurden, die, angeregt durch das europäische Frauenideal des 19. Jahrhunderts, für ihre Frauen bessere Bildungsmöglichkeiten und einen neuen Platz in der Gesellschaft forderten[13], begannen Frauen bald auch selbst, ihre Vorstellungen von ihrer Rolle in der Gesellschaft zu artikulieren. Der Zugang der Frauen zur Bildung geschah stufenweise: 1842 konnten sie erstmals eine berufliche Ausbildung als Hebamme oder Krankenschwester machen - die Kurse wurden von eingereisten europäischen Hebammen abgehalten. 1858 gab es die erste Mittelschule (*rüşdiye*) für Mädchen, 1863 wurde die erste Ausbildungsstätte für Lehrerinnen, 1869 die ersten Handwerksschulen für Mädchen eröffnet.[14] Diese Entwicklungen kamen zunächst nur der privilegierten Schicht in Großstädten wie Istanbul, Izmir oder Saloniki zugute. Doch ganz allmählich wuchs die Zahl der Schülerinnen in den neuen Schulen. Sie kamen nun nicht mehr nur aus den reichsten Kreisen des Landes, sondern ab und zu auch schon aus besonders fortschrittlich gesinnten Familien der Mittelschicht, beispielsweise aus der wohlhabenden Handwerkerschicht. In den wichtigsten Medien der Zeit - den erst zur Reformzeit eingeführten Zeitungen und der ebenfalls neuen Roman- und Theaterliteratur[15] - wurde die Stellung der Frau ein wichtiges Thema. Schon ab Ende der sechziger Jahre des 19. Jahrhunderts erschienen die ersten osmanisch-türkischen Frauenzeitungen und -zeitschriften. Sie wurden zunächst von Männern herausgegeben, doch dies änderte sich, und bald gab es auch Herausgeberinnen.[16] Die langlebigste dieser zahlreichen, aber meist kurzlebigen Zeitschriften war die *Hanımlara Mahsus Gazete*, "den Frauen zugeeignete Zeitung", in der fast ausschließlich Frauen schrieben und die fast nur von Frauen redaktionell betreut wurde.[17] Alle diese Zeitungen berichteten lobend über die Frauenbewegung in Europa. Sie propagierten "drei Prinzipien des Frauseins": Die türkische Frau solle eine "gute Mutter, gute Gattin, gute Muslimin" sein.[18] Um dies sein zu können, brauchte sie jedoch neue Rechte: Eine ungebildete Frau könnte diese Bedingungen nicht erfüllen, da sie so ihrem Mann keine gute Gesprächspartnerin, ihrem Kind keine gute Lehrerin, ihrem Gott keine gute Gläubige sein könnte. In den Frauenzeitungen wurden ausgiebig Verbesserungen des türkischen Heiratssystems, Monogamie, Frauenbildung, Berufstätigkeit der Frauen und das ungehinderte Sichbewegen der Frauen in der Öffentlichkeit diskutiert, auf deren Basis eine "ideale muslimische Frau" sich entwickeln könne.[19] Ein sehr wichtiges Thema war außerdem die Mode. Bis zur Reformzeit war Frauenkleidung immer starken Reglementierungen unterworfen gewesen, und noch bis ins 20. Jahrhundert hinein gab es immer wieder Sultanserlasse, die die Farbe und Dichte der *ferace* (eine Art von weitem Mantel, der mit einem Gesichtsschleier - *yaşmak* - kombiniert wurde), die Länge von Gesichtsschleiern und Kopftüchern und das Material und Futter der Mäntel vorschrieben. Doch war der Einzug der Mode gegen Ende des 19. Jahrhunderts aufgrund der durch die Reformzeit bewirkten tiefgreifenden Veränderungen in Gesellschaft und Staat nicht mehr aufzuhalten.[20]

Leyla Hanım schreibt ganz im Bewußtsein dieser neuen Rechte. Da ist einmal ihre Überzeugung, als Autor*in* bestimmte Dinge beschreiben zu können und als Chronistin beschreiben zu *müssen*, zu denen Männer keinen Zugang hatten. Sie schreibt ihre Memoiren also aus dem Impuls heraus, eine schon vergangene Epoche für die Nachwelt festhalten zu müssen, und sie schreibt vor allem über Frauenthemen. Sie gibt beispielsweise Informationen über den Ablauf des Haremslebens,[21] die Bildung der Frauen,[22] äußert Kritik an bestimmten Punkten wie zum Beispiel dem Aberglauben der Haremsfrauen, der sie zu leichtgläubigen Opfern falscher Ärzte, die ebenfalls Frauen waren, gemacht habe,[23] und hebt mit spürbarer Genugtuung hervor, daß die Frauen des europäischer und orientalischer Musikstile mächtigen Haremsorchesters dem männlichen Orchester des osmanischen Hofes an Können überlegen gewesen seien.[24] Wie ihren Kolleginnen aus der Journalistik ist auch ihr die Mode besonders wichtig. An ihren Beschreibungen wird deutlich, wie sehr diese inzwischen auch im Osmanischen Reich durch die Öffnung nach Europa Trends unterlag, die von europäischen Modeströmungen geprägt waren. Wichtigstes Kriterium war nun - immer noch natürlich in bestimmten Grenzen -, individualistisch und originell zu sein und ein Kleid zu tragen, das teuer war und das keine andere trug. Man schneiderte nun nicht mehr alles selber, sondern kaufte die Waren fertig in den feinen Geschäften von Beyoğlu, dem Europäerviertel von Istanbul. Oft waren die Stoffe Importware aus Europa.[25] An Leylas Aufzeichnungen ist so deutlich zu sehen, wie Individualismus und

Kapitalismus sich auch durch die Mode in der osmanischen Gesellschaft ausbreiteten:

> "Es hatte die Nachahmung von Kleidung europäischen Stils begonnen. Die Schneider, die in die Konaks kamen, folgten mit ihren Modellen auch dem modischen Geschmack. Mit ihren Proben, die sie mitbrachten, wurde man an den Einkauf in den Geschäften in Beyoğlu gewöhnt - sie versuchten, die europäische Mode zu verbreiten. Sie waren erfolgreich, und unsere Ware begann im Ansehen zu sinken."[26]

Das neue Verhalten der Gesellschaft gegenüber der Mode führte zu Zeiten, als sich der Islamismus als Ideologie zu bilden begann,[27] zu einer interessanten Transformation: Leyla beschreibt, wie ein Kleidungsstück, das uns heute als der "Prototyp" fundamentalistischer islamischer Frauenkleidung gilt - der *çarşaf* (den ganzen Körper verhüllender schwarzer Straßenumhang) - erst durch eben diese neue Modebegeisterung in den siebziger Jahren in die türkisch-osmanische Gesellschaft eingeführt wurde. Sie macht auch deutlich, was sie davon hält:

> "en *car*, die Bedeckung der arabischen Länder, brachten Frauen, die lange dort gelebt und sich an diese Bedeckung gewöhnt hatten, bei ihrer Rückkehr nach Istanbul mit und fuhren fort, sich damit zu bedecken. Die meisten derjenigen, die beim Thema Verschleierung übermäßig fanatisch waren oder die so scheinen wollten, legten den *car* an, wenn sie das sahen... Es gibt nichts, was an dieser Kleidung nachahmenswert wäre. Im Gegenteil, es ist kein Vergnügen, wie die von Lastträgern am Zoll herumgerollten Säcke auszusehen. (Der Vergleich ist böse. Aber egal, schließlich habe ich ihn selbst getragen.) Es war eine unerträgliche Qual, die Augen, die Gott uns zum Sehen schenkte, den Mund und die Nase zu bedecken und zu verschließen, so daß das Sehen und Atmen erschwert wurde. Es war wirklich nicht nötig, diese Kleidung anzuziehen. Selbst wenn man es unter dem Aspekt des Preiswertseins sieht - bei den *ferace*-Verkäufern auf dem Markt gab es *feraces* aus imitierter Angorawolle für nur 100 Kuruş.
> Ein Grund für das Interesse am *çarşaf* (*car* - B.S.) war die Mode und die Nachahmungssucht. Der andere ergab sich aus der Leichtigkeit, ohne eine Freundin nötig zu haben auf die Straße gehen zu können, indem man sein Gesicht versteckte und in den *çarşaf* hüllte."[28]

Daß in einer Periode der Liberalisierung ein Kleidungsstück auftauchte, welches die Gestalt der Frauen im Straßenbild auf den Anblick unförmiger "Säkke" reduzierte und ihnen aus ihrem Stoffkäfig heraus nicht einmal einen freien Blick auf die Straße erlaubte, erklärte Muhaddere Taşçıoğlu damit, daß die Einführung des *çarşaf* in Istanbul eine Reaktion der islamisch-konservativen Kräfte im Osmanischen Reich auf die europäische Penetration gewesen sei -

allerdings sicher mit von diesen Kräften unerwünschten Nebeneffekten, wie die letzten Sätze der gerade zitierten Passage zeigen.[29]

Das obige Zitat ist eine der Stellen in Leyla Hanıms Memoiren, an denen die Autorin den selbst auferlegten Status als objektive Chronistin einer vergangenen Zeit einmal aufgibt und ihre Erinnerungen einen stärker subjektiven, autobiographischen und frauenspezifischen Charakter bekommen. Diese Lösung von einem rein formalen und deskriptiven Stil zugunsten einer "Autobiographisierung" und "Femininisierung" der Memoiren ist bemerkenswerterweise insbesondere dann zu finden, wenn Leyla ihren Blick vom Harems- und Hofzeremoniell und den Damen der osmanischen Herrscherfamilie löst und sich dem Alltagsleben "gewöhnlicher" Frauen in ihrem Umkreis zuwendet - den Frauen befreundeter Familien der Istanbuler Oberschicht, den Frauen auf der Straße, doch vor allem: den Sklavinnen.

Was veranlaßt Leyla Hanım, das Thema Sklaverei in ihren Memoiren immer wieder aufzugreifen und ausführlich zu diskutieren? Hier zeigt sich meines Erachtens nach besonders deutlich, daß sie von den Diskussionen um die Rolle der Frau und die Position des Einzelnen in der Gesellschaft, wie sie im Laufe ihres Lebens stattfanden (beim Schreiben ihrer Memoiren war sie zwischen fünfzig und siebzig Jahre alt), nicht unbeeinflußt geblieben ist. Ihre Weltsicht, wie sie sich in ihren Memoiren äußert, ist geprägt durch ihr Bewußtsein für die Individualität des Menschen, ihre Überzeugung von der Notwendigkeit seiner Selbstbestimmtheit und schließlich die Überzeugung, als Frau nicht weniger wert zu sein als ein Mann. Sklavinnen, insbesondere schwarze Sklavinnen, erweckten durch ihre Rolle in der osmanischen Gesellschaft in besonderer Weise Leylas Aufmerksamkeit und Mitgefühl. Während ihre Sicht der weißen Sklavinnen bisweilen ambivalent ist, da diese in der osmanischen Gesellschaft nicht ohne Aufstiegschancen waren und in der Haremshierarchie des osmanischen Hofes und der Elite hohe Positionen einnahmen, zeigt sie ihre Ablehnung der Sklaverei dann ganz eindeutig, wenn sie schwarze Sklavinnen schildert, die in ihrer Gesellschaft aufgrund ihrer Hautfarbe immer Außenseiterinnen bleiben mußten. Sie wendet sich gegen die Diskriminierung von Schwarzen, indem sie ihren Lesern zu beweisen sucht, daß Schwarze nicht dümmer seien als Weiße, sondern nur durch die immense Fremdheitserfahrung nach ihrer Verschleppung ins Osmanische Reich, die bei ihnen aufgrund des großen Kulturunterschiedes ungleich heftiger sei als bei neu in die osmanische Gesellschaft gekommenen tscherkessischen Sklavinnen, in der Bewältigung ihres "Kulturschocks" überfordert seien.[30] Die weibliche Sklaverei sieht Leyla Hanım immer auch im Zusammenhang mit der Situation der osmanischen Frau. Sie kritisiert indirekt die Polygamie, wenn sie über die Eifersüchteleien berichtet, die durch das Konkubinat von Sklavinnen unter den Frauen eines Harems entstanden seien,[31] und steht auf der Seite einer schwarzen Sklavin, die sich von ihrem sie schlagenden Mann trennte.[32]

So ist über Leyla Hanıms Selbstverständnis als Frau und Memoirenautorin der spätosmanischen Periode folgendes zu sagen: Obwohl Leyla Hanım in ihrem Schreibstil noch deutlich traditionellen Mustern verhaftet ist, ist ihr Bewußtsein schon von neuen Entwicklungen geprägt. Sie schrieb ihre Memoiren in der Spätzeit des Osmanischen Reiches, als sich die Lebensgewohnheiten und das Menschenbild ihrer Gesellschaft schon so stark gewandelt hatten, daß sie es für nötig befand, in ihren Erinnerungen Dinge zu dokumentieren, die sonst aus dem kollektiven Gedächtnis verschwinden würden. Daß sie über Frauen und frauenspezifische Themen schrieb und daß dies in ihrer Gesellschaft offensichtlich auch auf großes Interesse stieß - *Vakit* und *İleri* waren angesehene Zeitungen mit einem größeren Leserkreis - hängt eng damit zusammen, daß zur Zeit der Veröffentlichung ihrer Memoiren das Thema der rechtlichen und sozialen Gleichstellung der Frau schon einen langen Diskussionsprozeß durchlaufen hatte und die rechtliche Situation der Frau bereits durch einige Reformen verbessert worden war, so daß Frauen nun im Vergleich zu früher einen wesentlich wichtigeren Platz im öffentlichen Leben einnahmen. Auch Leyla Hanıms kritische Sicht der Sklaverei erklärt sich aus ihrem neuen Menschenbild. Anders als osmanische autobiographische Autoren früherer Jahrhunderte reflektiert sie eine breitere soziale Realität und wird ihr oft noch sehr formaler, unpersönlicher Schreibstil immer wieder durchbrochen von selbstbewußten Äußerungen der eigenen Meinung.

Anmerkungen

1 Börte Sagaster, Die Osmanische Musikerin und Dichterin Leyla Saz - Erinnerungen an eine Kindheit im Harem ᶜAbdülmecīds I. Vorgelegt bei der philosophischen Fakultät der Universität Hamburg im Fach Turkologie, 1989. Veröffentlicht in popularisierter und erweiterter Form unter dem Titel Im Harem von Istanbul: Osmanisch-türkische Frauenkultur im 19. Jahrhundert, Hamburg 1989.

2 Für das Lesen verschiedener Stadien meines Manuskripts und weiterführende Anregungen geht mein Dank an Friederike Pannewick und Katja Füllberg-Stolberg.

3 Da diese Entwicklungen noch sehr neu sind, ist weniger auf Publikationen denn auf derzeit neu stattfindende Forschungsprojekte zu verweisen. Beispiele: Infolge der Gründung der "Istanbuler Frauenbibliothek und Informationszentrums-Stiftung" (Kadın Eserleri Kütüphanesi ve Bilgi Merkezi Vakfı) im Jahre 1990 haben das Interesse und die Arbeit an den Biographien osmanischer Frauen in der Türkei einen regen Aufschwung genommen. Seit 1996 existiert das Forschungsprogramm "Individual and Society in the Muslim Mediterranean World" der European Science Foundation, in welchem das Individuum im Zentrum interdisziplinärer historischer Forschung steht.

4   Vgl. hierzu Cemal Kafadar, Self and others: The diary of a dervish in seventeenth century Istanbul and first-person narratives in Ottoman literature. In: Studia Islamica LXIX (1989), S. 121-150, und Nicolas Vatin, Pourquoi un Turc ottoman racontait-il son voyage? Notes sur les relations de voyage chez les Ottomans des Vâkı'ât-ı Sultân Cem au Seyâhatnâme d'Evliyâ Çelebi. In: Études turques et ottomanes No 4: Voyageurs et Diplomates Ottomans, Paris 1995, S. 5-15.
5   Kafadar, a.a.O.
6   Dies offenbar mit (bisher) einer Ausnahme: wieder Cemal Kafadar fand im Archiv des Topkapı Saray in Istanbul das Traumbuch einer der wenigen osmanischen AutorInnen aus der Jahrhundertwende vom 17. zum 18. Jahrhundert, welches aus einer Sammlung von Briefen einer gewissen Asiye Hatun aus Üsküp (Skopje) an einen Sufi-Şeyh des Halvetiye-Ordens besteht. In diesen Briefen reflektiert die Autorin über ihre Träume, gibt auch einige Informationen zu ihrem Umfeld und stellt sich vor allem immer wieder selbst in Frage.
Die Briefe Asiye Hatuns waren nach Meinung Kafadars insofern eine Art "Tagebuch", als die Autorin von jedem Brief, den sie ihrem Şeyh schickte, auch für sich selbst eine Abschrift machte und diese bei sich aufbewahrte, so daß sie früher Geschriebenes nachlesen und sich so erinnern konnte. Bisher sind meines Wissens keine anderen Texte von osmanischen Frauen vor dem 19. Jahrhundert bekannt, die einen solchen Erinnerungscharakter tragen. Veröffentlicht mit einer langen Einleitung Kafadars bei dem Istanbuler Oğlak-Verlag als: Asiye Hatun, Rüya Mektupları, Bearb. Cemal Kafadar, Istanbul 1994 (Einleitung S. 9-47).
7   Veröffentlicht unter den Titeln "Harem ve saray âdât-ı kadimesi" in "Vakit" und "Geçen asırda kadın hayatı" in "İleri". Ins Neutürkische übertragen unter dem Titel: Leylâ Saz, Harem'in İçyüzü, Bearb. Sadi Borak, Istanbul 1974. Es existieren zwei französische Übersetzungen ihres Sohnes von Auszügen aus ihren Erinnerungen, die 1924 und 1925 in Paris entstanden: Youssouf Razi, Souvenirs de Leila hanoum. In: Revue de Paris, 31, 3 (1924), S. 268-292, 604-637, und Youssouf Razi, Le harem impérial et les sultanes au XIXe siécle, mit einem Vorwort von Claude Farrère, Paris 1925. Letztere wurde neu herausgegeben als: Le Harem Impérial au XIXe siécle, Paris 1991; von Landon Thomas ins Englische übersetzt als: Leyla (Saz) Hanımefendi, The Imperial Harem of the Sultans: Daily Life at the Çırağan Palace during the 19th Century, Istanbul 1994.
8   Vakit, 24.3.1921.
9   Zu İsmail Paşa und seinen Nachkommen vgl. Necdet Sakaoğlu, Hekim İsmailpaşazadeler. In: Dünden Bugüne İstanbul Ansiklopedisi. Bd. 4, S. 40f., sowie die Memoiren Nezih Neyzis, eines Urenkels Leylâ Hanıms: Kızıltoprak Hatıraları, Istanbul 1993.
10 Zu seiner Biographie vgl. Neyzi, a.a.O., S. 49-56.
11 Vgl. hierzu die Ausführungen Şerif Mardins in seinem Aufsatz "Super Westernization in Urban Life in the Ottoman Empire in the Last Quarter of the Nineteenth Century In: P. Benedict/E. Tümertekin/F. Mansur (Hg.), Turkey: Geographic and Social Perspectives, Leiden 1974, S. 403-446.
12 Vakit, 20.5.1921.
13 Berühmt wurde in diesem Zusammenhang Namık Kemals Artikel "Aile". In: İbret, Nr. 56, 18. Ramazan 1289 [19.11.1872].
14 Şehmus Güzel, Tanzimat'tan Cumhuriyet'e Toplumsal Değişim ve Kadın. In: Tanzimat'tan Cumhuriyet'e Türkiye Ansiklopedis. Bd. 3 u. 4, S. 858-874.

15 Die erste regelmäßig erscheinende Zeitung, die "Takvim-i Vekayi", erschien erstmals 1831 in Istanbul; als erstes türkisches Theaterstück gedruckt wurde 1859 Şinasis "Şair Evlenmesi"; als erster türkischer Roman gilt allgemein Şemseddin Samis 1872 erschienenes Buch "Taaşşuk-ı Talat ve Fıtnat".
16 Eine ausführliche Behandlung des Themas bietet Serpil Çakır, Osmanlı Kadın Hareketi, Istanbul 1994.
17 Die erste Nummer kam am 1. August 1875 heraus, die Zeitung hielt sich bis zur 604. Nummer 1908. Näheres vgl. Çakır, S. 27-32.
18 Şehmus Güzel, Tanzimat'tan Cumhuriyet'e Toplumsal Değişim ve Kadın. In: Tanzimat'tan Cumhuriyet'e Türkiye Ansiklopedisi, Istanbul 1986, S. 858-874, 859.
19 Ebenda.
20 Laut Nora Şeni konnte sich die Mode im Osmanischen Reich infolge der Herausbildung von zivilgesellschaftlichen pluralistischen Zügen des Staates entwickeln, der bis dahin durch die Kleiderordnung seinen Konservativismus demonstriert hatte. Die Überwachung der Kleidung - auch die Männerkleidung war festen Normen unterworfen - gehörte zur direkten Kontrolle der osmanischen Untertanen durch den Staat (Zentralismus). Vgl. Nora Şeni, Symbolische Bedeutung der Frauenkleidung um die Jahrhundertwende. In: Aylâ Neusel/Şirin Tekeli/Meral Akkent (Hg.), Aufstand im Haus der Frauen: Frauenforschung aus der Türkei, Berlin 1991, S. 49-72.
21 Vgl. insbesondere Vakit, 17.2.1921, 26.2.1921.
22 Ebenda, 26.2.1921.
23 Ebenda, 19.2.1921.
24 Ebenda, 24.1.1921.
25 Ebenda, 24.3.1921. Leyla Hanım schildert hier u.a. einen Vorfall, welcher sich bei der Hochzeit Münīre Sultāns, einer Tochter Abdülmecids, im Jahr 1858 abspielte: Dort sei ihre Mutter einer anderen Dame begegnet, die genau dasselbe Kleid anhatte wie sie, und darüber sehr in Rage geraten. Beide hätten ihr Kleid bei einem Taftverkäufer in Beyoğlu als "Unikate" erworben.
26 Ebenda.
27 Zur Herausbildung des Islamismus als Ideologie vgl. Şerif Mardin, 19. yy'd Düşünce Akımları ve Osmanlı Devleti. In: Tanzimat'tan Cumhuriyet'e Türkiye Ansiklopedisi. Bd. 2, S. 342-351.
28 Vakit, 10.2.1921.
29 Muhaddere Taşçıoğlu, Türk Osmanlı Cemiyetinde Kadının Sosyal Durumu ve Kadın Kıyafetleri, Ankara 1958, S. 23. Wie der Fes ist also der *çarşaf* - heute *das* Kleidungsstück islamistischer Frauen in der Türkei - ein Beispiel für eine - in diesem Fall dem Machterhalt religiöser Kreise dienende - "invented tradition"; zur Rolle des Fes und anderer im 19. Jahrhundert neu eingeführter "Traditionen" im Osmanischen Reich vgl. Selim Deringil, The Invention of Tradition as Public Image in the Late Ottoman Empire, 1808 to 1908. In: Comparative Study of Society and History XXXV (1993), S. 3-29.
30 Saz, a.a.O., S. 59-69.
31 Ebenda, S. 47.
32 Ebenda, S. 68.

Arbeitergeschichte des kolonialen Indien. Methodische Annäherung und Quellen

Annemarie Hafner

> "Historiker haben ein kurzes Leben, und alles, was der Gelehrte hervorbringt, ist nach 20 Jahren mehr oder weniger obsolet geworden. Wenn etwas übrigbleibt, dann nicht das, was man seinerzeit in den Archiven entdeckt hat, sondern welche Ideen man dazu gehabt und daß man diese Ideen verständlich gemacht hat."
> (Eric J. Hobsbawm)[1]

Die soziale Beschaffenheit und die politische Aktion von Bauern und Arbeitern in den Ländern Afrikas und Asiens gehören zu den etablierten Themen der Geschichtsschreibung unserer Zeit. Im Vergleich zur Aufmerksamkeit, die der Agrar- und Bauernproblematik gewidmet wurde und wird, wurde die Stadtarmut und die Lohnarbeiterschaft allerdings von jeher stiefmütterlich behandelt. Die Gesellschaften der genannten Regionen werden gemeinhin als im wesentlichen "agrarisch" verstanden, und das historiographische Interesse hat diese Perzeption weitgehend widergespiegelt. Ob und inwieweit sich dieses Ungleichgewicht verstärkt und sich angesichts eines konservativen Zeitgeistes und restaurativer Verdrängungen Gefahren für die Stellung der Arbeitergeschichte ergeben, ist derzeit noch nicht genau zu erfassen. Zumindest aber wurde diese Möglichkeit auf der 32. Linzer Konferenz der Internationalen Tagung der Historikerinnen und Historiker der Arbeiterinnen- und Arbeiterbewegung im September dieses Jahres angedeutet.[2] Wahrscheinlich ist es so, daß einzelne Regionen vom Kollaps des "realen Sozialismus" und der damit einhergehenden Ablehnung einer vom Marxismus beeinflußten Geschichtsauffassung unterschiedlich betroffen sind und damit auch ihre Geschichtsschreibung abgestuft herausgefordert ist.

Was die Beschäftigung mit südasiatischer Arbeitergeschichte betrifft, so gibt es gegenwärtig auf der internationalen Ebene sowohl Positives als auch Negatives zu beobachten. Erfreulich ist auf der einen Seite der Versuch, ein South Asian Labour Studies Network zu schaffen, das die Kontakte zwischen den Forschern intensivieren und Arbeiten auf diesem Gebiet fördern könnte.[3] Nachdenklich stimmt dagegen, daß Themen zur Arbeitergeschichte auf der Europäischen Konferenz zu Modernen Südasienstudien in den letzten Jahren immer seltener behandelt wurden, bis in Kopenhagen 1996 schließlich nur noch ein einziger Beitrag zu dieser Problematik übrigblieb.

Arbeitergeschichte - Arbeiterkultur

"Arbeitergeschichte" ist das Produkt eines innerdisziplinären Wandels. Etwa zu Beginn der sechziger Jahre war in Ländern, die sowohl über eine Tradition von Geschichtswissenschaft als akademische Disziplin als auch über alte, politisch bedeutsame Arbeiterbewegungen verfügten, eine deutliche Abkehr von der bis dahin überwiegenden ideen- und organisationsgeschichtlichen Sicht auf den Verlauf ihrer nationalen gewerkschaftlichen und politischen Arbeiterbewegungen zu beobachten. Man wandte sich statt dessen den Arbeitern selbst zu, um der Frage nach den Ursachen und Bedingungen für die Entstehung sozialer Bewegungen seit Beginn der Industrialisierung nachzugehen.[4]

Die immense Vielfalt an Alltagserfahrungen der Arbeiter wurde nun zum Hauptgegenstand der Untersuchungen. Diese Ausweitung der Arbeitergeschichte bezog bisher oftmals anderwärts behandelte Fragestellungen mit ein. Die Grenzen zu den Subdisziplinen der Sozialgeschichte wurden durchlässig. Methoden und Erkenntnisfelder der Bevölkerungs-, Technik- und Unternehmensgeschichte, der Stadt- und Familiengeschichte sowie Arbeitstechniken der Mobilitäts- und Mentalitätsforschung traten neben die gewohnten Gegenstände der Politik-, Ideen- und Organisationsgeschichte. Wichtige Ergebnisse zur Arbeitergeschichte trug eine moderne Volkskunde bei, die den durch Industrialisierung bewirkten soziokulturellen Wandel in ihre Untersuchungen einschloß.[5]

Der Schlüssel zu dieser neuen Sicht auf die Arbeiterklasse und ihre Geschichte liegt jedoch im wesentlichen in einer Neudefinition des Kulturbegriffs. Raymond Williams darf auf diesem Gebiet als einer der einflußreichsten Protagonisten betrachtet werden. Sein Vorschlag läuft darauf hinaus, intellektuelle und ästhetische Praxisformen in den weiteren Horizont der "gesamten Lebensweise" von sozialen Klassen einzugliedern. Er meinte, Kultur sei "a description of a particular way of life, which expresses certain meanings and values not only in art and learning but also in institutions and ordinary behaviour"[6]. Davon abgeleitet, versteht man unter "Arbeiterkultur" die Gesamtheit der proletarischen Lebensweise. Es geht also um den Lebensstil von Arbeitern, um ihre klassen- bzw. gruppenspezifischen Normen und Verhaltensweisen, Wertvorstellungen und Institutionen, mit denen sie ihr Zusammenleben, aber auch ihr Verhältnis zu anderen Klassen und Schichten gestalten. Kultur wird hier zu einem *primum movens* klassengesellschaftlicher Dynamik und Entwicklung.

Einen der stärksten Impulse erhielt die Erforschung der Arbeiterkultur durch die Studien von E.P. Thompson. Bekanntlich betonte er in besonderer

Weise, daß Klassen nicht als Struktur oder Kategorien verstanden werden dürften, sondern eher als Ausdruck und Inhalt von sozio-kulturellen Beziehungen. In seiner 1963 erschienenen Pionierarbeit "The Making of the English Working Class" schrieb er:

> "By class I understand a historical phenomenon, unifying a number of disparate and seemingly unconnected events, both in the raw material of experience and in consciousness... I do not see class as 'structure', nor even as a 'category', but as something which in fact happens (and can be shown to have happened) in human relationships."[7]

In Frankreich ist die Schule der "Annales" an kulturhistorischen Fragestellungen in erheblichem Umfang interessiert. Kennzeichnend ist hier neben der besonders intensiven Zusammenarbeit von Geschichte, Soziologie und Anthropologie auch die starke Hinwendung zur Untersuchung von Alltagsphänomenen und der proletarischen Mentalität sowie zur Erforschung von ländlichen Lebensformen.

In Deutschland hat die Erforschung der Arbeiterkultur erst relativ spät begonnen. Obgleich Friedrich Engels schon früh darauf aufmerksam gemacht hat, daß sich Bourgeoisie und Proletariat nicht nur in ihrer Stellung zu den Produktionsmitteln und in ihrer Politik, sondern auch in Sprache, Ideen und Vorstellungen, Sitte und Religion unterscheiden[8], hat sich die Geschichtsforschung in Deutschland mit dem Lebensstil der Arbeiter lange Zeit nur beiläufig beschäftigt. Fragen der Ideologie und der Geschichte der Arbeiterorganisationen standen in der Geschichtsschreibung in der DDR wie der BRD bis zu den sechziger Jahren einseitig im Mittelpunkt des Interesses. Im Zusammenhang mit dem Aufkommen der "Alltagsgeschichte" seit Beginn der siebziger Jahre veränderte sich diese Situation allerdings schlagartig, so daß Friedhelm Boll 1986 feststellte, Arbeiterkulturforschung sei "in Mode gekommen"[9].

Das in Europa neu etablierte Konzept von Arbeitergeschichte strahlte auch nach Südasien aus. In seiner Ansprache als Präsident der Sektion Moderne Geschichte des Indischen Historikerkongresses 1982, in der Sabyasachi Bhattacharya den Forschungsstand zur indischen Arbeitergeschichte resümierte, erwähnte er den Begriff "Arbeiterkultur" als historiographische Kategorie zwar noch nicht, wies aber auf die Notwendigkeit hin, dem bis dato kaum untersuchten Problem der proletarischen Mentalität größere Aufmerksamkeit zu widmen.[10] Etwa zur gleichen Zeit beklagte der indische Historiker Sumit Sarkar "the absence of genuine social history in India" und formulierte, daß "an area of silence relates to the vast and virtually unexplored terrain in forms of popular consciousness and culture"[11]. Einige Jahre später modifizierte er diese Aussage. In einer Festrede für ein Kalkuttaer College stellte er 1990 fest:

> "In recent years, the most impressive kind of Marxian historical scholarship abroad has focussed precisely on the realms neglected earlier: the

study of forms of consciousness, 'culture' or 'mentalities'... 'Social history' in this sense is just beginning in India."[12]

In der Tat zeichnete sich im vergangenen Jahrzehnt unter Indien-Historikern ein Trend ab, kulturgeschichtliche Gesichtspunkte in ihre Forschungen zur Gesellschaft im kolonialen Indien einzubeziehen. So hat die sich in Indien rasch entwickelnde Stadtgeschichte auch die Erforschung der Kultur der "niederen Klassen" ausdrücklich als Aufgabe benannt.[13] Auch der in Indien noch relativ junge Zweig der Familiengeschichte macht kulturelle Zusammenhänge deutlich. Vor allem aber machten die sogenannten Unterschichten-Studien mit einer größeren Zahl von Publikationen über Protestbewegungen von Stämmen, Bauern und - in geringerem Ausmaß - auch von Industriearbeitern von sich reden. Der Wunsch, Geschichte nicht nur vom Standpunkt der Herrschenden zu sehen, verbunden mit der Kritik an allen Varianten von Eliten, seien es kolonialistische, nationalistische oder auch marxistische, fand seinen Ausdruck in Bestrebungen, Geschichte gleichsam von unten, von den Betroffenen her zu schreiben und ihre Erfahrungsbereiche, ihr Bewußtsein, ihre Werte, Verhaltensweisen und Lebensverhältnisse in umfassender Weise darzustellen.

Die Kultur der Arbeiterschaft ist ein legitimer Gegenstand der wissenschaftlichen Forschung geworden. Für den Historiker ist dabei von besonderem Interesse, wie vorindustrielle Traditionen von Arbeiter- und Unterschichtenkulturen sich in ihren ethnischen, religiösen, nationalen, regionalen und gewerblichen Ausprägungen unter dem Einfluß von Industrialisierung und Urbanisierung gewandelt und wie sich bei aller Variationsbreite der Erscheinungen gewisse Gemeinsamkeiten einer Arbeiterkultur herausbildeten. "Arbeiterkultur bezeichnet den Gesamtzusammenhang einer schichtenspezifischen Lebensweise, die ihren Ausdruck ... im sozialen und politischen Verhalten, in Wertvorstellungen und eigenen Institutionen findet," definierte Gerhard A. Ritter.[14] Zur Arbeiterkultur gehören daher neben den Organisationen der Arbeiterschaft, die in ihren Funktionen als kollektive Interessenvertretung und Instrumente politischer Partizipation auch Aufgaben einer industriegesellschaftlichen Sozialisation der Arbeiterschaft wahrnehmen, auch das Freizeit- und Geselligkeitsverhalten der Arbeiter, ihre Wohn-, Eß- und Trinkkultur, ihre Gewohnheiten am Arbeitsplatz, ihr Kommunikationsverhalten im Betrieb, in der Nachbarschaft und sonstigen Gemeinschaften, die Struktur und das Beziehungsgeflecht der Arbeiterfamilie, hier vor allem das Rollenverständnis von Mann und Frau, sowie das Verhältnis der Eltern zu den Kindern und zu den sonst zur Wohngemeinschaft gehörenden Personen.

Arbeiterkultur im kolonialen Indien - Erfahrungen mit Quellen

Wenn wir die ganzheitliche Lebenswelt der indischen Arbeiter im städtisch-industriellen Milieu unter kolonialen Bedingungen in ihrer historischen Dimension erfassen wollen, müssen wir quantitativ wie qualitativ äußerst disparate Quellen handhaben, die in ihrer überwiegenden Mehrheit von fremden und einheimischen Eliten hervorgebracht wurden. Tatsache ist, daß das Material in den offiziellen Archiven - mit geringen Ausnahmen - in englischer Sprache verfaßt ist. Und Tatsache ist gleichermaßen, daß es sich dabei zum großen Teil um koloniales Schriftgut handelt. Der Arbeiter selbst blieb in der indischen Geschichte im wesentlichen stumm. Oder, wie Anita Chakravarty feststellt: "... the vast masses of the Indian people did not think, speak, dominate or revolt in the English language."[15] Den Mangel an proletarischen Selbstaussagen empfinden wir umso schmerzlicher, wenn wir uns der Bedeutung von Arbeitermemoiren für die europäische Arbeitergeschichte erinnern. Der Indien-Historiker muß sich im wesentlichen auf diejenigen verlassen, die im Interesse des Arbeiters gesprochen haben: Gewerkschafter und Politiker, Journalisten und Sozialarbeiter, Beamte und Rechtsanwälte. In der Regel kann der Protest der Arbeiterschaft nur durch die verzerrte Optik von geheimdienstlichen Polizeiberichten, hastig gekritzelten Notizen von Zeitungsreportern oder von Akten der Kolonialverwaltung und Unternehmervereinigungen wahrgenommen werden. Die Mentalität der einfachen Menschen und die Motive für ihr Handeln werden häufig nur in dramatischen Momenten ihrer kollektiven Aktionen deutlich oder finden ihr Echo in den Äußerungen ihrer Wortführer.[16]

Im folgenden sollen einige ausgewählte Bereiche der proletarischen Lebenswelt im kolonialen Indien benannt und dabei Bemerkungen zur Quellenlage gemacht werden. Einen schier unerschöpflichen Fundus an Fakten enthalten die Quellen administrativer Provenienz. Zensusdaten, Verwaltungsberichte (administrative reports), regional-geographische Übersichtsdarstellungen (gazetteers) und Berichte von Kommissionen zur Untersuchung der Lage der Arbeiter in verschiedenen Industriezweigen bieten die Grundlage für Studien über den Arbeitsmarkt, über Migration, Kaste und berufliche Mobilität. Außerdem können aus einem riesigen Bestand an Akten der ehemaligen Kolonialverwaltung für die Arbeitergeschichte relevante Informationen ausgegraben werden. Mit Hilfe dieses Materials läßt sich der Verstetigungsprozeß der industriellen Arbeiterschaft recht gut belegen. Aussagekräftiges sozialstatistisches Material kann zur Untersuchung von Fragen der Arbeitszeit, der Arbeitsbelastung, der Frauen- und Kinderarbeit, der Lohnentwicklung, des Lebensstandards und Verbraucherverhaltens usw. herangezogen werden.

Einen wichtigen Platz in dem genannten Quellenbestand nehmen Aussagen zur Herausbildung industriellen Arbeitsvermögens und industrieller Arbeitskultur ein. Die offizielle Rhetorik zu Themen wie Effektivität, Disziplin und zum generellen Verhalten von Arbeitern im Produktionsprozeß war reichhaltig. Der indische Industriearbeiter wurde mit dem Etikett versehen, "faul" zu sein bzw. seine Aufgaben nachlässig zu erledigen. Es wurde behauptet, daß er zu anhaltenden und harten Anstrengungen nicht fähig sei, daß er seine Mahlzeiten während der Arbeitszeit einnehme, während der Mittagspausen schlafe, seinen Arbeitsplatz wiederholt verlasse, um zu rauchen, sich zu waschen, zu plaudern usw. Von der Kolonialregierung unterstützt, führten die Manager indischer Unternehmen ein Regelwerk ein, das dazu dienen sollte, den Arbeiter zu disziplinieren. Geldstrafen[17] waren u.a. ein Mittel, Pünktlichkeit und sorgfältiges Arbeiten zu erzwingen.

Im Spannungsfeld von Zwang und Widerstand gestalteten die Arbeiter ihr Arbeitsverhalten sowie ihre Protestformen. Sie reagierten, wenn es um Lohnfragen ging, wehrten sich gegen ungerechtfertigte Strafen und brachten ihren Unwillen über exzessive Arbeitszeiten zum Ausdruck. Eine neuere historiographische Strömung geht von einem erweiterten Widerstandbegriff aus. Sie schließt auch eine Zone alltäglicher und unauffälliger Protest- und Verweigerungsformen, die unterhalb und vor allem auch außerhalb des Feldes liegen, das durch die Regeln des institutionalisierten Konflikts zwischen Lohnarbeit und Kapital abgesteckt ist, in die sozialwissenschaftliche Analyse ein.[18] So kann z.B. der weitverbreitete Absentismus als Protest- und Verweigerungshaltung gegenüber dem disziplinarischen Regelwerk des Managements interpretiert und neu bewertet werden.[19]

Aussagen zu Aspekten des Alltagslebens, d.h. zur "gelebten Erfahrung" der Arbeiter, finden wir zusätzlich zu den bereits genannten Quellengruppen insbesondere in Studien und Materialien der von der Kolonialregierung in verschiedenen Regionen eingesetzten Beamten für Arbeiterfragen (labour officer). Von ihnen veröffentlichte Berichte und herausgegebene Zeitschriften enthalten Hinweise auf die Existenzbedingungen und die Lebensführung im Hauhalts- und Familienbereich, am Arbeitsplatz sowie im Geflecht überfamiliärer und überbetrieblicher Bindungen. Wir erfahren, wie Arbeiter wohnten, wie sie sich ernährten, wie Kinder vor allem in den ersten Lebensjahren betreut wurden, wie Arbeiter ihre Freizeit gestalteten und welche Feste sie feierten.

Der weite Problemkreis des Alltagslebens von Industriearbeitern im kolonialen Indien wurde bisher kaum thematisiert. Es fehlen zusammenfassende Darstellungen ihres Freizeit- und Geselligkeitsverhaltens sowie ihrer Wohn-, Eß- und Trinkkultur. Diese Materie wäre notwendigerweise im Zusammenhang mit Fragen der Nationalkultur bzw. der hegemonialen Kultur der Kolonialmacht zu erörtern. Auch die Beziehung zwischen Arbeiter- und Massenkultur ist derzeit noch kaum erforscht. Sicherlich begingen die Industriearbeiter die gleichen religiösen Feiertage wie die anderen Stadtbewohner, d.h. sie feierten *divali* (Lichterfest) und *holi* (Frühlingsfest) und andere Feste, je nach hinduistischer, islamischer oder anderer Religionszugehörigkeit.[20] Dennoch bleibt die Frage unbeantwortet, welchen Stellenwert diese Dinge in einem Arbeiterleben einnahmen und ob sie im proletarischen Milieu eine spezifische Ausprägung fanden. Zweifellos haben Industriearbeiter aber das Fluidum indischer Großstädte mitbestimmt. Sie fügten dem Straßenbild eine spezifische Nuance hinzu. Diese Einschätzung wird durch neuere Forschungen bestätigt.[21]

Die Gestaltung des Alltagslebens hängt gewiß eng mit dem Lebensstandard zusammen. Generell konnten die Industriearbeiter im kolonialen Indien ihre materiellen und kulturellen Grundbedürfnisse nur unzureichend oder gar nicht befriedigen. Die Beschreibungen der Elendsquartiere sind bekannt.[22] Sie belegen die typische "defizitäre Urbanisierung" unter kolonialen Bedingungen. Wenn der Industriearbeiter auch nicht verhungerte, so war er doch häufig unter- und mit Sicherheit fehlernährt.[23] Sozialstatistisches Material macht überdurchschnittliche Krankheits- und Sterberaten sowohl für Erwachsene wie für Kinder im proletarischen Milieu deutlich.[24] Die meisten Fabrikarbeiter waren Analphabeten. Eine detaillierte Untersuchung in den wichtigsten Arbeitervierteln Bombays kam zu dem Ergebnis, daß hier etwa 13 Prozent der hinduistischen und 14 Prozent der muslimischen Fabrikarbeiter lesen und schreiben konnten.[25]

Auch die Ökonomie des Alltags muß neu bewertet werden. Erkenntnisse über den Umgang mit Geld gewinnt man z.B., wenn man das Verhältnis von Einkommen und Schulden analysiert. Es reicht nicht aus festzustellen, daß das magere Einkommen dem Arbeiter kaum Manövriermöglichkeiten einräumte und jede Sonderausgabe ihn sofort in Schulden stürzte, von denen er sich nicht wieder befreien konnte.[26] Öffentliche Konsumbedürfnisse rangierten außerordentlich hoch. Für weite Teile des indischen Proletariats verband sich eine eher kärgliche Reproduktion der täglichen Existenz mit relativ hohen Ausgaben für öffentliche Rituale und Förmlichkeiten. Hier sei nur an die Hochzeiten erinnert, die in Indien enorme Aufwendungen erfordern. Es stellt sich die Frage, ob der "soziale Austausch", wie er in Festen und Feierritualen, aber auch im wechselseitigen Geben von Geschenken zum Ausdruck kommt, für den Arbeiter nicht mehr Sinn machte als das eventuelle Ansammeln minimaler Geldsummen.[27]

Arbeiter-, National- und Massenkultur

Soll die Erforschung der Arbeiterkultur nicht in einer additiven Beschreibung und Nebeneinanderstellung von verschiedenen kulturellen Erscheinungen steckenbleiben, so müssen diese in ökonomische und politische Zusammenhänge der Gesamtgesellschaft eingeordnet werden. Eine Analyse des Freizeitverhaltens indischer Industriearbeiter kann dazu beitragen, sich sowohl dem

Verhältnis von Arbeiter- und Nationalkultur als auch der Frage nach der Beziehung zwischen Arbeiter- und Massenkultur zu nähern.

Die Gestaltung der Freizeit oder besser der arbeitsfreien Zeit erfolgte je nach Zugehörigkeit zum männlichen oder weiblichen Geschlecht völlig unterschiedlich. Ein Bericht über Freizeitaktivitäten Bombayer Arbeiter und Arbeiterinnen[28] sagt aus, daß die Männer, aber nicht die Frauen, am Abend über eine gewisse Menge Freizeit verfügten. Wer kennt sie nicht, die Doppelbelastung der werktätigen Frau: "The women on return home have to get ready the bath[29] for themselves and their husbands and also to prepare the evening meal and attend to the children." Den wöchentlichen Ruhetag oder andere Feiertage nutzten die Frauen zum Einkaufen, zum Waschen der Kleidungsstücke sowie zum Reinigen und Mahlen der verschiedenen zum Essen bestimmten Hülsenfrüchte und Getreidearten.

Die Männer verbrachten die Abende "partly in tea-shops, or liquor-shops, and partly in sauntering about the streets". Mit Kartenspielen vertrieben sie sich gern die Zeit. Fabrikarbeiter gingen auch zu Theatervorstellungen, dabei erfreuten sich *tamashas*[30] besonderer Beliebtheit. Und sie besuchten Vorträge (ohne und mit Lichtbildern) oder Abendschulen, die von Wohlfahrtseinrichtungen organisiert wurden.

Arbeiter liebten es, Drachen steigen zu lassen[31], oder sie besuchten Sportklubs (akharas[32]), wo sie Ringen oder eine Art "Stockkampf" trainierten. Mit ihrer Begeisterung für den Ringkampf standen die städtischen Arbeiter in einer jahrhundertealten Tradition, die schon in den indischen Epen Erwähnung fand.[33]

Bis in die zwanziger und dreißiger Jahre hinein fanden sich Arbeiter meist zweimal wöchentlich abends zwischen 20 Uhr und Mitternacht zu *bhajans*, d.h. zum Singen von Liedern religiösen oder mythologischen Inhalts, zusammen. Diese Aktivitäten sollten jedoch nicht als bloßes Überleben von Bräuchen gewertet werden, die von den dörflichen Migranten in die Stadt verpflanzt wurden. Sie erhalten ihre Bedeutung vielmehr dadurch, weil sie etwas über neugebildete Beziehungen der Menschen untereinander - wie z.B. in Nachbarschaft und kommunalem Verein - im Zusammenhang mit Industrialisierungs- und Urbanisierungsprozessen aussagen.

Seit den zwanziger Jahren fanden indische Industriearbeiter auch zunehmend Gefallen am Kino. Das Beispiel der Entwicklung des Kino- und Filmwesens in der Kronkolonie Indien eignet sich vorzüglich dafür, nicht nur die ökonomische Einbeziehung des Landes in das kapitalistische Weltsystem nachzuweisen. Es spiegelt gleichzeitig auch wider, wie sich kommerzialisierte Freizeitkultur globalen Ausmaßes im nationalen Rahmen etablierte. Ein Bericht des Indischen Cinematographischen Komitees von 1927/28 präsentierte Kino als "instrument of recreation" und nannte es "the most popular form of entertainment". Die Untersuchung war in Gang gesetzt worden, weil in der britischen Presse seit 1923 wiederholt die Behauptung publiziert wurde, "that much harm was being done in India by the widespread exhibition of Western films". Es wurde argumentiert, daß "owing to difference of custom and outlook, Western films are misunderstood and tend to discredit Western civilisation in the eyes of the masses in India". Dieser Vorwurf wurde allerdings hauptsächlich gegenüber "cheap American films" erhoben.

In den späten zwanziger Jahren gab es in den Großstädten Britisch-Indiens (Burma eingeschlossen) etwa 300 Kinos. Davon waren einige wenige komfortable, gut eingerichtete Häuser, die meisten billige, anspruchslose Gebäude, die dennoch ihren Zweck erfüllten. Im Kino waren von Anfang an die wohlhabenden fremden und einheimischen Schichten von der "einfachen Masse" getrennt. Dafür sorgten schon die gestaffelten Eintrittspreise, die für die "westlichen" Kinos gewöhnlich höher waren. Die Musik variierte entsprechend der jeweiligen Besuchergruppe. In den Kinos, die von Europäern und wohlhabenden Indern frequentiert wurden, hörte man westliche Musik, dargeboten mit Hilfe eines Pianos oder durch ein kleines Orchester. In den Häusern, in denen vorzugsweise indisches Publikum verkehrte, spielte man indische Musik. Der Report führte aus, daß "the attendance is from the educated and semi-educated classes, and that on the whole the illiterates are in a minority". Indische Frauen waren damals in den Kinos seltene Gäste. Eine kleinere Zahl von Hindu-Frauen kam, um indische religiöse oder mythologische Filme zu sehen.

Das indische Publikum hegte keinerlei Vorurteil gegenüber westlichen Filmen. Im Gegenteil, sie wurden "much enjoyed and appreciated" und sprachen alle Klassen und Gemeinschaften an. Wen wundert es dann noch, daß Douglas Fairbanks, Harold Lloyd und Charlie Chaplin auch in Indien in den 20er Jahren zu den beliebtesten Filmstars zählten und "Der Dieb von Bagdad" mit Douglas Fairbanks in orientalischem Milieu der Kinohit jener Zeit war. Über das einheimische Publikum erfährt man, daß es nur ungenügend mit der englischen Sprache vertraut sei. Unfähig, die Untertitel (Stummfilm!) zu lesen, ziehe es "films with plenty of action, especially comic and adventure films" vor. Dennoch: "The hearty applause which is heard from the cheap seats when the hero administers summary justice to the villain or rescues the heroine in the nick of the time shows a proper appreciation of the events." Indische Filme seien beim indischen Publikum, "particularly with the less cultured classes", äußerst populär.[34]

Die kulturgeschichtliche Leistung der Arbeiterklasse manifestiert sich in jenen Sphären am deutlichsten, die vom Widerstandswillen der Arbeiter inspiriert und mit dem Kampf ihrer Vereinigungen verbunden sind. Eine gründliche Untersuchung darüber, wie sich Fremdes und Eigenes in Gestalt von Symbolen und Ritualen vermischt und der indischen Arbeiterbewegung ihr unverwechselbares Gesicht gegeben haben, steht noch aus. Neben den bereits genannten Quellengruppen sind für die Untersuchung der multiplen Identitäten von Arbeitern und ihres Kampfes für größere soziale Gerechtigkeit unter kolonialen Bedingungen in Indien auch die Archivalien des Allindischen Gewerkschaftskongresses sowie die Nachlässe ehemaliger Gewerkschaftsfunktionäre heranzuziehen.

Besondere Bedeutung kommt wiederum dem Aktenbestand der Kolonialregierung zu, wobei die Akten der politischen Abteilungen der ehemaligen Innenministerien auf zentraler wie auf Provinzebene eine Quellengruppe eigener Prägung darstellen. Weil die Kolonialregierung in der sich entwickelnden Arbeiterbewegung eine potentielle Gefahr für die britische Herrschaft in Indien sah, ließ sie die Arbeitervereinigungen und ihre aktiven Mitglieder genauestens beobachten. Für den Historiker erwies es sich als Glücksfall, daß das Gemeinsame Fabrikstreikkomitee in Bombay 1928 Polizeireportern die formale Erlaubnis erteilte, auf Meetings Notizen anzufertigen.[35] Dieses Material vermittelt einen Eindruck von der Rhetorik der Arbeiterführer und erweckt damit Geschichte zum Leben. Leider sind eine Großzahl von vertraulichen Regierungsdokumenten und praktisch alle ehemals als geheim eingestuften Polizeiakten nur unter äußerst schwierigen Umständen oder überhaupt nicht einzusehen, da sie nach wie vor nicht in die Staatenarchive überführt und für wissenschaftliche Zwecke zugänglich gemacht wurden.[36]

Die Analyse des vorhandenen Quellenmaterials zur Entwicklung von Streik- und Gewerkschaftsbewegung vermittelt das Bild eines mühevollen Prozesses, in dem die indische Arbeiterschaft lernte, Forderungen zu stellen, in solidarischen Aktionen selbstbewußt soziale Konflikte auszutragen und so an den Errungenschaften der modernen Zivilisation zumindest in Ansätzen teilzuhaben. Bei einem Vergleich der Berichte über Streikversammlungen der zwanziger und dreißiger Jahre fällt auf, daß zunehmend mehr Arbeiter öffentlich das Wort ergriffen. Das trifft auch auf Arbeiterinnen zu.

Die Streiks wurden seit den zwanziger Jahren von Anstrengungen begleitet, Gewerkschaften ins Leben zu rufen bzw. diese zu festigen. Insgesamt gesehen blieb der Organisationsgrad der Industriearbeiter aber gering und die Wirksamkeit dauerhafter Arbeiterverbände relativ schwach. Armut und Unbildung, aber auch die feindselige Haltung der Unternehmer sowie die auf Unterdrückung abzielende Politik der Kolonialmacht waren für die anhaltende Schwäche der indischen Gewerkschaftsbewegung in der ersten Hälfte des 20. Jahrhunderts verantwortlich. Darauf weist auch Rajnarayan Chandavarkar hin, wenn er schreibt:

"The vagaries and weaknesses of trade unions, as the Indian case suggests, should not be interpreted as a reflex of the values, aspirations and consciousness of the workers; rather, it is more consistently explained in terms of the hostility and the politics of employers and the state."[37]

Von besonderer Bedeutung für Aussagen zur politischen Kultur des Industrieproletariats im kolonialen Indien ist das Verhältnis von Führung und Mitgliedschaft. Kaum gebildet, aber vor allem des Englischen nicht mächtig, der Sprache, in der auf höherer Wirtschafts- bzw. staatlicher Ebene verhandelt werden mußte, waren die Arbeiter nicht in der Lage, die Leitung ihrer Vereinigungen selbst in die Hände zu nehmen. In der Regel besetzten patriotische Intellektuelle - häufig "outsider" genannt - die Führungspositionen.[38] Unter diesen Bedingungen entwickelten die indischen Arbeiterorganisationen einen spezifischen Arbeitsstil.

Proletarisches Emanzipationsstreben hat in den zwanziger und dreißiger Jahren in Indien nachweislich auch in künstlerischen Formen Ausdruck gefunden. Es ist allerdings ein diffiziles Vorhaben, die fast verschütteten Spuren klasseneigener Kunst der indischen Arbeiterschaft jener Zeit aufzudecken. Ein rares Produkt proletarischer Dichtung findet sich in den Akten des Meerut Conspiracy Process. Die Bombayer Arbeiter Gangaram und Jayaram Pandu Devag hatten in Versform die Geschichte des Generalstreiks von 1928 nach dem Modell des mächtigen Kampfes zwischen den *Kauravas* und den *Pandavas* aus dem "Mahabharata" dargestellt.

In Indien hat sich im Unterschied zur europäischen Arbeiterbewegung das gemeinsame Singen von Liedern nicht als festes Ritual von Zusammenkünften entwickelt. Aber seit der Mitte der dreißiger Jahre kennen wir die Namen von Arbeiterdichtern und können vom Genre "Arbeiterlied" sprechen. Das beweisen auch die Polizeiberichte über den Generalstreik der Bombayer Textilarbeiter von 1940, in denen sich die Floskel wiederholt: "The proceedings of the meeting commenced with the usual labour songs."[39] Arbeitersänger betraten die Tribüne und trugen ihre Kompositionen vor. Einige Namen werden genannt. So traten am 6. April 1940 Shanker, Sudam Sonavane, Gulam Rasool und Najibullah Azad auf. Ihre Lieder müssen eine inspirierende Wirkung auf die Zuhörer ausgeübt haben, denn die Polizei verbot die Benutzung des Lautsprechers. Das veranlaßte die Versammelten zu Rufen wie *"Lal bavta ki jai"* (Es lebe die rote Fahne), "Down with the Police repression", "Down with imperialism" usw. Selbst aus der Inhaltsangabe des Polizeireporters wird deutlich, daß die Sänger eine deftige, volkstümliche Sprache bevorzugten. Shanker machte in einem seiner Lieder auf sarkastische Weise die Regierung und deren Praxis lächerlich, die Arbeiter zu unterdrücken. Unter anderem sang er, "that so far the workers were peaceful they (government) could continue repression but when they (workers) would come in arena like gymnasts where would then the Government go. The day would come when all the capitalists and the Government would flow away in the sputum". In einem anderen seiner Lieder rief er die Arbeiter auf sich zu erheben: Sie sollten "for the sake of their bellies" zur Revolution bereit sein. Najibullah Azad trug seine Lieder in Urdu vor. Ein Song enthielt u.a. die Aussage: "That day the workers were being jailed but a day would come when they would become the jailors and would make them (government) prisoners." Und er fuhr fort: "The *lathis*[40] of the capitalists were being used that day but the time would come when the *chappals*[41] of the workers would be used in the same way."

Es darf bezweifelt werden, daß die meisten dieser Lieder jemals gedruckt wurden. Und selbst wenn sie in einer der indischen Sprachen schwarz auf weiß vorhanden gewesen sein sollten, so sind sie dennoch kaum mehr auffindbar. Bedauerlicherweise wurden solche und ähnliche Druckerzeugnisse in indischen Sprachen jahrzehntelang nicht zur wertvollen Literatur gerechnet, und man machte sich nicht die Mühe, sie in Bibliotheken zu sammeln oder wissenschaftlich zu analysieren.[42]

Seit der Mitte der dreißiger Jahre wandten sich linke Kulturschaffende Sujets aus dem dörflichen und Arbeiterleben zu. Sie stellten Kontakte zu Bauernverbänden und Gewerkschaften her. Arbeiter fanden ihre Alltagsnöte nicht nur in Theaterstücken dargestellt, einige von ihnen beteiligten sich auch an Auftritten von Schauspielgruppen.[43] Proletarische Dichtkunst z.B. in Gestalt der Verse des Bombayer Textilarbeiters Annabhau Sathe oder der Bühnenwerke von T. Sarmalkar, der einer Arbeiterfamilie entstammte, verschmolz mit den Aktivitäten des Fortschrittlichen Schriftstellerverbandes (Progressive Writers' Association) sowie der Theatervereinigung Indischer Völker (Indian Peoples' Theatre Association).

Anmerkungen

1   Die Zeit, Hamburg, 27.9.1996.
2   Neues Deutschland, Berlin, 20.9.1996.
3   Mit diesem Vorschlag endete die internationale Arbeitstagung zum Thema "South Asian Labour: Linkages Local and Global", die vom 26. bis 28. Oktober 1995 in Leiden stattfand. International Institute for Asian Studies Newsletter, Leiden (1996) 7, S. 29.
4   Einflußreich waren u.a. die Aufsätze von Eric J. Hobsbawm, Labouring Men; Studies in the History of Labour, London 1961.
5   Vgl. Klaus Tenfelde, Sozialgeschichte und vergleichende Geschichte der Arbeiter. In: Klaus Tenfelde (Hg.), Arbeiter und Arbeiterbewegung im Vergleich. Berichte zur internationalen historischen Forschung, München 1986, S. 14ff.
6   Raymond Williams, The Long Revolution, Harmondsworth 1984.
7   E.P. Thompson, The Making of the English Working Class, London 1991, S. 8.
8   Friedrich Engels, Die Lage der arbeitenden Klasse in England. Nach eigner Anschauung und authentischen Quellen. In: Karl Marx/Friedrich Engels, Werke. Bd. 2, Berlin 1972, S. 351.
9   Friedhelm Boll (Hg.), Arbeiterkulturen zwischen Alltag und Politik. Beiträge zum europäischen Vergleich in der Zwischenkriegszeit, Wien 1986, S. 7.

10 Sabyasachi Bhattacharya, Presidential Address. Modern Indian History. Indian History Congress 1982, S. 16ff.
11 Sumit Sarkar, Social History: Predicaments and Possibilities. In: Iqbal Khan (Hg.), Fresh Perspectives on India and Pakistan. Essays on economics, politics and culture, Oxford 1985, S. 260.
12 Sumit Sarkar, Marxian Approaches to the History of Indian Nationalism. Text of P.C. Sen Memorial Lecture 1989, Kalkutta-New Delhi 1990, S. 13.
13 Nita Kumar, Urban Culture in Modern India - World of the Lower Classes. In: Indu Banga (Hg.), The City in Indian History. Urban Demography, Society, and Politics, New Delhi 1991, S. 191ff.
14 Gerhard A. Ritter (Hg.), Arbeiterkultur, Königstein 1979, S. 1ff.
15 Anita Chakravarty, Writing History. In: Economic and Political Weekly, Bombay 30 (1995) 51, S. 3320.
16 Vgl. Rajnarayan Chandavarkar, The Origins of Industrial Capitalism in India. Business strategies and the working classes in Bombay, 1900-1940, Cambridge 1994, S. 8.
17 Geldstrafen wurden allgemein für Verstöße gegen das disziplinarische Regelwerk, Widersetzlichkeit, Ungehorsam, schlechte oder nachlässige Arbeit, Verlust von oder Schaden an Werkzeugen oder Maschinen, wegen Zuspätkommens oder Fehlens vom Lohn abgezogen. Fines in Industry. In: Labour Gazette 6 (1927) 8, S. 751f. Vgl. Labour Office, Government of Bombay. Report of an Enquiry into Deductions from Wages or Payments in respect of Fines, Bombay 1928.
18 Vgl. James C. Scott/Benedict J. Tria Kerkvliet (Hg.), Everyday Forms of Peasant Resistance in South-East Asia, London 1986.
19 Vgl. Rajnarayan Chandavarkar, Workers' Resistance and the Rationalization of Work in Bombay between the Wars. In: Douglas Haynes/Gyan Prakash (Hg.), Contesting Power. Resistance and everyday social relations in South Asia, Delhi 1991, S. 135ff.
20 Vgl. Jim Masselos, Appropriating Urban Space: Social constructs of Bombay in the time of the Raj. In: South Asia, Armidale, N.S. 14 (1991) 1, S. 33ff.
21 Vgl. Sandria B. Freitag, Introduction. In: South Asia, N.S. (1991) 1, S. 1ff.
22 Vgl. A.R. Burnett-Hurst, Labour and Housing in Bombay. A study in the economic conditions of the wage-earning classes in Bombay, London 1925. Die im Jahre 1928 nach Indien entsandte Delegation des britischen Gewerkschaftskongresses faßte ihre Eindrücke mit den Worten zusammen: "We visited the workers' quarters wherever we stayed, and had we not seen them we could not have believed that such evil places existed." A.A. Purcell/J. Hallsworth, Report on Labour Conditions in India, London 1928, S. 8.
23 "The labourer tries to fill his stomach with the largest, and at the same time the cheapest calories evidently not through choice but of necessity... The diet is not well-balanced as compared with the present standard diet and is too bulky. It contains a very small amount of milk, butter and animal fats... The diet does not provide vitamins or accessory food factors... Rice, the staple food of Indians, has many defects as a food." The Food of the Worker. In: Labour Gazette 4 (1925) 8, S. 839, 844f.
24 "On the whole it would appear that whilst epidemic and infective diseases ... continue to play their part, respiratory diseases constitute the determining factor in rendering the death rate of a working class district notably higher than that of a good class residential district and in rendering that of a poor slum area higher still." J. Sandilands, The Health of the Bombay Worker. In: Labour Gazette 1 (1921) 2, S. 15f.
25 Literacy among Mill-Workers in Bombay. In: Labour Gazette, a.a.O., 1 (1922) 6, S. 21.

26 Shashi Bhushan Upadhyay, Cotton Mill Workers in Bombay, 1875 to 1918. In: Economic and Political Weekly 25 (1990) 30, S. PE-92.
27 Vgl. Hans Medick, Plebejische Kultur, plebejische Öffentlichkeit, plebejische Ökonomie. Über Erfahrungen und Verhaltensweisen Besitzarmer und Besitzloser in der Übergangsphase zum Kapitalismus. In: Berdahl u.a., Klassen und Kultur. Sozialanthropologische Perspektiven in der Geschichtsschreibung, Frankfurt/M. 1982, S. 166.
28 Utilization of the Workers' Leisure. In: Labour Gazette 4 (1924) 3, S. 284ff.
29 Man badete bzw. wusch sich mit warmem Wasser, das in einem großen irdenen oder metallenen Topf bereitet wurde. Typisch für Indien ist, daß der Badende niemals im Badewasser sitzt, sondern dasselbe aus einem Gefäß schöpft und sich über den Körper gießt.
30 *Tamasha* ist eine Art Kleinkunstprogramm. Die Form des *tamasha* entstand in Maharaschtra im Verlauf des 18. Jahrhunderts. Der Leiter bzw. Hauptdarsteller der *tamasha*-Truppe wird von einem Possenreißer, einigen Tänzerinnen und Musikanten unterstützt. Lieder beleben die Handlung. Manchmal wird noch ein Einakter hinzugefügt.
31 Vgl. Claude Batley, Bombay's Houses and Homes, Bombay 1949, S. 38.
32 *Akhara* - Sportklub, mit einfachen Geräten ausgestattet.
33 "Wrestling in modern India is a synthesis of two different traditions: the Persian form of the art brought into South Asia by the Moguls, and an indigenous Hindu form that dates back at least to the eleventh century A.D." Joseph S. Alter, The Wrestler's Body. Identity and Ideology in North India, Berkeley 1992, S. 2.
34 Report of the Indian Cinematograph Committee 1927-1928, Madras 1928, S. 1ff.
35 Maharashtra State Archives, Home Department (Special), F.-No. 543(10)C Pt A/1928: Bombay General Mill Strike, 1928.
36 Maharashtra State Gazetteers. History of Bombay, modern period, Bombay 1987, S. iv.
37 Chandavarkar, Workers' Resistance ..., a.a.O., S. 317.
38 Vgl. Sabyasachi Bhattacharya, The Outsiders: A Historical Note. In: Ashok Mitra (Hg.), The Truth Unites; Essays in tribute to Samar Sen, Kalkutta 1985, S. 90ff.
39 Maharashtra State Archives, Home Department (Special), F.-No. 550(23)C - I/1940: General Mill Strike, Bombay 1940.
40 *Lathi* - Stock.
41 *Chappal* - Sandale.
42 Chakravarty, a.a.O., S. 3320.
43 Sudhi Pradhan (Hg.), Marxist Cultural Movement in India. Chronicles and Documents (1936-1947), S. 143ff.

Islamische Bewegungen im kolonialen Indien. Konzepte und Quellen

Dietrich Reetz

Dieser Bericht soll einen Überblick über ein Projekt zum politischen Islam im kolonialen Indien geben, das seit dem 1. Januar 1996 am Zentrum Moderner Orient in Berlin unter dem Titel "Allahs Reich auf Erden: Das politische Projekt islamischer Bewegungen in Indien (1900-1947)" bearbeitet wird. Es gehört zur Projektgruppe, die sich mit den "Akteuren des Wandels" befaßt. Beabsichtigt ist zu untersuchen, welche Vorstellungen von Politik bei den islamischen Bewegungen in Indien vorhanden waren und wie sie danach handelten. Dabei sollen folgende Aspekte im Überblick behandelt werden: *erstens* der konzeptionelle Rahmen des Projektes, *zweitens* Charakter und Struktur der islamischen Bewegungen anhand ihrer Vorstellungen von Politik und politischer Ordnung, *drittens* die Quellenlage und die Besonderheiten bei ihrer Nutzung sowie *viertens* die zu erwartenden Forschungsergebnisse.

Konzeptionelle Analyse der islamischen Bewegungen

Anlaß für diese Untersuchung ist das Bestreben zu verstehen, welche Verbindungen der Islam mit der Politik eingeht. Es interessiert dabei vor allem, wie die Verbindung von Islam und Politik funktionierte, welche Formen sie hervorbrachte, welche Reaktionen. Politik, oder zumindest die offizielle Politik im Sinne des herrschenden Diskurses, trat den islamischen Bewegungen überwiegend als etwas Fremdes, Westliches entgegen, sowohl in der Kolonialzeit als auch später durch den modernisierten Nationalstaat nach der Unabhängigkeit. Dem offiziellen Staat wiederum traten die islamischen Bewegungen als etwas Anarchisches, Autonomes, Indigenes entgegen, das sich dem öffentlichen Politikverständnis entzog.

Natürlich war Politik dem Islam, und dem indischen Islam ebenso, weder fremd noch neu. Im Gegenteil, der Islam betrachtete die Politik als immanenten Bestandteil der Religion entsprechend dem Konzept des *Dīn* (Glaube, Religion), das den Islam als alles umfassende Lebensweise versteht. Aber die verselbständigte Politik, die Macht, Herrschaft und Gesellschaft scheinbar unabhängig von Religion und Kultur formuliert, verstanden die meisten Vertreter des Islam doch als eine westliche "Neuerung". Insofern galt für Indien in einer vereinfachten Weise, daß ein gewisser Gegensatz oder ein Spannungsverhältnis zwischen den islamischen Bewegungen und der öffentlichen Politik als einem vorrangig westlichen Konzept bestand.

Dies traf umso mehr auf die hier untersuchten islamischen Bewegungen zu, die zunächst keine politischen Parteien bildeten, sondern nur zu religiösen Zwecken gegründet worden waren. Insofern kommt dem Bemühen dieser Bewegungen um die Auseinandersetzung mit politischen Konzepten und Institutionen ein gewisser Beispielcharakter für das Verhältnis indigener und fremder Konzepte zu, speziell auch im Rahmen des globalen Islam.

Dabei brachten die Bedingungen Indiens, wo es verschiedene Religionsgemeinschaften und unterschiedliche Kulturen gibt, bestimmte Besonderheiten hervor. Im Gegensatz zu den sogenannten arabischen Kernlanden des Islam waren seine Anhänger in Indien in der Minderheit. Sie stellten 21 Prozent der Bevölkerung,[1] hatten jedoch seit dem 13. Jahrhundert im Sultanat von Delhi und unter den Moghul-Kaisern bis zur Eroberung durch die Briten politische Herrschaft ausgeübt. Diese zwiespältige Situation, im Bewußtsein der vergangenen Machtposition, in der Konkurrenz gegenüber der Hindu-Mehrheit, den anderen Minderheiten wie den Christen, den Sikhs oder den Buddhisten bestimmte in starkem Maße die politischen Auffassungen der Muslim-Elite.

Für die Untersuchung wurde bewußt die Kolonialperiode, besonders die Zeit zwischen 1900 und 1947, gewählt. Neben dem Problem der Minderheitensituation war sie für die Muslime zusätzlich durch den Gegensatz zur westlichen Kolonialmacht, zu den Briten geprägt. Diese Periode stellte in vielerlei Hinsicht, vor allem aber in bezug auf die Politik, eine wichtige Übergangsperiode dar. Die Einführung westlicher politischer Institutionen der wählbaren Vertretungskörperschaften bedeutete einen wesentlichen Einschnitt in der indischen Politikstruktur. Zwar gab es auch schon vor 1900 Ansätze, demokratische Wahlverhältnisse einzuführen, vor allem auf örtlicher Ebene. Aber erst die Verfassungsgesetze von 1909, 1919 und 1935 schufen ernstzunehmende Vertretungskörperschaften. Zunächst waren nur wenige Inder berechtigt, an diesen Wahlen teilzunehmen. Bis zu den Wahlen von 1937 wurde dieser Zensus, nach Provinz- und Bundesversammlung verschieden, durch den Untersuchungsausschuß des Britischen Parlaments unter der Leitung des Marquess von Lothian zur Festlegung des Wahlzenses in Indien, das *Lothian Franchise Committee* von 1932, auf 5 bis 17 Prozent ausgeweitet.[2] Auch wenn dies nach wie vor eine Minderheit war, gingen doch damit erstmals in der Kolonie 36 Millionen von Staatssubjekten wählen. Der an Besitz und Bildung ausgerichtete Zensus erfaßte weitgehend auch die noch schmale und junge Mittelschicht.

Nicht nur die Wählerschaft war durch Zensen eingeschränkt. Das Grundprinzip gleicher und direkter Wahlen wurde besonder nachhaltig durch die Einführung von Wahlkurien unterminiert, bei denen bestimmte Bevölkerungsgruppen wie die Muslime, die Großgrundbesitzer oder Universitäten eigene Kandidaten aufstellen und wählen konnten. Am verhängnisvollsten erwies sich dabei die Schaffung der Möglichkeit der separaten Stimmabgabe durch die Muslime für Muslim-Kandidaten. Dies zwang alle islamischen Bewegungen und

Parteien, ihre Wähler in Verbindung mit der Religion zu mobilisieren. Das forderte die Nutzung der Religion als Wahlkampf- und Positionierungsmittel geradezu heraus.

Die islamischen Bewegungen traten unter diesen Umständen als einheimische Akteure auf, die dem Politik- und Gesellschaftsverständnis der westlichen Kolonialmacht, Großbritannien, gegenüberstanden. In diesem Gegensatz zwischen einheimischen Interessen und westlich-kolonialer Vorherrschaft befanden sich alle einheimischen Akteure. Unter ihnen waren die islamischen Gruppen nicht die aktivsten oder die wichtigsten. Die islamischen Bewegungen mußten sich, wenn sie sich mit politisch relevanten Fragen befaßten, in einer Art von konzeptionellem Dreieck orientieren, dessen Eckpunkte durch die islamische Doktrin und ihre Staats- und Politikauffassung, die westlich geprägten Verfassungsreformen der Kolonialmacht und die nationalistischen, zum Teil auch sozialistischen, Gedanken der indischen Nationalbewegung gebildet wurden.

In erster Linie geht es im Projekt um politische Konzepte, nicht um die religiösen-doktrinären Auffassungen der islamischen Bewegungen. Fragt man jedoch Vertreter dieser islamischen Bewegungen heute, so antworten sie oft, daß diese Bewegungen keine Rolle in der Politik spielten oder spielen wollten, sondern nur der moralischen und religiösen Erneuerung dienten. Das ist insofern richtig, als ihre öffentlichen Handlungen und Konzepte von ihnen nicht als verselbständigte Politik betrachtet wurden, sondern als Bestandteil der religiösen Vorstellungen galten. Es kommt daher darauf an, auch die religiösen Aktivitäten und Auffassungen dieser Bewegungen auf ihre politische Relevanz hin zu prüfen und als Konzept zu formulieren. Darin liegt einerseits die Gefahr, im nachhinein eine islamische Politik dieser Bewegungen zu konstruieren, die so gar nicht existiert hätte. Andererseits ist Politik natürlich nicht nur das, was auch als solche bezeichnet wird.

Angesichts der sehr divergenten Politik-Konzepte soll für die Zwecke dieser Untersuchung davon ausgegangen werden, daß Politik Aktivitäten und Konzepte umfaßte, die im öffentlichen Raum darauf abzielten, Fragen aufzuwerfen oder auszutragen, die die eigene Stellung in Staat und Gesellschaft behandelten, also die Teilhabe an allen Formen der öffentlichen Macht und Entscheidungsbefugnis im weitesten Sinne. Für die Untersuchung der islamischen Bewegungen erscheint dabei besonders der Faktor Öffentlichkeit oder öffentlicher Raum wichtig. Die islamischen Bewegungen agierten zunächst vor allem für ihre Anhänger und Mitglieder, oder im weiteren Sinne für die Muslime als ganzes. Dabei gab es zunächst feststehende, tradierte Formen der Kommunikation, in denen etwa die Führung der missionierenden *Tablīghī*-Bewegung Anhänger warb oder ihre Mitglieder schulte und mobilisierte. Soweit das im Rahmen dieser übernommenen Formen geschah, könnte man das als traditionell bezeichnen. Das soll den Begriff Tradition nicht verabsolutieren, sondern enthält durchaus die Gewißheit, daß die Tradition von heute die Veränderung von gestern ist, also selbst Produkt historischer Veränderungen. Zu analytischen Zwecken werden aber Zäsuren nötig sein. Eine solche kann das Verhältnis zum öffentlichen Raum darstellen. In dem Maße, wie sich die Bewegungen und ihre Führer über ihre bisherige Anhängerschaft hinaus an die Öffentlichkeit wandten, machten sie bewußt Politik oder wurden unbewußt politisch wirksam. Dafür nutzten sie zunehmend die Urdu-Zeitungen als indigenes Medium. Das religiöses Wirken wurde in dieser Zeit immer öffentlichkeitsrelevanter. Das läßt sich an der Zahl der sprunghaft steigenden Mitgliederzahlen und meßbaren Aktivitäten der betreffenden Organisationen ablesen. In der Periode der Massenpolitik, die Indien seit 1918 erfaßte, wurden die religiösen Gruppierungen mitgezogen und entwickeln sich ebenfalls zu Massenbewegungen. Anscheinend sahen die ihnen zulaufenden Massen in den religiösen Bewegungen ein autochthones, indigenes Element der eigenen Identität, setzten viele Inder - vergleichbar ihrem Verhältnis zur Nationalbewegung - die Religion als Nationalismus-Ersatz der Kolonialerfahrung entgegen.

Aus konzeptioneller Sicht kommt es hier auf eine nuancierte Bewertung an, die auch nicht direkt bekundeten politischen Tatsachen und Absichten Rechnung trägt, ohne eine artifizielle islamische Politik im Nachgang zu konstruieren. Dies ist vermutlich am besten durch einen vergleichenden Ansatz zu leisten. Fallstudien sollen sich mit den politisch relevanten Auffassungen einzelner Bewegungen befassen. Im Vergleich kann das unterschiedliche Verhältnis zu Grundfragen wie Macht, Herrschaft und Gesellschaft Antwort auf die Verschiedenheit der Standpunkte geben. Diese Unterschiede manifestierten sich konkret in der Antwort auf Fragen, ob es zweckmäßig sei, sich an Wahlen zu beteiligen, was das Ziel von Wahlen sei, ob die Teilnahme an der Nationalbewegung in Form des Zivilen Ungehorsams und der Nichtzusammenarbeit angeraten oder untersagt werde, ob man sich an öffentlichen Protestaktionen, Massenbewegungen, Demonstrationen, Streiks usw. beteiligen solle oder nicht, ob man dazu aus religiöser Sicht Empfehlungen durch die islamischen Rechtssprüche, die *Fatwā*, erteilen solle, welchen Einfluß die islamischen Bewegungen auf die politischen Parteien oder in ihnen hätten, von denen der Indische Nationalkongreß (INC) und die Muslim-Liga (ML) die Hauptakteure des politischen Spiels waren.

Neben diesen Fragen, die vor allem als Reaktion auf die westliche und nationalistische Politik entstanden, gilt es auch, die eigenen Ziele der islamischen Bewegungen mit öffentlicher Relevanz zu erfassen. Die Resonanz auf die islamischen Aktivitäten war sehr verschieden. Die koloniale Politik hat die muslimischen Bewegungen solange toleriert und gefördert, etwa im Falle der Pakistan-Bewegung, wie sie in politisch-parlamentarischen Formen verliefen (auch wenn die Pakistan-Bewegung später mit der *direct action*-Kampagne doch noch zu terroristischen Aktionen führte). Auch die islamischen Erweckungs- und Mobilisierungsbewegungen nahm die Kolonialmacht hin, solange sie mehr oder weniger "friedlich" verliefen. Religiöser "Fanatismus", der zu Massenaktionen führte, machte der Kolonialregierung jedoch durch seine Unberechenbarkeit Angst, umso mehr, wenn es dabei zu spontaner Gewaltanwendung kam, wie beim Moplah-Aufstand 1922. Muslimische Bauern fegten die örtliche Macht hinweg, machten allerdings auch nicht vor Gewalttaten gegen hinduistische Grundbesitzer und Mitbürger halt. Die Kolonialmacht bewertete alle politischen Aktionen vorrangig nach ihren Auswirkungen auf die Sicherheit, die soziale und politische Ruhe und Stabilität. Systematisch wurden alle Bewegungen unterstützt, die die soziale und politische Basis der Kolonialmacht erweitern konnten. Dabei verpaßte sie oft den "Zug der Zeit". Die Auseinandersetzungen der zwanziger und dreißiger Jahre waren in vielem dadurch gekennzeichnet, daß die Kolonialmacht noch immer auf die gleichen Gruppen und Schichten setzte wie zur Jahrhundertwende, also etwa auf die großen Grundbesitzer, z.B. die großen Khans in der von Pathanen besiedelten muslimischen Nordwestgrenzprovinz. Das rasante kapitalistische Wachstum aufgrund der Kriegsaufträge im Ersten Weltkrieg und unmittelbar danach katapultierte jedoch neue dynamische Unternehmerschichten in der Stadt und auf dem Land nach oben, die für sich und ihre Kinder vor allem einen größeren Anteil an der örtlichen Macht, aber auch an deren Ressourcen, sowie an den Jobs im öffentlichen Dienst beanspruchten. Dieser übergreifenden Dynamik, der mit einer gewissen Verzögerung auch die Muslime ausgesetzt waren, konnte sich auch die Muslim-Elite nicht entziehen.

Im äußert vielgestaltigen Feld der politischen und sozialen Kräfte erfüllten die islamischen Bewegungen als "Akteure des Wandels" ihre ganz eigene Aufgabe. Sie sollten konservativen indischen Muslimen die Möglichkeiten geben, sich ohne Aufgabe der religiösen Überzeugungen am öffentlichen Raum, also am gesellschaftlichen Leben zu beteiligen. Die Klientel dieser islamischen Bewegungen wurde dabei vor allem aus zwei Quellen gespeist. Das waren zunächst die ländlichen muslimischen Schichten, deren Konservatismus (gemeint hier als Nichtbeteiligung an den etablierten Formen des politischen Lebens wie der Parteipolitik) sich vor allem auf ihre relative soziale Zurückgebliebenheit gründete. Wichtiger noch für die islamischen Bewegungen war der nachgewachsene muslimische Mittelstand, für den konservative Frömmigkeit ein Zeichen des neuen Wohlstandes war (die Frauen konnten es sich jetzt erlauben, den Schleier oder die *Burqa*, einen körperverdeckenden Umhang, zu nehmen) oder als Protestkultur gegen die bestehende westlich und weltlich geprägte Ordnung gepflegt wurde (Sittenlosigkeit und Unmoral der westlichen Gesellschaft und der Kolonialherrschaft).

Die islamischen Bewegungen waren so "Akteure des Wandels" in ihrer Dialogfunktion zwischen verschiedenen Lebensformen. Der von ihnen gepflegte "Islamismus" war selbst ein Produkt des ausgehenden neunzehnten Jahrhunderts, da er seinerseits als Reaktion auf die kulturellen und sozialen Auswirkungen der westlichen Kolonialherrschaft entstand. Damit stellten sie eine "Übergangsform" zwischen Tradition und Moderne dar, obwohl sie angesichts der neuen Veränderungen aus der Perspektive des zwanzigsten Jahrhunderts für sich den Part der Traditionalisten reklamierten. Diese Zwischenstadien waren das eigentlich "Authentische" an ihnen. Sie waren selber das Produkt gesellschaftlicher Veränderungen und auf ihre ganz eigene Weise daran auch weiterhin beteiligt, trotz verbaler Forderungen nach einer "Rückkehr" zu den Grundwerten des Islam. Sie bewirkten und ermöglichten die graduelle Anpassung der Muslimelite an die "neue Zeit". Zugleich etablierten sie den islamischen Diskurs als festen Bestandteil politischer Auseinandersetzungen in Südasien, dessen Hauptformen und Argumente das Ende der Kolonialherrschaft erstaunlich unbeschadet überlebten und heute vor allem in Pakistan und Bangladesh, aber zum Teil auch in Indien weiterexistieren.

Charakter und Struktur der islamischen Bewegungen in Indien

Untersuchungen zum politischen Islam in Indien sind von besonderem Interesse auch über die Region Südasien hinaus, für das Fach Islamwissenschaft insgesamt. Das hängt mit der Vielfalt der religiösen und kulturellen Lebensformen in Indien zusammen, die auch zur Herausbildung eines sehr breiten Spektrums islamischer Gruppierungen beitrugen. Dadurch können hier, gleichsam wie in einem Labor, alle politischen Formen, von der Erweckungsbewegung über militante Anarchisten, sunnitische/schiitische Sektenparteien, Gruppen bzw. Parteien islamischer Rechtsgelehrter (*'ulamā'*) bis hin zu bürgerlichen *main stream*-Parteien wie der Muslim-Liga beobachtet werden. Des weiteren ist Südasien aus der Sicht des Weltislam deshalb besonders interessant, weil in dieser Region die meisten Muslime leben, verglichen mit den arabischen Ländern, Südostasien oder dem subsaharischen Afrika. Dennoch werden Entwicklungen in der Politik und der Ideengeschichte des südasiatischen Islam von Vertretern des arabischen Islam, aber auch von Islamwissenschaftlern für den arabischen Raum nur eingeschränkt wahrgenommen.[3]

Auch wenn der Islam in Indien eine Minderheitenreligion war, erhielt er als Kulturform sein besonderes Gewicht durch die kompakte Siedlung von Muslimen in einigen Regionen, wo sie über 50 Prozent der örtlichen Bevölkerung ausmachten. Diese wurden deshalb auch muslimische Mehrheits-Provinzen genannt, wie die Nordwestgrenzprovinz[4], der Punjab, Sindh[5], Bengalen oder das Fürstentum Kaschmir. Weitere islamische Zentren lagen in den Vereinigten Provinzen (United Provinces - U.P.), an der westindischen Malabarküste (Bombay, Gujarat) sowie an der Ostküste (Haiderabad), wo Anteil und Einfluß der Muslime deutlich spürbar waren. Das muslimische Politikverständnis wurde neben der Tagespolitik auch durch historische Erinnerungen und Vorstellungen beeinflußt, die aus der Zeit der Herrschaft islamischer Dynastien über Indien herrührten, als Muslime einen wichtigen Teil der Verwaltungs- und Militärbeamten bildeten. Mit dem kulturellen Umbruch im Gefolge der einbrechenden Kolonialherrschaft setzten sich zuerst in prononcierter Weise Hindu-Nationalisten auseinander, so Rammohan Roy (1772-1833), der schon Anfang des neunzehnten Jahrhunderts die Lösung für die Emanzipation Indiens in der Rückkehr zu seinen spirituellen Werten, zu einem wahrhaftigen Hinduismus, zu einer geläuterten Gemeinschaftsreligion im Sinne eines Unitarismus gesehen hatte.

Reformbemühungen im indischen Islam gehen jedoch weiter zurück, auf den Delhier Gelehrten Shah Waliullah (1703-1762)[6], der im achtzehnten Jahrhundert angesichts des Zerfalls des islamischen Moghulreiches nach dem Tod von Kaiser Aurangzeb den Einfluß und die Kraft des Islam bedroht sah. Er befürchtete eine Assimilierung der indischen Muslime, die in sich sehr heterogen waren, in den Hinduismus, so wie es auch anderen abweichenden Religionsbekenntnissen gegangen war. Daher forderte er eine Rückkehr zur reinen Lehre der Quellen und eine Zurückdrängung des Volksislam, besonders des einflußreichen Sufismus, und der ungesicherten Überlieferungen. Insgesamt verlangte er, dem Koran als Primärquelle des Islam wieder einen weit höheren Stellenwert beizumessen. Die im Mittelalter so erfolgreichen vier Rechtsschulen mit ihren Kompendien der Auslegung des Islam sollten zurückgedrängt werden. Die widerspruchslose Befolgung der Rechtsschulen, *taqlīd*, sollte ersetzt werden durch einen erneuten *ijtehād'*, das eigene Nachdenken und das Anwenden islamischer Grundsätze auf neue Situationen, den Analogieschluß. Darin wurde er vom Wahhabismus beeinflußt, einer islamischen Denkschule, die Muhammad ibn 'Abd al-Wahhab im 18. Jahrhundert im Najd auf der arabischen Halbinsel gründete. Dessen doktrinärer Rechtsschule folgte Waliullah jedoch nie. Er und die meisten islamischen Reformer Indiens blieben im wesentlichen hanafitische Sunniten (obwohl Waliullah selbst auch stark von der malikitischen Rechtsschule beeinflußt wurde). Wenn Waliullah und weitere Muslim-Aktivisten, wie sein Großneffe Shah Ismail (1781-1831) und der Anführer der *mujāhidīn* Sayyid Ahmad Shahid (1786-1831)[7], die sich auf Waliullahs Ansichten beriefen, später indische Wahhabiten genannt wurden, so bezeichnet diese Benennung also eigentlich ein Mißverständnis, das sich aber dennoch eingebürgert hat.

In ihrer Verbitterung über den Verlust ihrer prominenten Stellung im Moghul-Reich zogen sich große Teile der Muslim-Eliten im neunzehnten Jahrhundert zunächst vom öffentlichen Diskurs zurück. Dies verstärkte sich noch, als sie von den Briten pauschal für den anti-kolonialen Aufstand von 1857/58 mitverantwortlich gemacht wurden.[8] Erst pro-britische Reformer wie Sayyid Ahmad Khan (1817-1898) sahen in der Zusammenarbeit mit den Briten den Garanten für die Behauptung der Muslim-Eliten gegen die immer schneller aufstrebenden Hindu-Schichten. In doktrinärer Sicht bemühte sich Sayyid Ahmad nachzuweisen, daß der Islam durchaus mit moderner Lebensweise, auch mit Rationalität vereinbar ist. Unter dem Einfluß der europäischen Aufklärung redete er der Vereinbarkeit von Vernunft und Glauben das Wort.[9]

Damit rief er den massiven Widerstand der islamischen Religionsgelehrten hervor, die ihn als *nechari* (Naturgläubigen, Pantheisten) beschimpften[10] und darin einen zweifachen Verrat sahen, zum einen an orthodoxer Gottesgläubigkeit im Islam, und zum anderen am Widerstand gegen die (kulturelle) britische Vorherrschaft. Ohne die Kenntnis dieser Meinungsverschiedenheiten sind die Unterschiede innerhalb des islamischen Lagers im beginnenden zwanzigsten Jahrhundert nicht zu verstehen, die diesen Diskurs weiter ausdifferenzierten.

Ein zentrales Konzept im Diskurs islamischer Bewegungen in Indien über die Politik war die Debatte über die Einstufung Indiens als *Dār al-Islām*, Land des Islam, oder *Dār al-Ḥarb*, Land des Krieges, der Ungläubigen. Streng genommen sind nach der koranischen Tradition nur jene Länder *Dār al-Islām*, in denen der Islam die Herrschaft hat, während alle anderen zum *Dār al-Ḥarb* erklärt wurden. Benachbarte Länder wurden unter Androhung eines Missionskrieges eingeladen, dem Islam beizutreten, nach der Devise, wer nicht mit uns ist, ist gegen uns. Erst im Verlaufe der späteren Auslegung des Koran entstanden die Kategorien *Dār al-ʿAhd* und *Dār al-Ṣulḥ* für nicht-islamische Länder, die durch Verträge oder Tribute an islamische Herrscher gebunden sind und sich daher nicht im Krieg mit ihnen befinden, obwohl sie keine Muslime sind.[11] Dies rührt her von der grunsätzlichen Verpflichtung des gläubigen Muslims, nicht eher zu ruhen und den heiligen Krieg zu führen, bis alle Ungläubigen bekehrt sind. Gleichwohl wird verlangt, daß dieser Missionskrieg nicht der Unterdrückung dienen darf und den Frieden unter der Herrschaft des Islam zum Ziel haben muß. Für Indien wurde die Debatte mit Beginn der Fremdherrschaft insofern modifiziert, als *Dār al-Islām* als Land des Glaubens verstanden wurde, in dem Religionsfreiheit, vor allem für den Islam, herrschen mußte. Das war der Minderheitensituation des indischen Islam geschuldet. Die indische Debatte dazu geht auf Shah Abdul Aziz (1746-1824), einen Sohn von Shah Waliullah, zurück. Er hatte sich mit der Frage auseinanderzusetzen, ob Indien nach der Eroberung durch die westliche christliche Kolonialmacht dem Islam noch eine Heimstatt biete oder zum *Dār al-Ḥarb*, einem Land der Ungläubigen, geworden sei. Dazu erließ er eine *Fatwā*, die Indien 1803 zum *Dār al-Ḥarb* erklärte:

> "When Infidels get hold of a Muhammadan country and it becomes impossible for the Musalman of the country, and of the people of the neighbouring districts, to drive them away, or to retain reasonable hope of ever doing so; and the power of the Infidels increases to such an extent that they can abolish or retain the ordinances of Islam according to their

pleasure; and none is strong enough to seize on the revenues of the country without the permission of the Infidels; and the (Musalman) inhabitants do no longer live so secure as before; such a country is politically a Country of the Enemy (*Dār al-Ḥarb*)."[12]

Damit wollte Aziz insbesondere gegen die Einmischung der Briten in Religionsfragen protestieren, die bei ihren Reformbemühungen Anfang des 19. Jahrhunderts begannen, die Zivilrechtsbestimmungen der einzelnen Religionsgemeinschaften zu kodifizieren.[13] Die Auseinandersetzung darüber, ob Indien ein Land der Ungläubigen sei, hielt auch in der Folgezeit an und wurde aus aktuellen Gründen immer wieder aufgeworfen, so etwa nach dem Ersten Weltkrieg im Zusammenhang mit der Khilafatsbewegung zur Verteidigung und Wiederherstellung des türkisch-osmanischen Kalifats, bei dem der türkisch-osmanische Herrscher zugleich als Oberhaupt der islamischen Weltgemeinschaft, der *ummah*, galt. Ganz allgemein haben die Anhänger der Schule Waliullahs daran festgehalten, Indien zum *Dār al-Ḥarb* zu erklären. Ihnen gegenüber standen *'ulamā'* wie Maulana Ahmad Raza Khan (1856-1921), Begründer eines islamischen Seminars (*Dār al-'Ulūm*) in Bareilly, der meinte, solange Muslime ihrem Glauben in Indien ungehindert nachgehen könnten, sei es unzulässig, es zum *Dār al-Ḥarb* zu erklären.[14] Er war der Begründer einer heute noch aktiven Schule, deren Anhänger, nach seinem Wirkungsort Bareilly *Barēlvīs* genannt, dem Sufismus und Volksislam nahestanden und sich mit dem puritanischen Anspruch der Waliullah-Anhänger nicht abfinden wollten. Bezeichnenderweise war Raza der Meinung, daß der an sich richtige Widerstand gegen die britische Kolonialmacht für die Muslime gefährlich sein kann.[15] Er hielt sie wegen ihrer wirtschaftlich rückständigen Lage und allgemein schlechten Bildung für schwach und angreifbar. So wurde die Frage nach der Einstufung Indiens als Land des Islam oder des Unglaubens letztlich als kodierte Debatte darüber geführt, wie man mit theologischen Argumenten die Zusammenarbeit mit der westlichen und christlichen Kolonialmacht begründen oder zum Widerstand und Kampf gegen sie mobilisieren könnte.

Wenn man die unterschiedlichen öffentlichen und politischen Reaktionen der islamischen Bewegungen auf die Kolonialherrschaft und auf die anderen Religionsgruppen betrachtet, erscheint es zweckmäßig, sie nach der Art ihres politischen Engagements, der Form ihrer öffentlichen Aktionen einzuteilen. Die erste Gruppe würde eher spontane *islamische Erhebungen und Unruhen* umfassen, die zweite eher theologische *Bewegungen der islamischen Religionsseminare*, die dritte religiöse *Sekten- und Erweckungsbewegungen*, die der Wiederbelebung der Religiosität und der Religionsausübung dienten, und die vierte eher bürgerliche *politische Bewegungen und Parteien mit islamischen Zügen*. Das hier diskutierte Projekt wird sich hauptsächlich mit der Dokumentation und Analyse der Konzepte der zweiten und dritten Gruppe befassen, die als religiöse Bewegungen und nicht als Parteien gegründet wurden, obwohl einige von ihnen später wie Parteien agierten (so die Partei der Islamischen Rechtsgelehrten Indiens, die *Jam'iyyat al-'Ulamā'-e-Hind*). Zum Vergleich sollen hier im Überblick alle vier Gruppen kurz behandelt werden.

Unter die *erste* Gruppe der spontanen Erhebungen und Unruhen fallen Bewegungen wie die *mujāhidīn*, die Nachfolger der oben erwähnten indischen Wahhabiten, die sich mit den Sikhs und den Briten im neunzehnten und beginnenden zwanzigsten Jahrhundert Kämpfe lieferten, bei denen die *mujāhidīn* einen vorbildlichen islamischen Gottestaat errichten wollten, der sich nach den rechtgläubigen, also orthodoxen Grundsätzen der Lehre richten sollte.[16] Ein anderes Ereignis dieser Art war der Auszug von 35 000 Muslimen, meist Bauern aus der Nordwestgrenzprovinz und dem Punjab, nach Afghanistan im Jahre 1920, weil sie Indien für ein Land hielten, in dem die Ausübung des Islam bedroht wäre. Damit orientierten sie sich an der Kampagne zur Verteidigung des türkischen Kalifats, genannt *Khilafat movement*, die nach dem Ersten Weltkrieg besonders in Indien regen Zulauf fand. Dieser Exodus wurde nach dem Vorbild aus dem Koran eine *hijrat* genannt.[17] 1921 kam es im Zuge der gleichen Khilafatskampagne an der südwestlichen Malabarküste Indiens zu einer spontanen Erhebung der *moplahs*, wie die einheimischen muslimischen Bauern und Landarbeiter genannt wurden. Auch bei diesem Aufstand, der mit den erwähnten brutalen Gewaltakten einherging, wurden die Initiatoren von der Unzufriedenheit mit den Verhältnissen in Indien und möglichen Gefahren für den Islam umgetrieben. Im Verlaufe des Aufstandes wurden politische Vorstellungen der Errichtung einer *Khilafats*-Republik bekannt, die einem islamischen Gottesstaat gleichen sollte.[18] Nicht zuletzt die Khilafatsbewegung als Ganzes muß zu dieser Gruppe gerechnet werden, da sie in weiten Teilen ebenfalls spontanen Zuspruch fand.[19] Eine immer wiederkehrende Form spontaner Unruhen waren sogenannte kommunalistische Spannungen, die gewaltsame Konflikte zwischen verschieden Religionsgemeinschaften in Indien bezeichneten und vor allem zwischen Hindus und Muslimen zum Teil zu sehr blutigen Auseinandersetzungen führten.[20] Sie traten und treten in der Regel dort auf, wo sich Muslime und Hindus konzentriert in verschiedenen Stadtvierteln gegenüberstehen, oft sogar in verschiedenen, von einander abhängigen Berufen, wie in Ahmadabad die zumeist muslimischen Garnspinner und Weber und die hinduistischen Aufkäufer und Händler.[21]

Den Bewegungen dieser Gruppe war das spontane Handeln gemein, von einem gezielten politischen Projekt kann nicht die Rede sein. Wenn diese Bewegungen geführt wurden, dann durch Parteien oder Organisationen, die man nur für diesen Anlaß gründete oder wiederbelebte. Oft wurden sie von lokalen Politikern benutzt, um leicht entzündlichen Konfliktstoff zur eigenen Profilierung aufzubauschen. Selten ist es natürlich so, daß solche Erhebungen völlig spontan ablaufen. Meist sind temporäre Führungskräfte am Werke die dann aus echter oder gespielter Entrüstung die Massen mit zündenden Slogans mobilisieren und auf die Straße holen. In den Argumenten, die für diese Mobilisierung genutzt werden, kommen aber auch politische Vorstellungen zum Tragen. Fast immer ist in dieser Gruppe ein Hauptmotiv, daß der Islam, die Religion der Vorfahren, in Gefahr gesehen wird. Die Bedrohungen für den Islam werden mit der eigenen mißlichen sozialen oder politischen Lage in Verbindung gebracht, was ihnen besondere Überzeugungskraft verleiht. Als Ausweg herrscht die fast romantische Suche nach einem reinen Gottestaat vor, den man entweder als Insel oder regionales Machtgebilde (*mujāhidīn, moplahs*) errichten will, oder aber außerhalb der Grenzen Indiens sucht, in Afghanistan oder in der Türkei des Khalifats (*hijrat*, Khilafatkampagne).

Die *zweite* eher theologische Gruppe der Bewegungen der Religionsseminare ist eine Besonderheit Indiens. Bekannte Religionsseminare bzw. islamische Bildungsstätten (*Dār al-'Ulūm*) begründeten Schulen innerhalb des indischen Islam, die einen solchen Zusammenhalt hatten und z.T. noch haben, daß sie aktivistischen Bewegungen gleichen. Dazu gehörten die Seminare von Deoband, von Bareilly, das *Nadwa*-Seminar und *Firangī Maḥall* in Lucknow, aber auch die Lehrstühle für islamische und arabische Studien an der eher bürgerlich geprägten Muslim-Universität von Aligarh, an denen zumindest zu jener Zeit starke Betonung auf religiöse Bildung und Ausbildung gelegt wurde. Prediger örtlicher Moscheen fühlten sich entweder dem einen oder anderen Seminar zugehörig. Die den Schulen nahestehenden islamischen Rechtsgelehrten, die *'ulamā'*, die sich mit theologischen Auslegungen der islamischen Quellen für das tägliche Leben befassen, bildeten Vereinigungen, deren Aktivitäten denen von Vereinen oder Parteien nahekamen. Zumeist nahmen sie, vor allem durch die Auslegungsurteile und Rechtssprüche, die *Fatwā*, zu allen wichtigen politischen Entscheidungsfragen Stellung. Einige ihrer Vertreter gingen direkt in die Parteien, ohne ihre Position in den *'Ulamā'*-Vereinigungen aufzugeben. In der öffentlichen Aufmerksamkeit rivalisierten sie in gewisser Weise. Gleichzeitig trug ihre Klientel ethnische Züge, waren doch die Anhänger der einen oder anderen Schule traditionell in bestimmten Regionen zu finden, wodurch sie mit zu Sprechern bestimmter Regionalkulturen wurden.

Ihre politischen Auffassungen richten sich ganz offensichtlich nach ihren doktrinären Konzepten und deren Auswirkungen auf die politische Realität. Die Anhänger Deobands, auch Deobandis genannt, waren von der islamischen Doktrin her Anhänger der Schule Waliullahs, die eine Reinigung des Islam anstrebte.[22] Daher vertraten die Deobandis in doktrinärer Hinsicht eher orthodoxe Auffassungen unter dem Stichwort "zurück zu den Quellen", weg von den Rechtsschulen. In politischer Hinsicht führte diese Auffassung zu einer betonten Abgrenzung von den Briten, ja sie gehörten zu den radikalsten Gegnern der britischen Herrschaft in Indien. Ihre orthodoxen Religionsauffassungen ermöglichten es ihnen zugleich, vorbehaltlos einem gemeinsamen indischen Bundesstaat aller Religionen und Kulturen zuzustimmen. Sie befürchteten nicht, daß ihre Identität in einem solchen Bundesstaat verwässert würde oder untergehen könnte. Ihr Selbstbewußtsein bezogen sie aus ihrem Beharren auf den orthodoxen Grundsätzen der islamischen Doktrin, die ihre separate Identität gegenüber den Hindus oder anderen Bekenntnissen hinreichend zu gewährleisten schien. Sie unterstützten daher den kompositären Nationalismus - *composite nationalism* - der Kongreßpartei, der sich aus unterschiedlichen kulturellen, ethnischen und politischen Richtungen zusammensetzen sollte. Aus den Anhängern Deobands ging die schon erwähnte *Jam'iyyat al-'Ulamā'-e-Hind* hervor.[23]

Die *Barēlvī*-Anhänger setzten dagegen auf die hanafitische Rechtschule und die Sufi-Tradition. Formal wandten sie sich auch gegen die Übernahme hinduistischer Riten, faktisch waren sie aber durch ihre enge Verbindung mit den mystischen Sufi-Bruderschaften vielen synkretistischen Bräuchen eng verbunden. So agierte das Seminar von Bareilly als *Khanqāh*, als Sufi-Hospiz, in dem Sufis ausgebildet wurden und das von anderen Sufi-Lehrern im Austausch aufgesucht wurde.[24] Dabei trieb sie vor allem das Bemühen um die Bewahrung der hanafitischen Rechtstradition an. Entsprechend ihrer (relativen) religiös-kulturellen Toleranz tolerierten sie auch die Kolonialherrschaft der Briten, solange diese sie in Ruhe ließ. Zwar wurde verbal Widerstand gegen die Briten gutgeheißen, sobald jedoch Hindus daran beteiligt waren oder diesen leiteten, wie im Falle Gandhis, nahmen sie dies zum Vorwand, die anti-koloniale Bewegung abzulehnen. Daraus resultierte die eingangs erwähnte *Fatwā* von Raza Khan aus dem Jahre 1920, die sich gegen Gandhi und die Khilafat-Bewegung richtete. Für eine Zusammenarbeit mit den Hindus gebe es keine religiöse Grundlage, wohl aber mit anderen Völkern "des Buches", deren Religion eine heilige Schrift offenbarte, also den Christen.

Das Nadwa-Seminar aus Lucknow vertrat einen Mittelweg zwischen den Extremen.[25] Es sollte die unterschiedlichen Ströme der Muslim-Intelligenz, vor allem die pro-westlichen von Aligarh und die Traditionalisten von Deoband, versöhnen und eine Verbindung aus religiöser und säkularer Bildung anbieten. Als theologische Ausbildungsstätte erreichte es nie den Ruf von Deoband, seine Ausbildung in Arabisch ist jedoch bis heute geschätzt. Mit dem Seminar von *Firangī Maḥall* in Lucknow, das 1693 gegründet wurde, ist besonders der Name von Muhammad Abdul Bari (1878-1926)[26] verbunden, der eine aktive Rolle in der Khilafatsbewegung spielte und sich ausdrücklich für eine Zusammenarbeit der Muslime mit dem indischen Nationalkongreß und Gandhi einsetzte. Auch in der Pakistan-Bewegung der dreißiger Jahre spielten die *'Ulamā'* von *Firangī Maḥall* eine große Rolle.[27] Bari wurde wegen seiner Nähe zu Deoband von den *Barēlvī* heftig attackiert, obwohl er andererseits als einflußreicher Sufi-Shaiykh ihnen nahestand bzw. mit ihnen konkurrierte.

Die Muslimgelehrten von Aligarh[28] waren der dritten großen Richtung zugetan, den Muslim-Nationalisten. Diese stellten in den Mittelpunkt ihrer Konzepte eine eigene Nation aller indischen Muslime, *qom*, die gleichberechtigt mit der "Hindu-Nation" zu behandeln wäre, trotz der zahlenmäßigen Unterlegenheit der Muslime.[29] Damit lagen sie im Widerstreit zu den anderen Seminaren, die es für unzulässig hielten, dem Islam eine nationale Form zu geben, was dem Gedanken der *ummah*, der Weltgemeinschaft aller Muslime, widerspräche. Entsprechend waren auch die Aligarh-Anhänger für einen separaten Muslim-Staat auf indischem Boden, Pakistan, während die Deobandi einen solchen Muslim-Separatismus konsequent ablehnten, damit auch die Gründung Pakistans. Die Aligarh-Anhänger waren zugleich konsequente Modernisierer der islamischen Religion. Ihr bekanntester Vertreter, Sayyid Ahmad Khan, der die Schaffung einer Muslim-Universität in Aligarh initiierte, verlangte, die Vernunft in der islamischen Religion zu benutzen. Gott habe den Menschen die Vernunft nicht gegeben, damit sie sie nicht gebrauchten, war sein theologisches Argument.[30] Mit dieser modernen Haltung ging eine enge Zusammenarbeit mit den Briten einher, deren Unterstützung für einen separaten Muslim-Staat vor allem die politisch weit radikaleren Hindus und die Kongreß-Partei schwächen sollte.

Am ehesten vertraten noch die Deobandis die Forderung nach einer islamischen Gesellschaft in Reinkultur. Doch war darunter keineswegs das zu verstehen, was etwa heute die Taliban in Afghanistan praktizieren, auch wenn sie in Koranschulen der Deobandis in Pakistan ausgebildet und von ihren Lehren zumindest beeinflußt wurden. Die Deobandis vor der indischen Unabhängigkeit 1947 wollten, daß die in Indien lebenden Muslime sich strengen religiösen Regeln unterwarfen. Keineswegs sollte das mit Repressalien oder Körperstrafen verbunden sein oder sollten sich Sanktionen gegen Nicht-Muslime richten. In erster Linie ging es um die Verstärkung der Religiösität. Zudem waren die Führer der Deobandis, vor allem in Alltagsfragen, häufig zu Kompromissen bereit, die sich aus dem Zusammenleben verschiedener Religionsgemeinschaften ergaben.

Die differenzierten Vorstellungen der Seminare über den islamischen Staat und praktischen Auswirkungen auf das Verhältnis zur britischen Kolonialmacht sowie auf den Verfassungsprozeß gilt es noch zu erkunden. Besonders ist der Stellenwert der Wahlen zu beachten, da sie für die Religionsseminare ein schwieriges doktrinäres Problem darstellten. Für einen islamischen Staat im engeren Sinne werden Wahlen abgelehnt, da sein Führer, der Amir, nicht gewählt wird. Auch die Beraterversammlung, die *Shū'rā*, wird ernannt. Bei der Interpretation dieser Grundsätze für die Wahlen und die Verfassungsreformen in Indien traten unter den islamischen Bewegungen große Meinungsverschiedenheiten zutage. Während sich die orthodoxen Deobandi auf Kongreß-Seite engagierten, blieben die *Barēlvī* indifferent und engagierte sich Aligarh für das

Establishment, also die Muslim-Liga und Kandidaten, die das Vertrauen der Briten hatten, ohne jedoch die britische Kolonialmacht direkt zu unterstützen. Die offen pro-britische Haltung des Aligarh-Gründers Sayyid Ahmad Khan, der vor allem die seiner Meinung nach überlegene Zivilisation bewunderte, ließ sich nach der Zuspitzung des anti-kolonialen Kampfes ab 1920 nicht mehr ohne weiteres aufrechterhalten.

Wenn sie ein politisches Projekt hatten, so kann man nach dem jetzigen Forschungsstand sagen, dann war es die Absicht, bestmögliche Bedingungen für das Florieren ihrer islamischen Denkschulen zu schaffen und sich eine stabile, meist regionale Anhängerschaft zu sichern. Dafür war vermutlich vor allem ihre Bindung an die Pir-Traditionen des Sufismus verantwortlich. Viele von ihnen waren einflußreiche Sufi-Shaykhs, die sich um ihre regionale Klientel bemühten, die sich nach ihnen richtete, die sie auch mit Spenden versorgte und unterhielt. Die im öffentlichen Raum angesehensten 'ulamā' und pīrs hatten die größte Anerkennung und folglich auch die größte Anhängerschaft, was mehr, hauptsächlich lokalen, Einfluß, aber auch mehr Einkommen bedeutete. Trotz unterschiedlicher doktrinärer Ansätze gab es auch viele theologische Gemeinsamkeiten. So hielten fast alle wichtigen 'ulamā' an der hanafitischen Rechtstradition fest. Auch forderten fast alle in der einen oder anderen Form eine Reinigung des Islam von Hindu-Einflüssen, vor allem, um sich in der Öffentlichkeit deutlich von den Hindus und ihren zahlreichen Reformbewegungen abzugrenzen.

Die *dritte* Gruppe umfaßte religiöse Sekten- und Erweckungsbewegungen. Dazu gehörten Organisationen, die sektenähnliche Abspaltungen von den islamischen Hauptbekenntnissen vertraten. Eine von ihnen war die *Ahl-e-Ḥadīth*, die Gruppe oder Partei der Anhänger der Ḥadīth, der verbürgten Aussprüche des Propheten Mohammad. Ihre Gründungsführer waren Ṣiddīq Ḥasan Khān (1835-1889)[31] und Nazīr Husain (gest. 1902). Hierher gehörten auch die *Ahmadiyya*, oder auch *Qadianis*, wie die Anhänger von Mirza Ghulam Ahmad (1839-1908) genannt wurden, der aus Qadian stammte. Die Missions- oder *Tablīgh*-Bewegung[32] entstand in den zwanziger Jahren dieses Jahrhunderts als Reaktion auf entsprechende Aktivitäten der Hindus. Hinduistische Reformbewegungen wie die *Arya Samaj* hatten sich seit Ende des 19. Jahrhunderts das Ziel gesetzt, einerseits die christlichen Missionierungsbemühungen offensiv abzuwehren und andererseits möglichst viele der indischen Muslime zum Hinduismus "zurückzuholen", die historisch überwiegend als Konvertiten galten. Der eher militanten Verteidigung des Islam diente die in gleicher Zeit entstandene Bewegung der *Tanzīm* (Organisation). Auf eine weitere Organisation, die 1932 gegründete Bewegung der *Khāksār* (der Einfachen, Niederen) treffen beide Merkmale zu - Sektencharakter und Erweckungsziele.[33] Ins Leben gerufen als militante Freiwilligenorganisation, die das britisch-koloniale Image des feigen, nachgiebigen, unaufrichtigen Muslim bzw. Einheimischen (*native*), korrigieren und durch körperliche Stählung die martialischen Fähigkeiten der Muslime trainieren sollte, war sie zugleich vom Zeitgeist angesteckt und trug faschistoide Züge, die sich an Deutschland und Italien ausrichteten. Andererseits war ihre Anhängerschaft in jener Zeit so stabil, daß sie einem Sektenbekenntnis gleichkam. Ähnlich wie die *Khāksār* agierte die Partei der *Āḥrār*, der "Edlen" oder "Reinen". Sie war 1930, vor allem im Punjab entstanden. Sie wurde von 'Ata'ullah Shah Bukhari (1891-1967) geführt. Ihre politische Ausrichtung war aber im Gegensatz zu den *Khāksār* pro-sozialistisch, linksgerichtet. Ihr gehörten viele Muslime an, die sich einerseits nicht offen dem Indischen Nationalkongreß anschließen wollten, aber anderseits eine Verbindung mit der konservativen *Muslim-Liga* ablehnten.[34]

Diesen Organisationen war das Bestreben gemeinsam, den Islam zu erneuern, zu reformieren oder zu verteidigen. Bis auf die *Aḥmadiyya* setzten alle auf Freiwilligen-Verbände als Form der Mobilisierung der Mittelklasse und als eine Art Sozialdienst. Diese Mobilisierungsform findet man jenseits auswärtiger Einflüsse schon früh in der indischen Politik und Religion. Militante Freiwilligenverbände haben eine lange Tradition, um z.B. die in Südasien sehr populären öffentlichen religiösen Feste abzusichern, die mit gewaltiger Massenbeteiligung stattfinden und Jahrmärkte und Prozessionen zugleich sind. Die Parteien, die alle in der einen oder anderen Form auf religiöse Reformbewegungen des neunzehnten Jahrhunderts zurückgehen, haben die Freiwilligenverbände übernommen und im Machtkampf genutzt. In der Zeit der Kampagnen des zivilen Ungehorsams zwischen 1920 und 1940 wollten die Muslime nicht hinter dem Kongreß und den Hindus zurückstehen. Das Tragen von Uniformen und regelmäßige Ausbildung galten als wichtig. Die Briten empfanden diese Herausforderung sehr deutlich und setzten sich verschiedentlich mit den Gesetzeslücken auseinander, die es erlaubten, diese Verbände legal zu betreiben. Unter anderem konnten sie nicht verboten werden, weil sie in der Regel nicht mit Feuerwaffen trainierten, sondern mit Stöcken. Die *Khāksār* waren berühmt für ihre Kampfvirtuosität mit dem Spaten. Auch wollten die Briten ausdrücklich vermeiden, eindeutig religiöse Verbände zu verbieten, die zudem noch tatsächlich zur Aufrechterhaltung von Ruhe und Ordnung beitrugen.[35] Im Streben nach Gleichberechtigung und in der politischen Konkurrenz mit den Hindus, die ihnen durch das britisch-koloniale Projekt aufgezwungen wurde, empfanden die Muslime hier dringenden Nachholebedarf.

Die islamisch-doktrinären Anstöße für dieses Verhalten waren sehr unterschiedlich. Die *Ahl-e-Ḥadūth* waren die doktrinär orthodoxesten Vertreter, die Waliullah folgten und sich nur auf die *Ḥadūth* oder Überlieferungen über das Leben des Propheten stützen wollten, die als wahr und zuverlässig galten.[36] Dadurch wurde ein großer Teil der mittelalterlichen islamischen Rechtsschulen, der *fiqh*, in Frage gestellt. Die *Aḥmadiyya* sind die unorthodoxesten Vertreter am anderen Ende des Spektrums. Sie stellen solche essentiellen Grundsätze in

Frage wie die Auffassung, daß Mohammed der letzte, das sogenannte Siegel der Propheten gewesen sei. Ihr Gründer, Mirza Ghulam Ahmad, erklärte sich selbst zum neuen Propheten, allerdings sekundären Ranges.[37] Inzwischen wurden sie unter Berufung auf die islamische Doktrin in Saudi-Arabien und Pakistan zum nichtislamischen Glaubensbekenntnis erklärt. Unter Zia-ul-Haq (1924-1988) war es ihnen unter Kriminalstrafrecht verboten, die islamische Gebetsformel zu benutzen. Sie selber sahen und sehen ihre Form des Islam jedoch als seine zeitgemäße Erneuerung an. Nicht zufällig haben sie vor allem Anhänger in den Mittelschichten, wie Ärzte, Rechtsanwälte, Ingenieure. Die *Tanzīm*, *Tablīgh*, *Khāksār* and *Aḥrār* wurden durch das Bestreben verbunden, den Zusammenhalt, das Überleben, den zahlenmäßigen Bestand der Muslimgemeinschaft in Indien zu sichern - ein eher modernes Anliegen, was den Islam in die Nähe des politisch aktiven Muslim-Nationalismus rückte. Nur wenige erlangten in ganz Indien Bedeutung. Die meisten hatten deutlich regional ausgeprägte Schwerpunkte ihrer Aktivitäten, wie die *Aḥrār* und die *Ahl-e-Ḥadīth* in der Provinz Punjab. Dabei ging jede Gruppe mit ganz spezifischen Mitteln vor. Die *Tablīghī* erklärten ostentativ, daß sie sich aus jeder politischen Betätigung heraushielten. Ihre Hauptaktivität bestand darin, auf die Anhänger des Islam zuzugehen und sie zum Gebet einzuladen. *Da'wat* (Gebet, Einladung) nennt sich daher auch diese Form der ideologischen Aufrüstung, die als eigene Abteilung einen festen Bestandteil vieler islamischer Gruppen, nicht nur der *Tablīghī*, bildet. Genau so ist auch die Mission, *Tablīgh*, eine allgemeine Kategorie im Islam, die auch andere islamische Gruppen verfolgten, nicht nur die Partei der *Tablīghī* im engeren Sinne. Gleichwohl hatte der massive Einsatz von *Tablīghī* zu bestimmten Zeiten durch die demonstrative öffentliche Präsenz des Islam deutlich politische Wirkung, etwa bei religiösen Unruhen mit den Hindus oder in Kashmir.

Die *vierte* Gruppe waren die bürgerlichen Parteien, die sich als Vertreter von Muslim-Interessen verstanden, aber eindeutig etablierte bürgerliche Methoden des politischen Kampfes bevorzugten, auch wenn sie auf die Dienste militanter religiöser Freiwilligenverbände in Zeiten der Konfrontation mit dem politischen Gegner nicht verzichteten.

Zu ihnen gehörten die 1906 gegründete Muslim-Liga[38], die später die Pakistan-Bewegung anführte, die Unionist Party in Punjab[39], die später in der Muslim-Liga aufging, die Krishak-Praja Partei in Bengalen[40], die mit der Muslim-Liga verbündet war. Auch zum politischen Lager der Kongreßpartei gehörten zwei größere Muslimparteien, die "Red Shirt Movement" oder "Khudai-Khidmadgaran" (Diener Gottes)[41], die die Pathanen der Nordwestgrenzprovinz vertrat, und die Jammu and Kashmir Muslim Conference[42], die im Fürstentum Kashmir aktiv war. Eine doktrinäre Zuordnung der Parteien ist nur in groben Zügen möglich. Die Muslim-Liga stand, wie bereits erwähnt, den Muslim-Nationalisten von Aligarh nahe, die Unionisten und die Krishak-Partei eher den *Barēlvī*-Anhängern, die Pathanen-Partei den Deobandi, bei der Kashmir-Partei ging es um eine regionale Tradition des Islam in Kashmir, die ihren Ausdruck im Begriff der muslimischen Kashmir-Identität fand, dem *Kashmiryat*. Die politischen Projekte der beiden Lager sind im wesentlichen gut bekannt und schon oft beschrieben worden. Die Verbündeten der Muslim-Liga wollten einen muslimischen Separat-Staat, die dem Kongreß Nahestehenden einen multireligiösen und multikulturellen indischen Bundesstaat.

Zur Quellenlage

Zunächst können und sollen auch die vorhandenen Sekundärpublikationen genutzt werden. Das sind zumeist Fallstudien, die die Bewegungsgeschichte beschreiben. In ihnen wird vereinzelt auf politische Auffassungen eingegangen, obwohl sie nicht im Mittelpunkt stehen.

Umfangreiches Primärquellenmaterial existiert über die politischen Aktivitäten und Ansichten der islamischen Gruppen in Form von Akten des *India Office*, das als Indien-Ministerium für die Verwaltung der Kolonie Britisch-Indien zuständig war, nicht identisch mit dem *Colonial Office*, dem Kolonialministerium.[43] Von besonderem Interesse sind sogenannte Vorgangsakten (*subject files*), die aus aktuellem Anlaß entstanden und jeweils einer Organisation wie den *Khāksār* oder einem Ereignis wie der Khilafatsbewegung gewidmet waren. Die Akten sind heute noch wie die Verwaltungsbereiche des Indien-Ministeriums gegliedert. Gleiche Vorgänge können daher in unterschiedlichen Abteilungen mehrfach abgelegt sein. Ein verblüffend detailliertes und ausgeklügeltes Buchführungssystem für Posteingang, -ausgang, -bearbeitung und -ablage hat jedoch die Bündelung der Vorgänge sehr gefördert und ermöglicht heute trotz des Konvoluts an Papier das Auffinden einzelner Tatbestände etwas umständlich, aber relativ zuverlässig. Der Schlüssel zur Ablagestruktur ist das koloniale Denken oder die koloniale Politik. Ablagerubriken änderten sich mit den Jahren. Wurden bis zum Ende des Ersten Weltkrieges noch alle antikolonialen Aktivitäten als *sedition*, also Zersetzung, abqualifiziert, so findet man später selbständige Rubriken unter des sachlichen Begriffen *non-cooperation* oder *civil disobedience* - Nichtzusammenarbeit und ziviler Ungehorsam, den Selbstbezeichnungen der anti-kolonialen Aktionen des Indischen Nationalkongresses.

Die Vorgangsakten findet man zum einen im Aktenbereich *Political & Judicial* für den Bereich Innenpolitik, vornehmlich in Zusammenhang mit rechtlichen und gesetzgeberischen Maßnahmen, darunter den Verfassungsreformen. Aber auch die anti-kolonialen Aktionen gehören wegen ihrer "Bedrohung der öffentlichen Ordnung" dazu. In diese Abteilung des Indien-Ministeriums mündeten auch zahlreiche Vorgänge des *home department*, des Bereichs Inneres der indischen Kolonialregierung. Vorgänge, die die äußere Sicherheit Britisch-Indiens betrafen, behandelte der Bereich *Political & Security*, darunter die Beziehungen zu den rund 600 indischen Fürstentümern (*princely states*), den Nachbarstaaten (Afghanistan, Zentralasien, Burma, Sri Lanka, Nepal), den juristisch unabhängigen Stammesterritorien im Nordwesten und Nordosten Indiens, aber auch zur benachbarten Golfregion. Tagesvorgänge wurden in der laufenden Ablage, den *Proceedings*, verwahrt, die je nach Bedarf auch für die einzelnen Fachverwaltungen angelegt wurden, also *Home, Education* etc.

Zu den laufenden Quellen gehören die vierzehntägigen oder monatlichen Berichte der Provinzverwaltungen an die Kolonialregierung bzw. das Indien-Ministerium in London, die zumeist aus einem politischen Teil (*Political diary*) und geheimdienstlichen Informationen (*Intelligence diary*) bestanden. Des weiteren existieren fortlaufende Zeitungsberichte über die lokale Presse, meist auch die landessprachigen Ausgaben, in Form der von den Briten regulär geführten ausführlichen regionalen Übersichten, bekannt als *Vernacular Newspaper Reports* oder *Selections*. Außerdem hat das India-Office-Archiv zahlreiche gedruckte Originalschriften von Aktivisten in Englisch und Urdu gesammelt, so die von der Kolonialregierung verbotenen politischen oder religiösen Schriften, von denen ein Exemplar nach London in die Ablage kam.

Besonders erfolgversprechend erschien zunächst die Aktengruppe der *Home Confidential Proceedings* im India-Office-Archiv. Darunter wurden laufende Akten zu innenpolitischen Ereignissen abgelegt, die je nach Wichtigkeit in die Gruppen A, B, Deposit und File eingeordnet wurden. Die A-Proceedings wurden gedruckt und nach London übersandt. Die anderen blieben in Indien und werden im Nationalarchiv Indien in Neu Delhi sowie in einzelnen Provinzarchiven verwahrt. Die gedruckten Indices der gesamten *Proceedings* enthalten zahlreiche Hinweise auf politische oder zumindest öffentliche Aktivitäten islamischer Gruppen. Leider existieren in Delhi große Lücken im Bestand. Die meisten *Proceedings*, in denen der Islam oder Muslime erwähnt wurden, sind nicht auf der Liste der an das Archiv übergebenen Akten enthalten, wurden also offensichtlich vorher ausgesondert. Bisher ist noch nicht klar, ob sie zum Teil an Pakistan gegangen sind. Besser als erwartet ist dagegen die Aktenlage in Pakistan sowie in einzelnen Provinzarchiven Indiens (Lucknow, Uttar Pradesh) und Pakistans (Peshawar, Nordwestgrenzprovinz; Lahore, Punjab; Karachi, Sindh). Ein große Hilfe stellt das vor einiger Zeit geschaffene *National Document Center* Pakistans (NDC) in Islamabad dar, in dem umfangreiches Filmmaterial über die wichtigsten zentralen und Provinzakten zusammengefaßt ist. Es wird gegenwärtig in gedruckten Findbüchern und thematischen Katalogen ausführlich dokumentiert, von denen zwölf vorliegen[44] und sechs weitere im Druck sind[45]. Zwar existieren formal noch erhebliche Einschränkungen bei der Nutzung der Archivbestände Pakistans - so müßte eigentlich eine Arbeitsgenehmigung des zuständigen Fachministeriums, im Falle der *Home Proceedings* also des Innenministeriums, eingeholt werden. Aber die verfilmten Kopien der Akten sind über das NDC relativ unbürokratisch zu erreichen.

Eine bisher in der westlichen Fachliteratur relativ wenig ausgewertete Quellengruppe sind Selbstzeugnisse und Analysen in Urdu. Darunter befinden sich Autobiographien und Selbstdarstellungen mit Primärquellencharakter. Dazu zählen z.B. die Briefe von Maulana Obeidullah Sindhi[46] oder die neunbändige historische Selbstdarstellung der *Āhrār*-Bewegung[47]. Des weiteren sind hier Biografien über bekannte islamische Aktivisten und Analysen von Interesse, die von Zeitzeugen und Kampfgefährten geschrieben wurden. Schwierigkeiten bereitet hier jedoch die oft ungenaue und sich häufig wiederholende Darstellung, die nur selten auf Quellen verweist. Hier, und besonders bei Büchern, die ins islamisch-theologische Fach übergehen, überwiegt die narrative Darstellung. Der Zweck ist weniger, "zu erfahren wie es war", als zur Belehrung und Erbauung der Schüler und Wissensuchenden beizutragen, durch das gute Beispiel moralische Besserung zu bewirken. Diese deutlich ideologisch gefärbten Darstellungen behalten jedoch ihren Wert als Ausdruck des zeitgenössischen Selbstverständnisses. Zugleich werden darin auch die unterschiedlichen kulturellen Traditionen deutlich. Dem positivistischen Denken des Okzidents steht die narrativ-moralische Tradition des Orients gegenüber. Eine solche Gegenüberstellung soll diesen Kategorien nicht absolute oder künstliche Bedeutung beimessen, da sie dann zu "orientalistischen" Stereotypen werden. Aber sich der Verschiedenheit der Tradition bewußt zu sein, ist nicht nur notwendig, sondern auch legitim, um die Quellen in einen sinnstiftenden übergeordneten Zusammenhang einfügen zu können.

Begegnungen mit Forschern und Verwaltern von Archiven in Pakistan hinterlassen einen widersprüchlichen Eindruck.[48] Das offizielle Pakistan versteht sich als islamischer Staat und erhebt deshalb Anspruch darauf, als natürlicher Erbe und Sachwalter des Wirkens der islamischen Bewegungen in Südasien angesehen zu werden. Darauf sind die Themen der Forschung in den Universitäten sowie den staatlichen Forschungsinstitutionen (National Institute of Historical and Cultural Research) angelegt. Das führte nicht nur zu parteiischen und ideologischen Darstellungen, sondern auch zu selektiven oder ungenauen Faktenbearbeitung aus der Sicht des gewünschten Endresultats. In zunehmendem Maße werden jedoch heute Themen der indo-islamischen und der pakistanischen Geschichte mit größerer Akribie und Genauigkeit behandelt. Das trifft sowohl auf die Universitäten in Islamabad, Karachi, Lahore und Peshawar als auch auf das *Islamic Research Institute* an der Internationalen Islamischen Universität in Islamabad zu. Doch trotz einer bewunderungswürdigen Fülle an zusammengetragenen Einzelfakten bleiben diese oft zusammenhanglos bzw. werden über den Rahmen der "Pakistan-Ideologie" oder des

"Muslimnationalismus" in einen künstlichen Zusammenhang gebracht.[49] Generell besteht eine große Unzufriedenheit mit der bisherigen Interpretation der Geschichte und die wachsende Vermutung, daß eine ausschließlich islamischdoktrinäre Perspektive den Blick auf andere Prozesse verstellt. In Gesprächen ist daher verstärkt das Bemühen um Entideologisierung der akademischen und analytischen Debatte zu bemerken. Besonders jüngere Forscher bemühen sich immer mehr um Nüchternheit und um exaktere akademische Arbeitsmethoden.

Ein weiteres Problem ist die vorrangige Nutzung kolonialer Schriftquellen für das Projekt, auch wenn indigene Zeugnisse, vor allem über die Urdu-Literatur, einbezogen werden. Doch sollte auch die Bewertung kolonialer Quellen differenziert erfolgen, eine alleinige Einordnung als Herrschaftszeugnisse greift m. E. zu kurz. Angesichts des absoluten Herrschaftsanspruchs der Briten über ihre Kolonien und deren Gesellschaften entwickelten sie auch einen universalistischen Informationsanspruch. Die Akten des Indien-Ministeriums belegen die erdrückende Fülle des gesammelten Materials. Darunter sind nicht wenige Materialen, die fortgeschrieben wurden, sogenannte laufende Quellen, wie die monatlichen Berichte der Provinzgouverneure, des Vizekönigs, des Geheimdienstes in den Provinzen und die Berichte über die landessprachige Presse. Laufende Berichterstattung ist zwar auch durch Interessenlagen strukturiert, enthält aber durch die Unkenntnis des kommenden Tages ein korrektives Element, das bewußten Manipulationen wie Selektion oder Fälschung von Fakten entgegenwirkt.

Des weiteren ist die Arbeitsweise eines großen bürokratischen Apparates wie der indischen Kolonialregierung in den meisten Fällen reaktiv. Das heißt, nicht selten entstanden Akten und Vorgänge durch die Reaktion auf innenpolitische Ereignisse, die von den indigenen Akteuren ausgelöst wurden. Dadurch enthalten die Vorgangsakten in einem hohen Maße indigenes Material und Selbstzeugnisse der Akteure.

Welche Ergebnisse sind zu erwarten?

Ein großer Teil der Spannungen im Wechselverhältnis zwischen Politik und Religion, zwischen Okzident und Orient unter den politischen Bedingungen des kolonialen Indien ergab sich daraus, daß das sogenannte liberale westliche Projekt durch die Briten nur partiell übertragen wurde. Den indigenen Kräften wurde zwar die Möglichkeit zur politischen Betätigung eingeräumt. Die demokratischen Institutionen waren jedoch drastischen Einschränkungen und Modifikationen unterworfen, die von den Briten vor allem unter dem Gesichtspunkt der Förderung loyaler Kräfte und der Sicherung größtmöglicher Stabilität und Kontrolle getroffen wurden.

Alle islamischen Gruppen, die sich im öffentlichen Raum behaupten wollten und mußten, sahen die Betonung ihrer Muslim-Identität als wichtiges Mittel im politischen und sozialen Wettbewerb. Das erhöhte auch zugleich den Konkurrenzdruck innerhalb der Muslimgemeinschaft. Splittergruppen und Sektenbekenntnisse strebten nach vermehrter politischer oder zumindest öffentlicher Geltung. Wie versuchten die nicht vordergründig politischen islamischen Gruppen und Bewegungen, also die Gruppen zwei und drei entsprechend der oben vorgenommenen Kategorisierung, Einfluß auf die Politik zu nehmen oder doch zumindest an ihr teilzunehmen?

Die Überlegung liegt nahe, daß die Gruppen zwei und drei, auf die sich das Projekt konzentrieren will, nach eigenem doktrinärem Bekenntnis einem islamischen politischen Projekt am nächsten stehen müßten. Davon kann nach bisherigem Kenntnisstand jedoch nicht ohne weiteres ausgegangen werden. Nicht alle dieser Gruppen erheben überhaupt Anspruch auf ein politisches islamisches Projekt im Sinne von Staat und Nation, auch wenn sie sich zu vielen politischen Fragen äußern. Andererseits schließt die Auffassung vom Islam als Lebensweise (*deen*), die nicht auf die Religion (*mazhab*) beschränkt ist, die Politik immer mit ein. Was sich als die Gesamtheit der politischen Forderungen mit islamischem Bezug herausschält, ist vielmehr äußerst heterogen. Es wird weniger durch die orthodoxen islamischen Staatsauffassungen domininiert als vielmehr durch die reale politische und soziale Lage der jeweiligen Religionsgruppe im britisch-indischen Gesellschaftsgefüge. Der Status der Gruppenelite erscheint als wichtiger Fixpunkt, wobei die islamischen Argumente vor allem der spezifischen Gruppengeschichte folgen. Die Gruppen sind meist stark regional verankert und müssen sich zunächst in einem regionalen Machtgefüge behaupten. Dies ist, wenn man so will, das westliche Element ihrer Identität. Das Forcieren des Verfassungsprozesses mit seinen partizipatorischen und konkurrenzfördernden Elementen zwingt sie dazu, politisch Farbe zu bekennen, sich nach Verbündeten umzusehen, ihre Wurzeln auszugraben und ihre Profil zu schärfen. Andererseits sind ihre islamischen Argumente keineswegs beliebig. Ja, sie haben über die Jahre sogar eine relativ große Stabilität. Die doktrinären Unterschiede zwischen den wichtigsten Gruppen, die sich im achtzehnten und neunzehnten Jahrhundert in Ansätzen herausbildeten, haben sich bis heute trotz wechselnder politischer Bedingungen nicht aufgelöst, sind nicht verschwunden, sondern haben sich als relativ stabil erwiesen. Die Lager entlang diesen doktrinären Grenzen bestehen weiter, auch wenn ihre Einfluß auf die Politik in der nachkolonialen Phase deutlich gesunken ist. Das heißt, sie ziehen auch einen beträchtlichen Teil ihrer Überlebensfähigkeit aus ihrer spezifischen islamischen Interpretation, sie bilden für die Muslime einer bestimmten Region die Verbindung zur "großen Religion" und zur "großen Politik". Insofern sind sie bis heute Mittler zwischen der indigenen und der westlichen Politikauffassung. Dieser Dualismus zeigt keine Anzeichen der Auflösung, verhält sich sehr stabil. Die Gruppen sind Kenner der islamischen Orthodoxie und politische Aktivisten zugleich. Insofern sind sie "Akteure des Wandels", vermitteln globale Phänomene, nicht zeitweilig oder im Übergangsstadium, nicht als Grenzgänger, sondern als Grenzbewohner, mit einem festen Platz in der indigenen Entwicklung wie in der Globalität.

Anmerkungen

1 Vgl. Census of India 1901, Vol. I, India, Part II, Tables, Calcutta: H.M.S.O., 1903, Table VI, The Population by Religion, S. 58, 61.
2 Vgl. Franchise (Lothian) Committee 1932. In: Indian Annual Register 1932, Vol. I, (Delhi, 1990 Repr.), S. 437-471, hier: S. 455. Der Anteil der wahlberechtigten Männer war 43,4 Millionen und der erwachsenen Frauen 10,5 Millionen.
3 Beispielsweise spielt in den beiden "global" angelegten Untersuchungen von Reinhard Schulze der indische Islam eine relative geringe Rolle. Reinhard Schulze, Islamischer Internationalismus im 20. Jahrhundert: Untersuchungen zur Geschichte der Islamischen Weltliga, Leiden 1990; ders; Geschichte der islamischen Welt im 20. Jahrhundert, München 1994.
4 Eigene Provinz seit 1.1.1900.
5 Als eigene Provinz aus der Provinz Bombay seit 1935 herausgelöst.
6 Waliullahs Werke haben den islamischen Dialog in Indien auf verschiedenen Gebieten beeinflußt. Als Hauptwerk in der Theologie gilt sein "Ḥujjat Allāh al-Bālighah", das Theorie und Praxis des orthodoxen sunnitischen Glaubens wiederherstellen sollte und heute noch als Unterrichtsmaterial am Al-Azhar-Seminar in Kairo genutzt wird. Seine politischen Ansichten von einem universellen Khalifat wurden besonders in seinem "Izālat al-khafā' 'an khilāfat al-khulafā" erläutert. Bedeutung erlangte auch seine Persisch-Übersetzung des Korans. Vgl. A. S. Bazmee Ansari, Al-Dihlawī, Shāh Walī Allāh. In: B. Lewis u.a., The Encyclopedia of Islam. Bd. 2, Leiden 1991, S. 254-255; Aziz Ahmad, Political and religious ideas of Shāh Walī-Ullāh of Delhi. In: Muslim World, 52 (1962) 1, S. 22-30.
7 Ihre beiden Hauptwerke waren "Sīrat al-Mustaqīm" von Sayyid Ahmad, das Shah Ismail zusammenstellte, sowie "Taqwiyat al-Īmān" von Ismail selbst, die in verschiedenen Übersetzungen erschienen sind, letzeres z.B. in der Übersetzung von 1839 von Shahamat Ali: Shahid, Muhammad ibn Isma'il, Support of the faith: being English translation of Shah Isma'il Shahid's Taqwiyat-ul-iman, Lahore 1974, Neuauflage von 1969.
8 In offiziellen Selbstdarstellungen des Seminars von Deoband heißt es, daß sein Begründer Muḥammad Qāsim Nānotawī (1832-1880) während des Aufstandes 1857 in dem Städtchen Shamli im Distrikt Muzaffarnagar in den United Provinces örtliche Kräfte gegen die Briten anführte. Vgl. Ziya-ul-Hasan Faruqi, Orthodoxy and Heterodoxy in India. In: Mushirul Hasan (Hg.), Communal and Pan-Islamic Trends in Colonial India, Delhi 1985, Endnote 6, S. 398-99. Ahmad Aziz bezweifelt allerdings den Sachverhalt: Ahmad Aziz, Introduction: A Biobliographical Survey. In: Aziz

Ahmad/Gustav von Grunebaum (Hg.), Muslim Self-Statement in India and Pakistan 1857-1968, Wiesbaden 1970, S. 5.
9 Dietrich Reetz, Enlightenment and Islam: Sayyid Ahmad Khan's Plea to Indian Muslims for Reason. In: The Indian Historical Review, New Delhi 14 (July 1987 & January 1988) 1-2, S. 206-218.
10 Dieses Beiwort *nechari* geht vor allem auf den Hauptwidersacher von Sayyid Aḥmad Khān, Muḥammad Qāsim Nānotawī zurück, der seine Auffassungen zur Koran-Interpretation in 15 Punkten niederlegte. Muḥammad Qāsim Nānotawī, Taṣfiyat al-'Aqā'id, (Delhi 1890), übersetzt in: Aziz Ahmad/Gustav von Grunebaum (Hg.), Muslim Self-Statement..., a.a.O., S. 60-76.
11 Lewis u.a., The Encyclopedia of Islam. Vol. II, a.a.O., S. 126-127.
12 W. Hunter, Our Indian Mussalmans: Are they bound in conscience to rebel against the Queen? Delhi 1969, S. 134.
13 Vgl. auch Shah Abdul Aziz, Fatawa-e-Azizi, Kanpur o. J.; S.A.A. Rizvi, Shah Abdul Aziz: Puritanism, Sectarian Polemics, and Jihad, Canberra 1982; M. Naeem Qureshi, The 'ulamā' of British India and the Hijrat of 1920. In: Modern Asian Studies, 13 (1979) 1, S. 41-59.
14 Mashriq, Gorakhpur, 7.10.1920.
15 Vgl. Syed Jamaluddin, The Barelvis and the Khilafat Movement. In: Mushirul Hasan, Communal and Pan-Islamic Trends..., a.a.O., S. 400-413.
16 Zur Bewegung der *mujāhidīn* vgl. Ahmad Qeyamuddin, The Wahabi Movement in India, Kalkutta 1966; Lal Baha, The Activities of the Mujahideen 1900-1936. In: Islamic Studies, 18 (1979), S. 97-168; Maulana Ghulam Rasul Mehr, Jamā''at-i-mujāhidīn, Lahore 1955; N. D. Ahmad, Mujahidin - triumph of the British diplomacy. In: Journal of the Research Society of Pakistan, 12 (1975) 3, S. 33-45.
17 Zur *hijrat* von 1921 vgl. D. Reetz, Hijrat - The Flight of the Faithful: A British File on the Exodus of Muslim Peasants from North India to Afghanistan in 1920, Berlin 1995; F. S. Briggs, The Indian Hijrat of 1920. In: Moslem World, Princeton, NJ, (1930) 20, S. 164-168; Lal Baha, The Hijrat movement and the North-West Frontier Province. In: Islamic Studies, Islamabad 18 (1979), S. 231-242; Qureshi, The 'ulamā' of British India..., a.a.O., S. 41-59.
18 Vgl. Akten im India Office Signatur L/P&J/6/1782, Aktennummer 6096/22, Malabar disturbances. Fallstudien zum Aufstand bzw. zu den Moplahs erschienen u.a. von R. H. Hitchcock, History of the Malabar Rebellion, 1921, Delhi 1983 [Nachdruck von 1921]; J. J. Banninga, The Moplah rebellion of 1921, o.O. 1923; Roland Eric Miller, Mappilah Muslims of Kerala: a study in Islamic trends, Madras 1976; Conrad Wood, The Moplah Rebellion and its Genesis, New Delhi 1987; Stephen F. Dale, Islamic Society on the South Asian Frontier: The Mappillas of Malabar, 1498-1922, Oxford 1958.
19 Die Khilafatskampagne wurde zentral organisiert; mit Unterstützung der Kongreß-Partei reisten dutzende Aktivisten übers Land, um die Menschen zu mobilisieren. Wenn man Berichte über diese Khilafat meetings liest, wird die Spontaneität der Situation deutlich, die besonders durch die hitzigen Reaktionen der örtlichen mullās und 'ulamā' entstand. Vgl. z. B. die Berichte über die Versammlungen aus diesem Anlaß in Orten der United Provinces, auf denen bekannte Politiker wie Gandhi, M. A. Ansari, Maulana Abdul Bari u.a. sprachen: UP State Archives, Box 58B, File No. 16/19/20.

20 Vgl. dazu verschiedene Vorgangsakten über kommunalistische Unruhen - communal rioting - im India Office, z.B. Akten-Nr. 3833/24, Statement giving particulars of the communal riots in U.P. for the years 1922-27 respectively. Als Sekundärliteratur dazu u.a. Mushirul Hasan, Nationalism and Communal Politics in India 1885-1930, Delhi 1991; ders. (Hg.), Communal and Pan-Islamic Trends in Colonial India, Delhi 1985; Gyanendra Pandey, The Construction of Communalism in Colonial North India, Delhi 1991; C. A. Bayly, The Pre-history of 'Communalism'? Religious conflict in India, 1700-1860. In: Modern Asian Studies, 19 (1985).

21 Vgl. Bipan Chandra, Communalism in Modern India, Delhi 1986; Sandria Freitag, Collective Action and Community: public arenas and the emergence of communalism in north India, Berkeley, Calif., 1989; Asghar Ali Engineer, Communalism and Communal Violence in India: an analytical approach to Hindu-Muslim conflict, Delhi 1989; Gyanendra Pandey, The Construction of Communalism in Colonial North India, Delhi 1991; Barbra Wilmot Flynn, The Communilization of Politics: National Political Activity in India, 1926-1930, Diss., Duke University 1974.

22 Barbara Melcalf, Islamic Revival in British India: Deoband, 1860-1900, Princeton 1982; Ziya ul-Hasan Faruqi, The Deoband School and the Demand for Pakistan, Bombay 1963.

23 Parvīn Rozīna, Jam'iy´yat-al 'Ulamā'-e-Hind, 3 Bd., Islamabad 1981.

24 Syed Jamaluddin, The Barelvis and the Khilafat Movement, a.a.O.; Muhammad Masood Ahmad, Fazil Barēlvī aur Tar'k-i-Mawālāt, Lahore 1972; Usha Sanyal, Devotional Islam and politics in British India: Ahmed Riza Khan Barelwi and his movement, 1870-1920, Delhi 1996.

25 Das Nadwa Seminar verdankt seine Gründung einer Konferenz (Nadwat al-'Ulamā') verschiedener 'Ulamā' im April 1894 in Lucknow, als sie berieten, wie die doktrinären Meinungsverschiedenheiten zwischen den Sekten zu überwinden seien. Das daraus entstandene Seminar war vor allem mit dem Namen des Historikers und Theologen Shiblī Nu'mānī (1857-1914) verbunden. Vgl. die Shiblī-Biographie seines größten und begabtesten Schülers: Sayyid Sulaymān, Ḥayāt-i Shiblī, Azamgarh 1943; vgl. auch Muhammad Ishaq Jalis Nadvi, Tarīkh-i Nadvat al-'Ulamā', 2 Bd., Lucknow 1983-1984.

26 Naresh Kumar Jain, Muslims in India, A Biographical Dictionary. Bd. 1 (A-J), Delhi 1979, S. 2-3.

27 Mufti 'Inayatullah, 'Ulamā'-e Firangī Maḥall: mabnī bar Tazkirah-yi 'Ulamā'-e Firangī Maḥall, Lucknow 1988.

28 Shanti Swarup Gupta, Aligarh Muslim university and Muslim politics, Delhi 1992; David Lelyveld, Aligarh's first generation; Muslim solidarity in British India, Delhi: Oxford 1995; E. A. Mann, Boundaries and identities: Muslims, work and status in Aligarh, Delhi 1992.

29 Vgl. hier vor allem die Auffassungen von Sayyid Ahmad Khan: Sayyid Ahmad Khan, Maqālāt-e-Sir Sayyid, Lahore 1961; Johannes M. Baljon, The Reforms and Religious Ideas of Sayyid Ahmad Khan, Leiden 1949; Christian W. Troll, Sayyid Ahmad Khan: A Reinterpretation of Muslim Theology, Delhi 1978.

30 So argumentierte er z.B. in einem Brief an Mohsin al-Mulk. Sayyid Ahmad Khan, Tahrir fi usul al-tafsir. In: Maqālāt-i Sir Sayyid. Vol 2: Tafsīrī Mazāmīn, Lahore 1961, S. 206-207.

31 Ṣiddīq Ḥasan Khān, Tarjumān-i Wahhābiyyāt, Agra 1884; Saeeudullah, The Life and Works of Muhammad Siddiq Hasan Khan, Nawwab of Bhopal, Lahore 1973.

32 Vgl. die Biographie des Führers der Tablīgh, Maulana Muhammad Yusuf Dihlavi: ʿAzizurrahman Bijnauri, Tazkirah-yi Amir-i tabligh Maulana Muhammad Yusuf Dihlavi, Lahore 1980; sowie zur Geschichte der Tablighīs aus der Sicht der Aḥl-e Ḥadīth: Khvajah Muhammad Qasim, Tablighii jamaʿat apne nisab ke ainah men, Gujranvalahu 1990.
33 Vgl. dazu die Vorgangsakte im India Office, Coll 117/C82, Khāksār movement. Sep 1937-Apr 1945, sowie die Monographien von Allahdutta Muztar, Khāksār Tahrīk aur Āzādī-e-Hind, Islamabad 1985, und Shan Muhammad, Khaksar Movement in India, Delhi 1973, letztere allerdings mit begrenzter Aussagekraft.
34 Zur politischen Orientierung der Āhrār vgl. auch W. C. Smith, Modern Islam in India: a social analysis, Delhi 1985 (Nachdruck v. 1946), S. 270ff.
35 Vgl. dazu auch die India Office Akte über den Einsatz von Freiwilligen - Volunteers - während der Khilafatbewegung und der Kampagne des zivilen Ungehorsams, Signatur L/P&J/6/1731, Akten-Nr. 570/21, Volunteer Movement.
36 Abu'l-Wafā Ṣanāʿu'llāh Amritsarī, Ahl-i Ḥadīth kā Mazhab, Lahore 1970, zit. in: Metcalf, Islamic Revival in British India, a.a.O., S. 271.
37 Ab 1880 erschien Mirzas Werk *Barāhīn-i Aḥmadiyya*. Die Ahmadiyya haben selbst ein umfangreiches Werk von Schriften zur Propagierung ihrer Ansichten vorgelegt, darunter in verschiedenen Auflagen von Mirza Ghulam Ahmad, The Teachings of Islam, Lahore 1957; Mirza Bashir ud-Din Mahmud Ahmad, Invitation to Ahmadiyat, London 1980. Zu den Auffassungen der Ahmadiyya vgl. auch H. A. Walter, The Ahmadiyya Movement, London 1918; Chaudhuri Muhammad Zaffar Allah Khan, Islam: its meaning for modern man, London 1962.
38 Ayesha Jalal, The Sole Spokesman: Jinnah, the Muslim League and the Demand for Pakistan, Cambridge 1985; Sharif Mujahid, Muslim League Documents, 1900-1947, Karachi 1990; S. R. Bakshi, Congress, Muslim League and partition of India, Delhi 1990.
39 Vgl. die Biographie des Parteiführers: Azim Husain, Fazl-i-Husain: a political biography, with a foreword by C. Rajagopalachariar, Bombay 1946.
40 Fazlul Haq (1873-1962) war der Führer der Arbeiter-und-Bauern-Partei (Krishak Praja Samiti). Vgl. Leonard Gordon, Bengal: The Nationalist Movement 1876-1940, New York 1974.
41 Abdul Ghaffar Khan (Badshah Khan), My life and struggle. Autobiography of Badshah Khan as narrated to K. B. Narang. Foreword by Jayaprakash Narayan, Delhi 1969; Stephen Rittenberg, Ethnicity, Nationalism, and the Pakhtuns: the independence movement in India's North-West Frontier Province, Durham, N. C. 1988; E. Jansson, India, Pakistan or Pakhtunistan? The Nationalist Movements in the North-West-Frontier Province, 1937-47, Uppsala 1981.
42 Sheikh Abdullah, Flames of the Chinar, Delhi 1995; Ghulam Hassan Khan, Freedom movement in Kashmir, 1931-1940, Delhi 1980; M. S. Deora (Hg.), Documents on Kashmir problem, 19 Bd., Delhi 1991-1992.
43 Vgl. Martin Moir, A general guide to the India Office records, London 1988.
44 Z. B. Microfilm Holdings, Photocopy Holdings aus der britischen India-Office-Bibliothek, die Pakistan betreffen (1988), dito. für Primary Records, Local Records, Classified Records in Pakistan sowie für einzelne Provinzen unter Querschnittsthemen: Classified Records in Lahore (Punjab) (1989), Holdings on Kashmir & Northern Areas (1993), Selections from NWFP Records (1993), Documents on the Muslim League 1913-1947 (1993), Partition of the Punjab, Disturbances in the Punjab 1947, (1993/1995), The Journey to Pakistan: A Documentation on Refugees of 1947 (1993).

45 Dazu gehören aktualisierte Holding lists des NDC, thematische Listen zum Referendum in NWFP 1947, zum ehemaligen Fürstentum Gwadar, zum Indus Waters treaty 1960, eine Chronologie sowie eine annotierte Bibliographie von dem bekannten Islamwissenschaftler K. K. Aziz zum muslimischen Indien zwischen 1700 und 1947.
46 Mohammad Sarwar (Hg.), Khutbāt-e-Maulānā 'Abaydallah Sindhi, Lahore 1948.
47 Janbaz Mirza, Kār'vān-i Āḥrār. Tārīkh-i Āzādī bar saghīr. Guzashtan nisf-i sadī kī tārīkh-i ḥur'riyat, majlis-i āḥrār, Muslim līg, Kangress aur Jam'iyyat al-'Ulamā'-e-Hind ki jadd o jihād āzādī ke pas-i manzar men, 9 Bd., Lahore 1975ff.
48 Hier auf der Grundlage von Gesprächen bei einem Aufenthalt vom 1.-12.11.1996 in Pakistan und Vorträgen/Gesprächen in Karachi, Lahore, Islamabad und Peshawar.
49 Nohad Khan, The Khilafatists' Hijrat to Afghanistan, Diss., University of Peshawar 1995 (unveröffentlicht).

Einige Überlegungen zur Nutzung missionarischer Dokumente für historische Forschungen zu Asien und Afrika. Eine vergleichende Quellenkritik

Katja Füllberg-Stolberg/Heike Liebau

Im Rahmen des am Zentrum Moderner Orient bearbeiteten Gruppenprojekts "Akteure des Wandels. Konflikt und Synthese orientalischer und okzidentaler Kulturen in Lebensläufen und Gruppenbildern" beschäftigen wir uns mit zwei Gruppen von Akteuren, die unter vergleichbaren Rahmenbedingungen agierten und deren Erforschung demzufolge auch auf vergleichbarem Quellenmaterial basiert. Bei der ersten Gruppe handelt es sich um die afroamerikanischen Missionare der 1891 gegründeten *American Presbyterian Congo Mission*. Die zweite Gruppe bilden Inder, die im Verlaufe des 18. sowie in der ersten Hälfte des 19. Jahrhunderts als Angestellte innerhalb der evangelischen Dänisch-Halleschen Mission in Südindien tätig waren. Beide Personengruppen agierten auf dem missionarischen Begegnungsfeld, einer interkulturellen Schnittfläche, auf der ein intensiver Kontakt von religiös und kulturell unterschiedlich geprägten Individuen stattfand. In beiden Forschungsprojekten steht deren direkte Interaktion mit anderen Bevölkerungsgruppen, die die Akteure zum ständigen Überschreiten religiöser und gesellschaftlicher Grenzen zwang, im Mittelpunkt.

Geprägt durch die westliche Zivilisation, waren christliche Missionare, die im ersten Fallbeispiel untersucht werden, einzeln bzw. in kleinen Gruppen in einem für sie fremden Umfeld tätig. In ihrer Arbeit gingen sie von einem Ausschließlichkeits- bzw. Überlegenheitanspruch des Christentums gegenüber den lokalen Religionen aus und leiteten daraus ihren Missionsauftrag ab. Gleichzeitig hatten sie mehr als andere Europäer und Amerikaner die Möglichkeit, die ihnen fremde Region und die dort lebende Bevölkerung zu studieren. Das Spannungsfeld zwischen christlichem Missionsauftrag und zunehmenden Kenntnissen über das Missionsgebiet manifestierte sich für die Missionare oft in Form von Konflikten, die sie als Mittler zwischen unterschiedlichen Kulturen austragen mußten.

Einheimische Missionsdiener, um die es im zweiten Fallbeispiel geht, erscheinen auf den ersten Blick als Objekte bzw. Instrumente in der Hand der Missionare. Obgleich sie in der Regel im Gebiet ihrer Herkunft agierten, waren sie durch die Konversion und die durch ihre Funktion bedingte Nähe zu den europäischen christlichen Missionaren aus ihrem unmittelbaren sozialen Umfeld herausgelöst und in eine Grenzposition gedrängt worden. Für die einheimische Bevölkerung wurden sie zu Fremden, waren aber gleichzeitig eine Elitegruppe, deren Rat und Unterstützung bei Bedarf angenommen wurden.

Für die Missionare waren sie auch nach der Konversion und sogar nach der Ordination noch keine vollwertigen Christen. Sie selbst sahen sich gezwungen, unter diesen Vorzeichen eine neue Identität als lokale Christen zu entwickeln.

Diese kurze Charakteristik der behandelten Personengruppen macht schon deutlich, daß es sich zwar im Hinblick auf Region, Zeitraum und Personengruppe um unterschiedlich angelegte Forschungsprojekte handelt, das verwendete Quellenmaterial aber in beiden Fällen im Bereich der sogenannten Missionsquellen angesiedelt ist.

Unter Missionsquellen verstehen wir schriftliches, bildliches oder auch gegenständliches Informationsmaterial, das im Zusammenhang mit Missionstätigkeit entstanden ist, aber nicht ausschließlich mit der Missionstätigkeit verbundene Ereignisse oder Vorgänge reflektiert. Die von uns genutzten Missionsarchive enthalten im Zuge der Missionstätigkeit der jeweiligen Institution gewachsene, in der Regel in sich geschlossene Sammlungen, die neben verwaltungstechnischen Dokumenten und religiös-theologischen Betrachtungen auch Ergebnisse spezieller landeskundlicher Untersuchungen und zielgerichteter Forschungen umfassen.

Im Rahmen dieses Beitrages werden missionarische Dokumente, die in unterschiedlichem historischem und regionalem Kontext entstanden sind, unter dem Gesichtspunkt ihrer konkreten Nutzbarkeit für die Erforschung der innerhalb der Projekte zu untersuchenden Akteursgruppen miteinander verglichen.[1]

Stand der Nutzung von Missionsquellen

Der Vorwurf der Zensur und die im Missionsansatz begründeten Vorurteile gegenüber lokalen Gesellschaften in Asien und Afrika ließen Missionsquellen lange Zeit fragwürdig erscheinen. Die Einbeziehung missionarischen Quellenmaterials in historische und sozialwissenschaftliche Forschungen erfolgte nicht problemlos und ist bis heute nicht unumstritten. Im Folgenden wollen wir anhand einer kurzen historiographischen Betrachtung Unterschiede im Umgang mit Missionsquellen im afrikanischen und indischen historischen Kontext aufzeigen, die sich aus der jeweiligen historischen Bedeutung des Materials herleiten lassen.

Für die Erforschung großer Teile des *afrikanischen Kontinents* stellten Missionsquellen oft die frühesten umfassenden Dokumente in schriftlicher Form dar.[2] Im Gegensatz zu den Anthropologen, die ein eher gespaltenes bzw. distanziertes Verhältnis zu dem Bereich der Mission und ihrer Quellen hatten und bis heute haben[3], bezogen die Afrikahistoriker, vor allem in Großbritannien, schon seit den fünfziger Jahren missionsgeschichtliche Quellen in ihre

Forschungen ein und untersuchten den Einfluß von Missionen auf afrikanische Gesellschaften.⁴ Diese frühe wissenschaftliche Auseinandersetzung mit missionarischen Quellen ist zum Teil dem geringen Umfang an originärem afrikanischem Schriftgut geschuldet. Im Zusammenhang mit dem zunehmenden Forschungsinteresse an Missionen und MissionarInnen gibt es seit einigen Jahren auch Versuche, Missionsarchive und ihre Aktenbestände für nichtmissionswissenschaftliche Forschungen stärker zu nutzen. Obwohl sich inzwischen WissenschaftlerInnen verschiedener Forschungsrichtungen intensiver mit der Analyse und Auswertung missionarischer Quellen beschäftigen⁵, haftet diesem Material in Deutschland zum Teil bis heute der Makel an, eine unkritische Verherrlichung des Missionierungsgedankens zu propagieren und deshalb für die wissenschaftliche Forschung wenig verwendungsfähig zu sein.⁶ Im Zusammenhang mit einer kritischen Kolonialismusforschung sind die Missionare und ihre lokalen Helfer immer wieder pauschal als Wegbereiter der europäischen Expansion bzw. als Kollaborateure der Kolonialmächte betrachtet worden. Obwohl die vielfach enge Verknüpfung von Missionsgesellschaft und kolonialer Eroberung außer Frage steht, gibt es auch regionale Beispiele für die Haltung von Missionsangehörigen gegenüber der Politik der Kolonialmächte, die - wenn auch nur in wenigen Fällen - bis zu einer Modifizierung der Kolonialpolitik bzw. der Verwaltung führten.⁷ Eine Reihe von Wissenschaftlern hat in den vergangenen Jahren Versuche unternommen, christliche Einflüsse auf Afrika differenzierter zu betrachten, und darauf hingewiesen, daß afrikanisches Christentum nicht mit der von westlichen Missionen propagierten christlichen Lehre gleichzusetzen sei. Vielmehr habe es durch afrikanische Traditionen und Erfahrungen seine spezifische Prägung erhalten, die in vielen lokalen christlichen Gemeinden zum Ausdruck käme.⁸

Für die Nutzung von Missionsquellen im *südasiatischen Kontext* trifft die eingangs gemachte Aussage, wonach Missionsquellen vorwiegend von Kirchen- und Missionshistorikern genutzt wurden - zumindest für die deutsche Wissenschaftslandschaft - bis auf wenige Ausnahmen bis heute zu. Mitte des 19. Jahrhunderts entstand eine Reihe klassischer Missionarsbiographien, in denen die Leistungen einzelner Missionare unter dem Gesichtspunkt ihrer Bedeutung für die Mission dargestellt wurden.⁹ Darüber hinaus wurden punktuell einzelne Aspekte missionarischen Wirkens untersucht. Hierzu gehören die Leistungen der Mission auf wissenschaftlichem Gebiet sowie die Haltung der Mission zur Kastenfrage in Indien.¹⁰ Seit den fünfziger Jahren erschienen einige Arbeiten, in denen speziell die Geschichte der Dänisch-Halleschen Mission unter missionshistorischen, kirchengeschichtlichen bzw. theologischen Fragestellungen aufgearbeitet wurde.¹¹ In jüngeren Forschungarbeiten - auch aus missionarischem bzw. kirchlichem Umfeld - wird Missionstätigkeit und Missionsgeschichte nicht mehr nur aus religiös-kirchengeschichtlicher Perspektive betrachtet, sondern im Rahmen des entsprechenden gesellschaftlichen Kontextes zunehmend aus sozialgeschichtlicher Sicht[12], wobei auch eine kritische Sicht hinsichtlich des Zusamenhangs von Mission und Kolonialismus zum Tragen kommt[13]. In Indien selbst hat seit den 70er Jahren eine verstärkte Auswertung von Missionsarchiven vor allem unter zwei Gesichtspunkten eingesetzt. Zum einen wird der Versuch gemacht, die Entwicklung und die Besonderheiten des indischen Christentums und der indischen Kirchen als Bestandteil der Geschichte des indischen Subkontinents zu rekonstruieren. Die 1982 begonnene Reihe der *Church Association of India/Bangalore* "History of Christianity in India" definiert ihren konzeptionellen Ansatz wie folgt: "The history of Christianity in India is viewed as an integral part of the socio-cultural history of the Indian people rather than as separate from it."[14] Zum anderen wird die Frage nach einem indischen christlichen Identitätsverständnis aufgeworfen und die Rolle der Christen als religiöse Minderheit in nichtchristlicher religiöser Umgebung zum Forschungsgegenstand gemacht.[15]

Auch für indienbezogene historische und sozialwissenschaftliche Forschungen ist inzwischen die zunehmend systematischere Nutzung missionarischer Quellen von Vertretern anderer Wissenschaftsrichtungen feststellbar.[16]

Missionsquellen werden immer häufiger gleichberechtigt mit anderen Quellen zur Bearbeitung begrenzter Sachthemen verwendet.[17] G.A. Oddie sieht in den Missionsquellen "one of the most valuable sources for 'history from below'"[18], weil die Beschäftigung mit den unterdrückten Bevölkerungsschichten gewissermaßen in der Natur der Missionstätigkeit liege.

Dieser Vergleich macht deutlich, unter welchen Bedingungen Missionsquellen im Rahmen historischer Forschungen erschlossen und genutzt werden. Für einzelne Regionen oder Zeitabschnitte können Missionsquellen vergleichsweise umfassende und aussagekräftige Quellensammlungen darstellen. Die Bearbeitung von Missionsberichten trug zu differenzierteren Aussagen über das Verhältnis von Kolonialismus und Mission in Afrika und Asien bei. Unterschiedliche Formen und Methoden der Christianisierung in Afrika, Asien und Lateinamerika sind inzwischen an einer Reihe von Fallbeispielen untersucht worden.[19] Festzustellen bleibt, daß missionarische Dokumente bisher nur wenig Beachtung als Quelle für sozialgeschichtliche und landeskundliche Forschungen fanden. Die folgende Aussage des Anthropologen J.D.Y. Peel verdeutlicht eindrucksvoll die Spezifik der Missionsquellen:

> "In many parts of the world which have come to engage anthropological interest, missionaries were among the first outsiders to make sustained contact with indigenous peoples, and their writings frequently contain accounts of local culture and society, oral traditions etc. which, whatever their deficiencies, have an indispensible documentary value precisely for standing right at the beginning of modern cultural change."[20]

Forschungsgegenstände

Im Folgenden möchten wir anhand der beiden von uns bearbeiteten Projekte einerseits auf die vielfältigen Themenbereiche hinweisen, deren Bearbeitung durch die Nutzung von missionarischen Quellen ermöglicht bzw. vertieft werden kann. Andererseits werden aber auch die Grenzen und Beschränkungen verdeutlicht, die sich bei der Arbeit mit Missionsquellen ergeben.

Projekt I: Die Missionare der *American Presbyterian Congo Mission* (Katja Füllberg-Stolberg)

Das Forschungsprojekt beschäftigt sich mit den Auswirkungen afroamerikanischer Präsenz in Afrika um die Jahrhundertwende. Im Mittelpunkt der Untersuchung steht die transkulturelle Interaktion zwischen schwarzen Amerikanern und Afrikanern und ihr Einfluß auf politische und kulturelle Transformationsprozesse innerhalb afrikanischer Gesellschaften. Eine wichtige Trägergruppe dieser Interaktion stellen die Missionare der *American Presbyterian Congo Mission* (A.P.C.M.) dar, die maßgeblich an der Aufdeckung und Bekämpfung der "Kongo-Greuel" beteiligt waren und durch ihr engagiertes Verhalten entscheidend zur Beseitigung brutaler kolonialer Gewalt in Zentralafrika beitrugen.

Die Mission wurde 1891 in der Kasai-Region im Süden des heutigen Zaire von der *Southern Presbyterian Church* gegründet, einer von weißen Amerikanern dominierten Südstaatenkirche. Die Missionsstation befand sich in Luebo, einem kleinen Handelsstützpunkt der damaligen belgischen Kolonialherren. Sie war der Ausgangspunkt für insgesamt fünf weitere Stationen, die allerdings auf Anweisung der Kolonialregierung teilweise wieder geschlossen werden mußten. Als besonders bemerkenswert muß herausgehoben werden, daß es sich bei den beiden Missionsgründern um einen weißen Amerikaner, Samuel Norman Lapsley, und einen Afroamerikaner, William Henry Sheppard, handelte.

Die presbyterianische Kirche hatte sich - wie alle großen amerikanischen Kongregationen - vor dem Bürgerkrieg über die Sklavereifrage gespalten. Bei den Presbyterianern trennten sich die Südstaatler am Vorabend des Krieges 1861 von der Mutterkirche und gründeten die *Southern Presbyterian Church*, die heute unter dem Namen *Presbyterian Church in the U.S.A. (Southern)* firmiert. Die strenge Segregation innerhalb der Kirche, die ihren schwarzen Mitgliedern während der Gottesdienste die hintersten Bankreihen zuwies oder sogar nach Rassen getrennte Gottesdienste durchführte, hatte zur Folge, daß die Zahl der schwarzen Kirchenangehörigen kontinuierlich zurückging.[21] Eine Umkehrung dieses Negativtrends ohne Aufhebung der Rassentrennung versprach sich die Kirchenleitung von der Schaffung einer unabhängigen schwarzen presbyterianischen Kirche, die von eigens ausgebildeten schwarzen Pastoren geleitet werden sollte. Aber die 1898 gegründete *Afro-American Presbyterian Church* fand nur sehr wenig Zustimmung und wurde schließlich 18 Jahre später wieder aufgelöst.

Die Führung der *Southern Presbyterians* hielt an der Rassentrennung und der massiven Benachteiligung ihrer afro-amerikanischen Mitglieder fest und war zu keinerlei Zugeständnissen bereit. Die vor allem von Kirchenvertretern aus den Neuengland-Staaten initiierten Bestrebungen, die Bildungschancen der Ex-Sklaven zu verbessern und ihre Bürgerrechte politisch durchzusetzen, wurden von den weißen Südstaatlern mit Argwohn betrachtet. Die *Southern Presbyterians* fürchteten, daß die schwarze Bevölkerung durch die Schaffung einer afro-amerikanischen Elite ermutigt würde, mehr Mitsprache und Gleichberechtigung zu fordern und ihnen damit ihre angestammten Rechte und Privilegien streitig zu machen. Die Rückführung der Afroamerikaner nach Afrika in ihre Heimat wurde deshalb von vielen Weißen als eine geeignete Maßnahme angesehen, sich zumindest eines Teils dieser Bevölkerungsgruppe zu entledigen. Bei der Suche nach einer geeigneten Region für die Ansiedlung von schwarzen Amerikanern auf dem afrikanischen Kontinent wurde immer wieder auf Gebiete in Zentralafrika verwiesen.[22]

Die Entscheidung des *Foreign Mission Board* der *Presbyterian Church*, eine integrierte Mission gerade in Zentralafrika zu errichten, muß auf dem Hintergrund der innenpolitischen Situation in den USA gegen Ende des 19. Jahrhunderts gesehen werden. Die Missionstätigkeit in Afrika betrachteten weiße Kirchenvertreter und auch viele Politiker als eine Möglichkeit "to test the capacity of the American Negro to elevate his brothers in Africa"[23]. An der Seite von Lapsley sollte Sheppard, der sich seit Jahren um einen Missionarsposten beworben hatte, die Chance erhalten, sich auf dem Kontinent seiner Vorfahren zu beweisen.

Für die Afroamerikaner bot die Missionsarbeit in Afrika die Chance, sich der Diskriminierung und Unterdrückung in den USA zu entziehen und gleichzeitig einer Tätigkeit nachzugehen, die von Weißen und Schwarzen gleichermaßen anerkannt wurde und Sozialprestige schuf. Afroamerikanische Missionare betrachteten sich trotz der ungleichen Behandlung und fehlenden Anerkennung in den USA als Repräsentanten des "zivilisierten" und christianisierten Amerika. Sie verstanden es als ihre moralische Verpflichtung, Afrika vom "Heidentum" und von der "Barbarei" zu befreien.[24]

Für die Ausbildung schwarzer Pastoren und Missionare war 1877 von der presbyterianischen Kirche das *Stillman Institute* in Tuscaloosa, Alabama, eingerichtet worden. Sheppard und einige seiner schwarzen Kollegen in der A.P.C.M. erhielten dort ihre theologische Ausbildung. Sheppard, der einer presbyterianischen Familie entstammte, hatte zuvor eine der wenigen weiterführenden Schulen für Afroamerikaner, das *Hampton Normal and Agricultural*

Institute in Hampton, Virginia, besucht. Die afroamerikanischen Missionare und Missionarinnen der A.P.C.M. absolvierten fast alle eine mehrjährige Collegausbildung und verfügten damit über einen Bildungsstandard, der deutlich über dem der Mehrheit der schwarzen Amerikaner lag. In Gegensatz zu ihren weißen Kollegen lag der Schwerpunkt ihrer Ausbildung allerdings auf der Vermittlung von Kenntnissen im handwerklichen und landwirtschaftlichen Bereich. Da sich Hampton wie auch Stillman großenteils selbst finanzieren mußten, verbrachten die Studenten mehr als die Hälfte ihrer Studienzeit auf den institutseigenen Feldern oder in Handwerksbetrieben. Bedingt durch diese Ausbildung, wurde das Gros der afroamerikanischen Missionare als *agricultural missionaries* eingesetzt.

Die Mehrheit ihrer weißen Kollegen verfügte über eine fundiertere akademische Ausbildung und war häufig in Lehrberufen tätig, bevor sie sich zur Missionstätigkeit entschloß.

Angemerkt werden muß, daß die schwarzen Missionare der *Congo Mission* durch ihre Anbindung an die *Southern Presbyterians* zu den Vertretern des sogenannten *Mainstream American Missionary Movement* zu rechnen sind. Sie waren nicht Teil der liberalen *Black American Missionary Movement*, die zu Beginn des 20. Jahrhunderts die Entwicklung unabhängiger schwarzer Kirchen vor allem im südlichen Afrika entscheidend prägte.

Die amerikanische Missionierungsbewegung erlebte ihre Blütezeit in den 1880er Jahren und beeinflußte weltweit den protestantischen Missionsgedanken. Die Christianisierung der USA, die im Zusammenhang mit der Erschließung ihrer westlichen Gebiete entscheidend von dem *Frontier*-Gedanken geprägt war, stellte zweifellos den größten christlichen Missionierungserfolg des 19. Jahrhunderts dar.[25] Die *Frontier*-Religion erforderte einerseits individuellen Einsatz und Entschlußfreudigkeit, stärkte aber gleichzeitig den Zusammenhalt in den neugegründeten Gemeinden und bot Unterstützung bei den Schwierigkeiten, die der Aufbau einer neuen Existenz mit sich brachte. Neue Formen des religiösen Zusammenlebens entwickelten sich, die sich häufig beträchtlich von denen der etablierten christlichen Gemeinden an der Ostküste unterschieden. Die amerikanische Missionierungsbewegung in Afrika, die in Zusammenhang mit der europäischen Expansion stand, kann als eine Fortsetzung des Evangelisierungsprozesses in den USA verstanden werden.[26]

Auch die A.P.C.M. stand in dieser Tradition und zeichnete sich durch starke Praxisorientiertheit aus. Eine effektive Organisation wurde als entscheidend für eine erfolgreiche Missionsarbeit angesehen, und Berichte über die Konzeption von erfolgreichen Organisationsstrukturen nehmen in den Quellen zur Mission breiteren Raum ein.

Die Gründung der A.P.C.M. war für die *Southern Presbyterians* der Beginn ihrer Missionstätigkeit in Afrika. Ihre Missionare konnten auf keinerlei Erfahrungen mit afrikanischen Gesellschaften zurückgreifen und waren deshalb anfangs auf die Unterstützung der bereits etablierten Missionsgesellschaften wie z.B. der britischen *Baptist Missionary Society* angewiesen, die bereits seit 1879 in der Kongo-Region tätig war.

Für die beiden Gründer der A.P.C.M. war es die erste Missionsarbeit außerhalb der USA. Ihre Unerfahrenheit wirkte sich offenbar positiv auf das Verhältnis der Missionare zur afrikanischen Bevölkerung aus. Sie verhielten sich aufgeschlossen gegenüber ihren neuen Nachbarn, den Kete und Kuba, und zeigten durchaus Interesse an afrikanischen Lebensformen und Kultur. Das Engagement der Missionare beschränkte sich nicht nur auf die Verbreitung des christlichen Glaubens, sondern ihr Interesse galt auch den sozialen und wirtschaftlichen Problemen der Region. Das teilweise hautnahe Miterleben von massiven Eingriffen der Kolonialmacht und ihrer Vertreter in den Alltag der lokalen Bevölkerung sensibilisierte die Missionare und schärfte ihre kritische Haltung gegenüber den Folgen kolonialer Expansion.[27]

Die Konfrontationsbereitschaft der Missionare der A.P.C.M. spiegelte sich in den folgenden Jahren nicht nur in den Konflikten mit den kolonialen belgischen Autoritäten und den Agenten der ausländischen Kautschukkonzerne wider, sondern schloß Auseinandersetzungen mit ihren Kollegen von den katholischen Missionen in der Umgebung ein und führte schließlich auch zu Spannungen im Verhältnis zu den traditionellen lokalen Herrschern, die die Einmischung der Mission in ihre internen Angelegenheiten mißbilligten.

Die Quellen der *Southern Presbyterian Church* sind archiviert im *Department of History*, dem regionalen Büro der Kirche in Montreat, North Carolina. Das Archiv ist übersichtlich strukturiert und verfügt über ausführliche Findbücher. Der Schwerpunkt der Bestände von Archiv und Bibliothek liegt allerdings auf dem Wirken der *Southern Presbyterians* in den Südstaaten. Das Aktenmaterial zu den ausländischen Missionen, vor allem in Japan, China und Mexiko, ist vergleichsweise nicht sehr umfangreich. Das gesamte handschriftliche Material zur A.P.C.M. ist im Original einsehbar. Die offizielle Korrespondenz zwischen der Mission und der Heimatkirche ist für den untersuchten Zeitraum (1889 bis 1920) nahezu vollständig vorhanden. Das gilt auch für die jährlichen bzw. halbjährlichen Berichte zur Situation der Missionsstationen. Hingegen weisen die privaten Korrespondenzen der einzelnen Missionare beträchtliche Lücken auf. Das liegt u.a. daran, daß natürlich nicht alle Privatpapiere dem Archiv überstellt wurden und daß Briefwechsel über die Jahre verloren gingen. Zur Vervollständigung der Missionarskorrespondenzen habe ich deshalb in einigen Fällen auf zusätzliche Institutionen zurückgegriffen, wie z.B. die Bibliotheken und Archive der bereits genannten Bildungseinrichtungen, die von den Missionaren in den USA besucht worden waren.

Das im weiteren vorgestellte Quellenmaterial zur A.P.C.M. bezieht sich vornehmlich auf die afroamerikanischen Missionare, die in den ersten 20 Jahren bis zu einem Drittel des amerikanischen Missionspersonals ausmachten. Insgesamt waren zwischen 1890 und 1941 zwölf Afroamerikaner, davon sechs Frauen bei der A.P.C.M. tätig. Der zeitliche Schwerpunkt der Quellenauswertung liegt auf dem Zeitraum zwischen 1890 und 1920.

Der Erschließung der Quellen vorangegangen waren umfangreiche Literaturrecherchen zur Problematik "Afroamerikaner in Afrika". Im Verlauf der Sichtung und Bearbeitung der Literatur bin ich auf eine Reihe von Namen afroamerikanischer Missionare gestoßen, die unter anderem bei der A.P.C.M. tätig waren. Die äußerst spärlichen biographischen Angaben haben mich veranlaßt, im Archiv der presbyterianischen Kirche dieser Personengruppe gezielt nachzugehen.

Projekt II: Die "Nationalarbeiter" der Dänisch-Halleschen Mission in Tranquebar (Heike Liebau)

Die Geschichte der Dänisch-Halleschen Mission (DHM) in Südindien ist mit drei europäischen Orten eng verbunden: Halle, Kopenhagen und London. 1705 hatte der damalige dänische König Friedrich IV. die Absicht, eine Missionsstation bei der seit 1620 bestehenden dänischen Handelsniederlassung in der südostindischen Küstenstadt Tranquebar zu errichten. Enge personelle Bindungen zwischen dem dänischen Königshof und deutschen Gelehrten, politisch engagierten Persönlichkeiten sowie pietistischen Theologen führten dazu, daß für die Auswahl der Missionare die Leitung der 1698 ins Leben gerufenen Franckeschen Stiftungen in Halle herangezogen wurde. Diese Zusammenarbeit zwischen Kopenhagen und Halle wurde 1710 erweitert durch intensive Kontakte mit der 1698 gegründeten *Society for Promoting Christian Knowledge* (S.P.C.K.) in London, die neben Literatur- und Sachzuwendungen ab 1728 auch ehemalige Missionare der DHM beschäftigte. Die DHM war von 1706 bis 1837 in Südindien aktiv. Der letzte Missionar A. F. Cämmerer starb 1837. 1845 wurde das Gebiet von den Engländern übernommen. Neben den 57 in diesem Zeitraum ausgesandten Missionaren, die in der Regel bis an ihr Lebensende in Indien blieben, beschäftigte die Mission soganannte "Nationalarbeiter". Als "Nationalarbeiter" bezeichneten die Missionare in ihren Berichten in erster Linie christianisierte Inder, die als Prediger, Katecheten oder anderweitig im Dienst der Mission standen. Bartholomäus Ziegenbalg (1683-1719) unterschied zwischen den "Arbeitern am Wort", zu denen die Landprediger, Katecheten, deren Gehilfen und die Schulmeister zählten, und den "Arbeitern in den äußerlichen Anstalten", wie etwa Köche, Wäscher oder Totengräber.[28]

Die Dänisch-Hallesche Mission in Südostindien beschäftigte von 1706 bis in die dreißiger Jahre des 19. Jahrhunderts ca. 500 indische Angestellte, darunter neun Landprediger, ca. 80 Katecheten und etwa 100 Gehilfen und Schulmeister, die die Missionsarbeit direkt unterstützten.[29] Die verbleibenden 300

Personen waren im weitesten Sinn in der Infrastruktur der Mission, zur Versorgung der Gemeinden angestellt.

In diesem Projekt geht es um die Vertreter der erstgenannten Gruppe (Landprediger, Katecheten, Schulmeister usw.). Durch die ständig größer werdende Zahl der in christlichen Gemeinden zu betreuenden Personen waren die europäischen Missionare allein nicht in der Lage, alle anfallenden Aufgaben zu bewältigen.[30] Wichtige Gründe für das Hinzuziehen indischer Missionsdiener im unmittelbaren Missionseinsatz waren deren bessere Sprach- und Ortskenntnis sowie ihre Belastbarkeit unter den klimatischen Bedingungen, die für jeden Europäer ein gewaltiges Hindernis darstellten. Jeder Missionsangestellte hatte seinen speziellen Aufgabenkatalog, der entsprechend seinen individuellen Fähigkeiten sowie den Gegebenheiten in seinem Einsatzgebiet zusammengestellt wurde.

Die Missionare der Dänisch-Halleschen Mission waren gehalten, genauestens über ihre Aktivitäten vor Ort zu berichten, und zwar an verschiedene Einrichtungen und Persönlichkeiten, die von Europa aus das Missionsgeschehen in Südindien begleiteten. Da die ersten Missionare 1705 vom dänischen König Friedrich IV. ausgesandt worden waren, gehörte das dänische Königshaus zu den ständigen Adressaten von Korrespondenzen und Berichten. Die Franckeschen Stiftungen in Halle, das 1714 errichtete Missionskollegium in Kopenhagen sowie die *Society for Promoting Christian Knowledge* in London waren die Orte, an denen die Missionsdokumente gesammelt wurden. Die Materiallage zur Geschichte der DHM in Indien selbst ist vergleichsweise spärlich.[31] In Halle wurden die Berichte und Briefe der Missionare von 1710 bis 1769 unter dem Titel "Der Königlich Dänischen Missionarien aus Ost-Indien eingesandte Ausführliche Berichte", gewöhnlich kurz Hallesche Berichte (HB) genannt, gedruckt. Von 1770 bis 1848 wurde in Halle die "Neuere Geschichte der Evangelischen Missions-Anstalten zur Bekehrung der Heiden in Ostindien" (NGEMA) herausgegeben. Diese gedruckten Quellen machen zwar einen wesentlichen Teil des vorhandenen Materialbestandes aus, sind jedoch nur in Verbindung mit den original handschriftlichen Dokumenten zu verarbeiten, da oftmals gerade für das zu bearbeitende Thema wichtige Details nicht gedruckt wurden.

Problematisch bei der Bearbeitung dieses Themas ist der Umstand, daß die vorhandenen Dokumente größtenteils von den europäischen Missionaren geschrieben wurden. Innerhalb der Diarien der Missionare werden ganze Abschnitte der Tätigkeit der indischen Missionsangestellten gewidmet. Die indischen Arbeiter bei der Mission waren den europäischen Missionaren regelmäßig rechenschaftspflichtig. Wie die Missionare der Dänisch-Halleschen Mission waren auch die indischen Angestellten gehalten, ihre täglichen Aktivitäten in Diarien festzuhalten. Auszugsweise wurden einige dieser Diarien gedruckt. Etwa von einem Zehntel der registrierten indischen Angestellten sind schriftliche Dokumente vorhanden, Briefe oder Diarien, teils im Original (Tamil, Dänisch oder Deutsch), teils als Übersetzungen aus der Feder der betreuenden Missionare. Es ist zu vermuten, daß wesentlich mehr Dokumente existiert haben. Die Inder waren angewiesen, ihre Berichte einmal monatlich vor den Missionaren zu verlesen. Üblich war auch, den eigenen schriftlich verfaßten Bericht einem anderen Angestellten mitzugeben und durch diesen verlesen zu lassen. Vergleiche von Manuskripten und gedruckten Berichten ergaben, daß letztere in der Regel nur eine kurze inhaltliche Zusammenfassung - zugespitzt auf die Missionstätigkeit im engsten Sinn - darstellen.

Von besonderer Bedeutung für die Bearbeitung des Themas sind biographische Daten und Schilderungen aus dem Leben der lokalen Missionsangestellten. Derartige Angaben erscheinen oft im Zusammenhang mit wichtigen Ereignissen im Leben dieser Personen (Taufe, Ordination, Krankheit, Tod), aber auch im Zusammenhang mit Lob und Kritik. Nur wenige lokale Angestellte der DHM traten selbst als Autoren bzw. Übersetzer christlicher Literatur in Erscheinung.[32] In ihrer Rolle als Informanten für die Missionare blieben sie meist im Hintergrund bzw. wurden im günstigsten Fall im Vorwort des Missionars zu seinem jeweiligen Werk erwähnt.[33] In einigen Fällen - dann allerdings nicht mehr nur mit Missionsquellen zu erschließem - ist die Entwicklung ehemaliger Missionsdiener im Anschluß an die Missionszeit nachvollziehbar, z.B. in politischen Diensten, als Dichter oder Wissenschaftler.[34]

Bei der Erfassung der notwendigen Daten aus dem vorhandenen Quellenmaterial bin ich schrittweise vorgegangen. Zunächst wurden auf der Basis der gedruckten Quellen, d.h. in erster Linie der Halleschen Berichte und Neuen Halleschen Berichte unter Hinzuziehung früher missionshistorischer Arbeiten, eine Personendatei erstellt, in der bis jetzt 192 indische Missionsangestellte der Dänisch-Halleschen Mission namentlich erfaßt sind. In einem nächsten Arbeitsschritt wurde und wird unter gezielter Anwendung handschriftlicher Dokumente weiteres biographisches Material zu den einzelnen Personen gesucht. Neben diesen individuellen Daten sind von der Mission regelmäßig durchgeführte statistische Erhebungen sowie die Missionsrechnungen, in denen materielle Aufwendungen für einzelne Missionsmitarbeiter verzeichnet sind, von vorrangigem Interesse.

Quellen

Nach dieser Darstellung der beiden Forschungsthemen soll nun ein systematischer Vergleich des missionarischen Quellenmaterials vorgenommen werden, welches für die Bearbeitung der Projekte unmittelbar von Bedeutung ist. Die Quellensammlungen wurden zunächst in bezug auf Formen und Inhalte unterteilt. Im Vergleich werden die Unterschiede, die sich aus dem jeweiligen historischen und religiösen Kontext der Missionen ergeben, deutlich gemacht.

Quellenformen

Schriftliche Quellen

In den meisten Missionsgesellschaften war das Schreiben von *Tagebüchern/ Diarien* eine übliche Praxis. Bei diesen Diarien handelte es sich um Formen der täglichen Berichterstattung, um periodische Berichte, die als Gruppen- bzw. Einzeldiarien in regelmäßigen Abständen der jeweiligen Missionsgesellschaft zugesandt wurden.

Im Kontext der *American Presbyterian Congo Mission* und der Dänisch-Halleschen Mission in Südindien spielt das Tagebuch eine ganz unterschiedliche Rolle.

In der maßgeblich durch den Halleschen Pietismus geprägten DHM hing das regelmäßige Tagebuchschreiben nicht von individuellen Neigungen eines Missionars ab, sondern gehörte zu seinen Pflichten. Der Pietismus predigt Frömmigkeit durch regelmäßige innere Erbauung. Der Mensch soll nicht nur mit einer asketisch äußerlichen Lebensführung seine Treue zu Gott demonstrieren, sondern hat diese durch ständige innere Disziplinierung und Selbstkontrolle immer wieder zu erneuern.[35] Die somit vorgegebene tägliche Auseinandersetzung mit dem Neuen verlangte von den Missionaren nicht eine stichpunktartige Aufzählung der Ereignisse, sondern die ausführliche Auseinandersetzung mit bewegenden Erlebnissen und Beobachtungen, die auch der Selbstfindung des Missionars dienten. So forderte z.B. Christoph Samuel John 1784 in einer Anleitung jüngere Missionare auf, mit dem Tagebuchschreiben schon vor der Ausreise aus Europa zu beginnen.[36] Für die Missionsgesellschaft am Ausgangsort hatten die Tagebücher nicht nur Informationswert. Sie wurden zur Propagierung des Missionsgedankens und damit auch zur Mitteleinwerbung genutzt. Diese Tatsache konnte unter Umständen zu Komplikationen führen, nämlich dann, wenn Missionare widersprüchliche Darstellungen abgaben bzw. allzu offen über Schwierigkeiten nachdachten, so daß diese Passagen nicht für eine Veröffentlichung freigegeben wurden. Innerhalb der DHM umging man dies nach anfänglichen Schwierigkeiten, indem offizielle Gemeinschaftsdiarien geschrieben wurden.

Missionare, die bei der S.P.C.K. angestellt waren, gleichzeitig ihre Verbindungen nach Halle aufrechterhielten, schrieben ihre Diarien oft parallel in Deutsch und in Englisch. Die für das Projekt wesentlichen Monats- bzw. Reiseberichte der indischen Landprediger und Katecheten werden häufig in Auszügen innerhalb der Missionarsdiarien gedruckt bzw. teilweise indirekt in den Berichten der Missionare wiedergegeben (vgl. Abschnitt Forschungsgegenstände, Projekt II).

Im Gegensatz zur Praxis innerhalb der DHM, in der das Tagebuchschreiben zu den täglichen Pflichten zählte, forderte die presbyterianische Kirchenleitung von ihren Missionaren keine regelmäßigen offiziellen Diarien. Es ist aber davon auszugehen, daß private Tagebücher verfaßt wurden, die allerdings für den Untersuchungszeitraum nur in sehr wenigen Fällen vorliegen. Auszüge dieser privat verfaßten Diarien sind von Archivbeamten abgeschrieben und z.T. auch gedruckt worden. Für die Abfassung ausführlicher Jahres- bzw. Halbjahresberichte, die ein wichtiges Genre innerhalb der Publikationen der A.P.C.M. darstellen, sind aber offensichtlich private Tagebucheintragungen herangezogen worden.[37] Ein Quellenbestand, für den es bei der DHM kein Pendant gibt, sind die gedruckten Berichte über die jährlich stattfindenden Treffen der protestantischen Missionsgesellschaften aus Europa und den USA, die im Kongo vertreten waren. Bei diesen Zusammenkünften gab es zum Teil engagierte Diskussionen zu allgemeineren Fragen der Missionierung in Zentralafrika, wie z.B. zum Problem der Polygamie oder zur Ausbildung lokaler Evangelisten.

Einen weiteren bedeutenden Teil des Archivmaterials stellen unterschiedlichste *Korrespondenzen* dar. Die Art, Briefe zu schreiben, ist immer Ausdruck eines Zeitgeistes und reflektiert die Persönlichkeit des Schreibers. Generell ist in beiden Fallbeispielen zwischen offiziellen Schreiben an die missionstragenden Einrichtungen in Europa bzw. Amerika auf der einen sowie persönlichen Schreiben einzelner Missionare an Lehrer, Gelehrte, Freunde und Verwandte zu unterscheiden. Während es sich bei ersteren größtenteils um Petitionen, statistische Berichte oder Danksagungen handelt, enthalten letztere auch ausführlichere landeskundliche Beobachtungen, Erlebnisschilderungen und persönliche Eindrücke. Immer wiederkehrende Themen in diesen Dokumenten sind Probleme des Alltags, wie die Nahrungsmittelversorgung, der Transport, Todesfälle, Bitten um Unterstützung, Hinweise auf die physische und psychische Verfassung der Missionare und Missionsangestellten. Die oftmals langen und beschwerlichen Transportwege führten zu Überschneidungen und Verlusten, die wiederum Brüche in der Kontinuität des Briefwechsels zur Folge hatten.

Für die A.P.C.M. sind die zahlreichen handschriftlich (vorwiegend 19. Jahrhundert) und maschinenschriftlich verfaßten Briefe eine wesentliche Forschungsgrundlage. Innerhalb des untersuchten Zeitraums konzentriert sich die private Korrespondenz der Missionare in erster Linie auf Vorgesetzte und ehemalige Lehrer, während Briefe an Verwandte, Freunde und Bekannte nur spärlich vorhanden sind. Darüber hinaus geben offizielle Schreiben an kirchliche Einrichtungen in den USA (*Executive Committee of Foreign Missions,*

Foreign Mission Board) teilweise dateilliert Aufschluß über den Zustand und Fortgang der Missionstätigkeit.

Im Falle der DHM sind neben den Briefen der Missionare, in denen das Verhältnis zu den indischen Missionsmitarbeitern aus deren Sicht dargestellt wird, vor allem die Briefe der "Nationalarbeiter" nach Halle, an das Missionskollegium in Kopenhagen oder das Dänische Königshaus von Interesse. Diese liegen in der Regel im Original (Tamil) mit einer von einem Missionar angefertigten deutschen Übersetzung vor.

Problematisch in diesem Zusammenhang ist die Unvollständigkeit der Korrespondenz. In vielen Fällen existieren die Briefe der Missionare bzw. Missionsangestellten ohne die dazugehörigen Anfragen bzw. Antwortschreiben.

Speziellen Ereignissen und Fragestellungen widmeten die Missionare sachbezogene *Berichte, Bücher und Abhandlungen*, die zum einen aufgrund von Anfragen aus den Heimatorten entstanden, zum anderen aus den spezifischen wissenschaftlichen Neigungen und landeskundlichen Interessen einzelner Missionare hervorgingen. Mit derartigen Beiträgen sollte auch das Interesse an Missionsarbeit wachgehalten werden.

Kennzeichnend für die wissenschaftlichen Aktivitäten der DHM war deren nicht gleichbleibende Intensität. Auch innerhalb der bearbeiteten Sachgebiete vollzog sich eine Entwicklung von zu Beginn dominierenden Arbeiten zu Sprache, Religion und Gesellschaft hin zu naturwissenschaftlichen Studien. Ursachen dafür liegen im Rationalismus der Aufklärung, in den damit verbundenen veränderten Ausbildungsinhalten der Missionare sowie in deren individuellen Neigungen und Aktivitäten. Die DHM hatte vor Ort seit 1712 eine eigene Druckerei.[38] Ein Teil der Bücher gelangte als Manuskript nach Halle und wurde dort in der Druckerei des Waisenhauses gedruckt.

Die Arbeiten der Missionare der A.P.C.M. zeichnen sich durch stärkere Praxisverbundenheit aus. Von den Afroamerikanern wurden vorrangig Artikel für die Missionszeitschrift *Kasai Herald*[39] sowie für das Publikationsorgan der presbyterianischen Kirche *The Missionary* geschrieben, die sich u.a. auch mit landeskundlichen Fragen auseinandersetzten. Erzieherischen Wert hatten besonders anschauliche Geschichten aus dem Alltag der Mission, zum Beispiel über erfolgreiche Konversion, aber auch afrikanische Märchen und spezielle Beiträge für Kinder, die zum größten Teil von Afro-Amerikanerinnen der A.P.C.M. verfaßt wurden. Wissenschaftliche Arbeiten beschränkten sich auf die Erstellung von Grammatiken und Wörterbüchern afrikanischer Sprachen.

Ein wesentlicher Bestandteil der jährlichen Berichterstattung waren *Statistiken und Missionsrechnungen*, die die personelle und finanzielle Situation der Mission vor Ort mit Zahlen belegten. An erster Stelle standen die Zu- und Abgänge, d.h. die Zahl der Geburten, Taufen und Todesfälle. Regelmäßige Angaben über Anzahl und Geschlecht der Schulkinder (für die A.P.C.M. auch Kindergartenkinder) und Aufstellungen der bei der Mission beschäftigten

Angestellten sollten den Eindruck des erfolgreichen Fortgangs der Missionstätigkeit vermitteln. Dies gilt auch für die Wirtschaftsdaten: hierzu zählen Angaben zu Ernteerträgen, zu den angebauten Produkten, zur Tierhaltung, aber auch Daten zur Finanzlage, zu Gehältern sowie zu sonstigen Ausgaben etc.

Im Unterschied zu diesen Fakten, die in der Regel auch veröffentlicht wurden, blieben die ebenfalls jahresweise zusammengestellten Missionsrechnungen einem breiten Publikum vorenthalten. Die Rechnungsakten enthalten neben Informationen zu Einnahmen und Ausgaben der Mission u.a. auch Angaben zu Gehaltszahlungen und Aufstellungen von Schiffsladungen mit z.T. namentlicher Bestimmung der Güter und Mittel. Während für die DHM ein großer Bestand an Rechnungen und Statistiken verfügbar ist, der insbesondere für die zweite Hälfte des 18. Jahrhunderts für viele Jahre nahezu lückenlos ist, sind bedauerlicherweise im Fall der A.P.C.M. nur wenige Dokumente archiviert worden, die Aufschluß über die finanzielle Lage der Missionsgesellschaft geben könnten. Diese Feststellung gilt zumindest für die Aufbauphase der Mission.

Da beide Forschungsprojekte stark auf biographisches Material angewiesen sind, sind die *Lebensläufe und biographischen Daten*, die in der Regel bei Bewerbungen zum Missionsdienst eingereicht bzw. aus Anlaß des Todes oder der Ordination eines Missionars, Landpredigers oder Katecheten geschrieben wurden, wichtige Dokumente. Allerdings sind die vorhandenen Lebensbeschreibungen keine chronologischen Darstellungen wichtiger Lebensetappen. Vielmehr geht es den jeweiligen Autoren vordringlich darum, ihren Weg zur Erleuchtung, zur Erkenntnis Gottes anschaulich und eindringlich zu beschreiben. "Weltliche" Daten spielen oft eine untergeordnete Rolle. In einigen Fällen wird zwar der Fakt an sich gegeben, die entsprechende zeitliche Einordnung fehlt jedoch. Während es sich bei den im 18. Jahrhundert entstandenen Lebensläufen meist um ausführliche, gefühlsbetonte Darstellungen handelte, zeichnen sich diejenigen des späten 19. und 20. Jahrhunderts durch stärkere Formalisierung aus.

Bei den hier beschriebenen Formen missionarischer Quellen handelt es sich sowohl um *gedrucktes* als auch um *ungedrucktes* Material. Teilweise existieren beide Varianten von einem Dokument. Erfahrungsgemäß ist insbesondere für die Überprüfung von Einzelfragen ein Vergleich von gedrucktem und ungedrucktem Dokument erforderlich. Für den Druck veränderte oder weggelassene Details können hier wichtige Hinweise enthalten oder Schlußfolgerungen zulassen.

Sachquellen und Bildmaterial

Bei der Betrachtung dieser Quellenformen wird deutlich, welche historische Zeitspanne zwischen den beiden zu vergleichenden Quellensammlungen liegt.

Die Erfindung der Fotografie im Jahre 1839 erhöhte die Rolle des Bildmaterials und trug somit auch zur Veränderung des Charakters von Missionsarchiven bei.

Für die DHM spielen Zeichnungen und Kupferstiche, Landkarten und Grundrisse eine bedeutende Rolle.[40] Die Zeichnungen mit Szenen aus dem Leben der Tamilen, Darstellungen tamilischer Gottheiten u.ä. ließen die Missionare in der Regel von indischen Informanten anfertigen.[41]

Für die A.P.C.M. existieren umfangreiche Fotosammlungen, die - meist aus Privatbesitz stammend - den Missions- und Schularchiven zur Verfügung gestellt wurden. Die meisten Fotos zeigen den Missionar bzw. seine Familie im Mittelpunkt, meist im Kreise von Konvertiten, aber auch Szenen aus dem afrikanischen Alltag bzw. lokale Herrscher. Ein großer Teil dieser Fotos wurde als anschauliche Ergänzung zum schriftlichen Bildmaterial in den bereits genannten Missionszeitschriften veröffentlicht.

Eine von Historikern und Sozialwissenschaftlern kaum zur Kenntnis genommene Art von Dokumenten sind die von vielen Missionsgesellschaften gesammelten Sachquellen. Hierbei handelt es sich um Gebrauchs-, Kunst- und Kultgegenstände oder um präparierte Anschauungsmaterialien aus dem Bereich der Naturwissenschaften. Diesen Materialien wurde innerhalb der Missionsgesellschaften sehr unterschiedliche Bedeutung zugemessen. Die zum Komplex der Franckeschen Stiftungen gehörende Kunst- und Naturalienkammer zählte zu den ersten öffentlich zugänglichen Museen in Europa und wurde darüber hinaus innerhalb der pädagogischen Anstalten der Franckeschen Stiftungen als Unterrichtsraum mit Anschauungsmaterialien genutzt. Der pietistischen Auffassung eines anschaulichen, greifbaren Wissenserwerbs wurde damit Rechnung getragen. Heute stellen viele Exponate einzigartige Forschungsgegenstände für Vertreter verschiedenster Wissensgebiete dar.[42]

Von den Missionaren der A.P.C.M. gesammelte Gegenstände wurden von ihnen auf Vortragsreisen in den USA als Anschauungsmaterial verwendet.[43] Heute werden diese Gegenstände in dem kleinen Museum des Archivs in Montreat gezeigt, das in wechselnden Ausstellungen über die Geschichte der Kirche informiert.[44]

Quelleninhalte

In diesem Abschnitt soll darauf verzichtet werden, die ungeheure Vielfalt der Themen zu beschreiben, die in missionarischen Dokumenten zur Sprache kommt. Dies ist an anderer Stelle anhand konkreter Fälle getan worden.[45] Wir wollen vielmehr - ausgehend von den konkreten Erfordernissen unserer Forschungsthemen - Möglichkeiten und Grenzen der Arbeit mit missionarischem Quellenmaterial aufzeigen.

Um die unterschiedlichen Sammlungen inhaltlich miteinander vergleichen zu können, haben wir versucht, das komplexe Material zu strukturieren. Dabei kristallisieren sich drei wesentliche Erfahrungsbereiche heraus, die - in Abhängigkeit von den Aufgaben und Interessen der Autoren und der Missionsgesellschaften - ihren Niederschlag in den Materialien finden: die Mission als Mikrokosmos: der Alltag auf der Missionsstation; Landeskunde: das Leben außerhalb der Missionsstation; Interaktion: die Begegnung zwischen von außen kommenden Missionaren und lokaler Bevölkerung.

Die Mission als Mikrokosmos: der Alltag auf der Missionsstation

Mit ausführlichen Schilderungen des *Missionsalltags* sollte den missionstragenden Einrichtungen in Europa bzw. Amerika Rechenschaft über die Aktivitäten vor Ort abgelegt werden, Interessenten und Missionsfreunde im Heimatort sollten in ihrem Engagement für das Unternehmen bestärkt sowie neue potentielle Missionare für diese Tätigkeit interessiert und gewonnen werden.

Im Mittelpunkt stehen die immer wiederkehrende nüchterne Beschreibung des in der Regel ausgefüllten und streng gegliederten Tagesablaufes der Missionare, Missionsangestellten, Schulkinder usw. Zur Illustration der schon erwähnten statistischen Daten zur Entwicklung einzelner Bereiche der Mission werden immer wieder Schlüsselerlebnisse geschildert, wie etwa das Ringen einzelner Personen mit der neuen Religion und deren Weg zur Taufe. Erbauungsstunden, Bibellesungen usw. nehmen breiten Raum ein.

Missionen waren oft mehr oder weniger gut funktionierende Unternehmen mit einer entsprechenden Infrastruktur, die neben den eigentlichen kirchlichen auch wirtschaftliche und soziale Einrichtungen und entsprechende Verwaltungsstrukturen umfaßten. In den Quellen finden sich Angaben über Anzahl und Anordnung der Gebäude, Gärten, Felder, spezielle Einrichtungen wie Schulen, Krankenstationen, Kindergärten (im Fall der A.P.C.M.), Werkstätten, Speicher, Labors. Beschrieben wird auch die für das Funktionieren des Missionsalltages notwendige äußere Infrastruktur, wie die Entfernung zum nächsten Zentrum, die Verkehrswege u.ä.

Alles in allem sollte mit den Schilderungen des missionarischen Alltags für den Leser am Heimatort das Bild einer harmonischen, gut funktionierenden Mission in Übersee entstehen. Missionsinterne Konflikte, wie etwa Kompetenzstreitigkeiten, Kampf um Machtpositionen, unterschiedliche Auffassungen zu Missionsmethoden u.ä. wurden zumindest in offiziellen Berichten und Tagebüchern zu Bagetellen heruntersilisiert, verschleiert bzw. nur indirekt dargestellt. Die in diesem Zusammenhang zutage tretenden und für die Projekte relevanten Beziehungen zwischen weißen und schwarzen Missionaren (A.P.C.M.) sowie zwischen europäischen Missionaren und indischen Angestellten (DHM) sind durch strenge Hierarchien, Abhängigkeiten und z.T. durch Rassendiskriminierung gekennzeichnet.

Landeskunde: das Leben außerhalb der Missionsstation

Neben der Darstellung des Missionsalltags nimmt die Beschreibung des Lebens außerhalb der Missionsstation breiten Raum ein. Diesem Problemkreis sind sowohl Abschnitte in Briefen und Diarien als auch spezielle Abhandlungen und Berichte gewidmet. Die *landeskundlichen Betrachtungen* umfassen die Analyse historischer Entwicklungen, politischer Verhältnisse, Studien zu Kultur, Natur und Ökonomie. Diese Arbeiten dienten in erster Linie dazu, gegenüber der Heimatleitung die Notwendigkeit von Missionstätigkeit auf anschauliche Weise zu betonen. Dem missionsinteressierten Christen in Europa und Amerika mußte die Bedürftigkeit der im Missionsgebiet lebenden Bevölkerung nach Christentum und Zivilisation nahegebracht werden. Diese Zielstellung führte dazu, daß Fakten oft in emotionaler und mitleiderregender Weise dargestellt werden.

Jeder Missionar begann seinen Aufenthalt im Missionsgebiet mit einem intensiven *Sprachstudium*. Im Falle der beiden hier behandelten Missionsgesellschaften wurde die Missionsarbeit vor Ort in der Landessprache geleistet, d.h. gepredigt und katechesiert wurde in verschiedenen lokalen afrikanischen Sprachen bzw. in Tamil (Südindien). Auch der Schulunterricht wurde in diesen Sprachen erteilt. Die Übersetzung der Bibel in lokale Sprachen betrachteten die Missionare als eine wesentliche Voraussetzung für effektive Missionsarbeit. Diese oft skeptisch beurteilte Praxis der Bibelübersetzungen[46] und die damit verbundenen Anstrengungen zur lexikalischen und grammatikalischen Erfassung der Sprache trugen in vielen Fällen zu deren Normierung bei. Manchmal waren es Missionare, die einer Sprache im Zuge der Bibelübersetzung eine eigene Schrift gaben. An der Entwicklung der Sprachkenntnisse der Missionare hatten einheimische Angestellte meist einen großen Anteil.

Eng mit dem Missionsauftrag verbunden ist das Studium der *religiösen Besonderheiten* im Missionsgebiet. Eine gute Kenntnis der lokalen Religionen stellte eine wesentliche Voraussetzung für die zielgerichtete und erfolgreiche Propagierung des Christentums dar. Auch dieses Wissen konnten die Missionare nicht ohne das Hinzuziehen von Gewährsmännern und Informanten erlangen. Leider enthalten die Quellen meistens keine direkten Angaben zu diesem Personenkreis. Nur eine genaue Kenntnis der Lebensumstände und Kontakte der Missionare führt dazu, daß man den Einheimischen im Hintergrund faßbar machen kann.

Zur erfolgreichen und dauerhaften Etablierung in ihrem Wirkungsgebiet war eine Mission darüber hinaus gezwungen, sich auch mit *politischen, historischen und kulturellen Gegebenheiten* der Region auseinanderzusetzen. Die Kenntnis lokaler Herrschaftsstrukturen (Erbfolge, Ämterverteilung, Geschlechterverhältnis etc.) war eine wesentliche Voraussetzung zur Etablierung der Mission in der Region. Darüber hinaus konnte das Verständnis für lokale Traditionen und kulturelle Besonderheiten geschickt für Missionszwecke genutzt werden.

Das besondere Interesse der Missionare galt in diesem Zusammenhang z.B. speziellen religiösen Ritualen, der Polygamie oder dem Kannibalismus.

Wie bereits erwähnt, war eine Mission in der Regel auch ein eigenständiges Wirtschaftsunternehmen und unterhielt Wirtschaftsbeziehungen zu lokalen Handwerkern und Händlern. Lokales Personal war bei der Mission angestellt. Dieser Umstand führte dazu, daß in den Missionsquellen oft erfreulich viele Angaben zur *wirtschaftlichen Situation im Missionsgebiet* vorhanden sind (Preisentwicklungen, Anbauprodukte und -methoden, Ernteerträge, Tierhaltung, Handelsprodukte, Handelsbeziehungen).

Außerhalb der Missionstätigkeit und auch außerhalb des Funktionierens der Mission als Infrastruktur lag die *wissenschaftliche Forschungstätigkeit* der Missionare, die im Falle der DHM wesentlich ausgeprägter war als bei der A.P.C.M. Diese individuellen wissenschaftlichen Ambitionen einzelner Missionare hatten in der Regel keinen direkten Nutzen für die Mission und wurden deshalb auch nicht immer gewürdigt bzw. stießen in einigen Fällen sogar auf Widerstand seitens der Missionsleitungen. In den letzten Jahren werden gerade diese Arbeiten verstärkt zu Forschungszwecken herangezogen.

Missionare der DHM erfuhren Ehrungen durch bzw. waren Ehrenmitglieder berühmter europäischer Gelehrtengesellschaften, wie z.B. der Gesellschaft der Naturforscher in Jena, der Russisch-Kaiserlichen ökonomischen Gesellschaft in St. Petersburg oder der Gesellschaft naturforschender Freunde in Berlin.[47] Sie erhielten Literatur und Instrumente zur naturwissenschaftlichen Forschung im Missionsgebiet.[48] Umgekehrt ließen sich europäische Gelehrte von Missionaren aus Tranquebar mit wissenschaftlichen Informationen versorgen.[49]

Einige Missionare der A.P.C.M. widmeten sich nach ihrer aktiven Missionslaufbahn auch der wissenschaftlichen Tätigkeit und nutzten die von ihnen gesammelten Daten zur Erstellung regionalgeschichtlicher Abhandlungen.[50]

Interaktion: die Begegnung zwischen von außen kommenden Missionaren und lokaler Bevölkerung

Im Missionsfeld als Kontaktbereich zwischen unterschiedlichen Religionen und Zivilisationen fand eine ständige *Interaktion* zwischen den beteiligten Seiten statt, wobei verschiedene Formen des Umgangs mit dem jeweils "Fremden" praktiziert wurden. Geht man von der grundlegenden missionarischen Zielsetzung, nämlich der Konversion der "Heiden" zum Christentum und damit der als Ziel postulierten Gleichstellung der Christen vor Gott aus, so müßten als Folge von Mission Annäherung, Assimilation und Integration überwiegen. Forschungen zur Entstehung und Entwicklung lokaler christlicher Gemeinschaften ergeben jedoch ein weitaus differenzierteres Bild. Jede Annäherung ist verbunden mit Abgrenzungen, die mit der Bewahrung des Eigenen, Traditionellen in Verbindung stehen. Missionare, die oft aus praktischen Erwägungen gezwungen sind, sich lokalen Normen anzupassen, wahren genügend Distanz zur lokalen Bevölkerung. Einheimische Missionshelfer, die aufgrund ihrer Funktion den fremden Missionaren am nächsten stehen, bewahren sich bewußt den Kontakt zur lokalen Bevölkerung. Innerhalb der Mission bleiben trotz formaler funktionaler Gleichstellung die Unterschiede zwischen Europäern/Amerikanern auf der einen Seite und Indern/Afrikanern auf der anderen gewahrt.

Eine wichtige Interaktionsebene war die *religiöse Auseinandersetzung* mit dem Glaubensverhalten der lokalen Bevölkerung. Das Zusammentreffen zwischen ausländischen Missionaren und der lokalen Bevölkerung, das sogenannte *missionary encounter*, hat als erklärtes Ziel die Konversion. Die Begegnung zwischen den lokalen Missionshelfern, den bereits Konvertierten, und der lokalen Bevölkerung trägt ebenfalls Züge des *missionary encounter* und hängt von der Region und der Politik der Missionsgesellschaft ab. Praktiziert wurde diese religiöse Auseinandersetzung in unterschiedlichen Formen, die vom Dialog über das tägliche Gespräch bis zu polemischen Schmähschriften reichten.

Die religiöse Auseinandersetzung beschränkte sich nicht auf die Begegnung mit der lokalen nicht-christianisierten Bevölkerung, sondern schloß auch Konflikte mit Vertretern von Missionen anderer Konfessionen ein. Im Fall der A.P.C.M. gab es immer wieder Differenzen mit der benachbarten katholischen Mission der Scheutisten. Unter dem Deckmantel religiöser Unvereinbarkeiten ging es vorwiegend um wirtschaftliche und politische Probleme, z.B. die Landnutzung und den Zugang zu Transportwegen. Für die Missionare der DHM war die direkte Präsenz der Herrnhuter von 1760-1802 in Tranquebar problematisch. Diese sollten eine Mission auf den Nicobaren errichten und hatten von der dänischen Ostindiengesellschaft die Erlaubnis erhalten, Tranquebar als Festlandsstation zu nutzen.[51]

In der Praxis wurde die eigentliche Missionstätigkeit häufig überlagert bzw. verdrängt durch finanzielle Engpässe, politische Entwicklungen und Naturkatastrophen.

Besondere Bewährungssituationen für alle Seiten waren *politische lokale Konflikte bzw. militärische Auseinandersetzungen*, in denen die Missionare bzw. ihre Helfer sich positionieren mußten. Die Frage, ob sich Missionare als Seelsorger in politische Affären einmischen sollen, wurde von ihnen meist positiv entschieden.[52] Eine Abschottung von den gesellschaftlichen Ereignissen der Umgebung war nicht möglich. Die Absicht, sich als Diener Gottes aus politischen Ereignissen in ihrem Wirkungsgebiet herauszuhalten, war kaum einzuhalten. Missionare traten als Vermittler zwischen der lokalen Bevölkerung und der Kolonialmacht auf.[53] Viele von ihnen unterstützten die Einheimischen in Notsituationen. Sie kauften z.B. Sklaven frei und wandten sich entschieden gegen die Zwangsarbeit.

Die A.P.C.M. ist besonders im Zusammenhang mit der Aufdeckung und Bekämpfung der sogenannten Kongo-Greuel bekannt geworden. Der "Kongo Freistaat" Leopolds II. war bereits Ende des 19. Jahrhunderts in die Schlagzeilen geraten, als das gewaltsame Vorgehen der Kolonialmacht gegen die Afrikaner bekannt wurde. Die *Force Publique*, eine bewaffnete Kolonialtruppe, rekrutierte im Auftrag der Kolonialadministration und der ausländischen Gummikonzerne mit brutalen Methoden die Bevölkerung zur Zwangsarbeit. Wer sich der harten Arbeit der Gewinnung und des Abtransports von Kautschuk verweigerte, wurde drakonisch bestraft. Sheppard und einige seiner Kollegen dokumentierten z.T. durch afrikanische Augenzeugenberichte und eigene Anschauung die Folgen der kolonialen Ausbeutung und trugen durch die Veröffentlichung ihrer Berichte wesentlich zu einem Umdenken in der belgischen Kolonialpolitik bei. Sheppard ist ein gutes Beispiel dafür, inwieweit Missionare den Schritt vom anfänglich fremden Beobachter zum Vermittler *(intermediary)* zwischen kolonialem Herrschaftsapparat und indigenen Gesellschaften vollziehen können. Den Höhepunkt der Auseinandersetzung zwischen der *Congo Mission* und den Vertretern bzw. Agenten der Kolonialmacht stellte der Prozeß dar, den die *Compagnie du Kasai*, ein Zusammenschluß ausländischer Kautschukkonzerne, gegen William H. Sheppard und seinen Vorgesetzten William M. Morrison 1908 anstrengte. Hintergrund war ein Bericht Sheppards, der die unmenschlichen Methoden der Zwangsarbeit anprangerte und den wirtschaftlichen Verfall der Region beklagte.[54] Der Prozeß, der schließlich mit einem Freispruch endete, wurde zum Gegenstand von Debatten im amerikanischen Kongress und führte dazu, daß die Regierung der USA ihre Politik gegenüber dem "Freistaat" neu formulieren mußte.[55] Ein Teil des Prozeßmaterials befindet sich im Archiv der presbyterianischen Kirche. Für eine differenziertere Studie zur Rolle der A.P.C.M. bei der Beendigung der "Kongo-Greuel" ist allerdings die Hinzuziehung weiteren Aktenmaterials notwendig.[56]

Die DHM war in verschiedener Hinsicht von den politischen Entwicklungen in Südostindien beeinflußt. Im Verlauf der britisch-französischen Auseinandersetzungen wurden auch Gebiete, in denen die Mission wirkte, abwechselnd von Truppen der einen bzw. anderen europäischen Macht besetzt. Insbesondere während des Siebenjährigen Krieges 1756-1763 verloren die Franzosen große Gebiete an die Engländer. Die Stadt Tranquebar, von 1620 bis 1845 dänisches Gebiet, war zwischenzeitlich von 1808 bis 1815 von den Engländern besetzt. Verheerende Folgen für das Leben der Bevölkerung hatten auch die Englisch-Maisurischen Kriege in den siebziger bis neunziger Jahren des 18. Jahrhunderts. In diesen Zeiten des Mangels und der Zerstörung versuchte die Mission - zumindest für die Angehörigen der Christlichen Gemeinden -, für ausreichend

Nahrung zu sorgen. Direkt als Vermittler traten sowohl Missionare als auch einheimische Missionsdiener im Verlauf verschiedener lokaler Unruhen um Tranquebar in den achtziger Jahren aufs. Von August bis Dezember 1787 kam es in Tranquebar zu weitreichenden Protestaktionen der Einwohner. Eine Gruppe von Hindus und Christen hatte den Ort verlassen und sich auf dem benachbarten Territorium des Königs von Thanjavur niedergelassen. Die Missionare selbst
und auch die indischen Angestellten verhandelten mehrfach mit den Aufständischen und mit der dänischen Ostindienkompanie, um den Konflikt zu lösen.[57]

Schlußfolgerungen

Missionarische Dokumente stellen für die von uns bearbeiteten Forschungsthemen eine wertvolle Quellengrundlage dar.

Zweifellos nicht von der Hand zu weisen ist die Tatsache, daß missionarisches Quellenmaterial stark zweckbestimmt ist und unter dem Vorzeichen des christlichen Sendungsbewußtseins entstanden ist. In diesem Zusammenhang kommt den Dokumenten auch eine propagandistische Funktion zu. Missionen in Übersee standen in den Heimatländern unter einem ständigen Rechtfertigungsdruck, waren ständig auf der Suche nach "Gönnern und Wohltätern". Dieser Umstand bringt unweigerlich die Frage nach der Zensur auf den Plan. Gewöhnlich unterlagen alle offiziellen und halboffiziellen Berichte der Missionsangehörigen einer mehrfachen Kontrolle, vor Ort durch die Leitung der Missionsstation und im Heimatland durch die kirchliche Behörde. Nicht zu unterschätzen ist die "Selbstzensur", die die Missionare in ihrem Selbstverständnis verinnerlicht hatten und die von vornherein Grenzen der Berichterstattung determinierte. Über den Umfang der Zensur lassen sich nur Vermutungen anstellen. Hinzu kommt, daß als Folge des Zensurvorwurfs immer wieder die Glaubwürdigkeit von Missionsquellen für nichtmissionswissenschaftliche Forschungen in Frage gestellt wird.

Während der Arbeit in Missionsarchiven stießen wir auf eine in mancher Hinsicht problematische Quellenfülle, die uns auf den ersten Blick über weite Strecken oft nur mit spärlichem Faktenmaterial entschädigte (Langatmigkeit, Frömmigkeit, Floskeln). Die bislang lediglich punktuell erfolgte Aufbereitung und Bearbeitung der Quellen macht eine zeitaufwendige Auseinandersetzung mit dem Material notwendig. Es gibt nur wenige kritisch kommentierte Quelleneditionen.

Für uns als Historikerinnen ohne theologische bzw. religionswissenschaftliche Ausbildung erwiesen sich Einschätzungen missionstheoretischer und missionsmethodischer Besonderheiten der jeweiligen Missionsgesellschaft zum Teil als schwierig.

Eine erfolgreiche und effektive Nutzung von Missionsquellen setzt u.E. eine gute Kenntnis des Charakters dieses Materials voraus. Die hier vorgenommene vergleichende Analyse der beiden regional und zeitlich unterschiedlichen Quellenbestände ist zugegebenermaßen nicht unproblematisch. Wir haben versucht, die Quellen vor dem gesellschaftlichen Hintergrund ihrer Entstehung zu betrachten. Um den gebotenen kritischen Blick auf die Materialien zu gewährleisten, sollten folgende Kriterien beachtet werden:

In bezug auf die Missionsgesellschaften sind deren Stellung im Ursprungsland (gesellschaftliches Ansehen; finanzielle Ausstattung), ihre religiösen Grundlagen sowie sich daraus ableitende Missionsmethoden zu berücksichtigen. Des weiteren ist nach der politischen und wirtschaftlichen Bedeutung des Ursprungslandes für das Missionsgebiet sowie nach der gesellschaftspolitischen Situation auf dem Missionsfeld zu fragen. Eine wesentliche Rolle spielen nicht zuletzt die Herkunft und Ausbildung der zu untersuchenden Personen.

Abkürzungen

AFSt MA   Archiv der Franckeschen Stiftungen zu Halle (Missionsarchiv)
A.P.C.M. American Presbyterian Congo Mission
Cont.   Continuation, Fortsetzung innerhalb der Halleschen Berichte
DHM   Dänisch-Hallesche Mission
HB   Hallesche Berichte. Der königlich-Dänischen Missionarien aus Ost-Indien eingesandter ausführlicher Berichten erster Theil, Halle 1710 ... bis siebenter Theil, Halle 1760
KB   Königliche Bibliothek, Kopenhagen
RA   Nationalarchiv Kopenhagen (Rigsarkivet)
S.P.C.K. Society for Promoting Christian Knowledge

Anmerkungen

1   Für beide Forschungsprojekte stellen missionarische Dokumente einen wesentlichen Teil des jeweils zu verarbeitenden Materials dar. Darüber hinaus wird zusätzliches Quellenmaterial wie Regierungsquellen, Konsulatsakten, Dokumente der Kolonialadministration, Privatpapiere von Geschäftsleuten und Regierungsbeamten, die Kontakte zur Mission unterhielten, Reiseberichte, anthropologische Studien usw. verwendet.
2   Justin Willis, The Nature of a Mission Community: The Universities' Mission to Central Africa in Bonde. In: Robert A. Bickers/Rosemary Seton (Hg.), Missionary Encounters. Sources and Issues, Richmond 1996, S. 128-152.

3   Für die Debatte zum Verhältnis von Anthropologie und Mission vgl. Claude E. Stipe, Anthropologists versus Missionaries: The Influence of Presuppositions. In: Current Anthropologie 21 (1985) 2, S.165-179; Paul G. Hiebert, Missions and Anthropology: A Love/Hate Relationship. In: Missiology: An International Review 6 (1978) 2, S. 165-180.
4   Z.B. Roland Oliver, The Missionary Factor in East Africa, London 1952, Nachdruck 1970.
5   Siehe die Tagungsbände Ulrich van der Heyden/Heike Liebau (Hg.), Missionsgeschichte - Kirchengeschichte - Weltgeschichte. Christliche Missionen im Kontext nationaler Entwicklungen in Afrika, Asien und Ozeanien, Stuttgart 1996; Bickers/Seton, a.a.O.
6   Selbstverständlich gibt es einige, auch ältere wissenschaftliche Arbeiten, in denen bereits Missionsquellen verwendet wurden. Stellvertretend hierfür sei die folgende Arbeit erwähnt: Helmut Bley, Kolonialherrschaft und Sozialstruktur in Deutsch-Südwest-Afrika, 1894-1914, Hamburg 1968.
7   Vgl. Abschnitt Forschungsgegenstände (Projekt I); hierzu auch Richard Gray, Black Christians and White Missionaries, New Haven-London 1990, S. 88.
8   Gray, a.a.O., S. 59ff.
9   Wilhelm Germann, Johann Philipp Fabricius - Seine fünfzigjährige Wirksamkeit im Tamulenlande und das Ergebnis des Missionslebens des achtzehnten Jahrhunderts daheim und draußen, Erlangen 1865; ders., Ziegenbalg und Plütschau. Die Gründungsjahre der Tranquebarschen Mission. Bd. 1 u. 2, Erlangen 1868; ders., Missionar Christian Friedrich Schwartz - Sein Leben und Wirken aus Briefen des Halleschen Missionsarchivs, Erlangen 1870; Reinhold Vormbaum, Benjamin Schultze - Evangelischer Missionar in Tranquebar und Madras und seine Mitarbeiter, Düsseldorf 1850; Hugh Pearson, Memoirs of Life and Correspondence of Christian Frederick Swartz, New York 1839.
10 Wilhelm Germann, Die wissenschaftliche Arbeit unserer alten Tamulen-Missionare unter besonderer Berücksichtigung neuerer Leistungen. In: Missionsnachrichten der ostindischen Missionsanstalt zu Halle, (1865) 1, S. 1-27, (1865) 2, S. 53-81, (1865) 3, S. 85-119; C. Ochs, Die Kaste in Ostindien und die Geschichte derselben in der alten Lutherischen Mission - Zum Druck befördert von mehreren seiner Freunde, Rostock 1860.
11 Arno Lehmann, Es begann in Tranquebar - Die Geschichte der ersten evangelischen Kirche in Indien, Berlin 1956; ders. (Hg.), Alte Briefe aus Indien - Unveröffentlichte Briefe von Bartholomäus Ziegenbalg 1706-1719, Berlin 1957; Hans-Werner Gensichen, Die konfessionelle Stellung der dänisch-Halleschen Mission. In: Evangelische Missionszeitschrift, Stuttgart 13 (1956), S. 1-19; Anders Nørgaard, Mission und Obrigkeit - Die Dänisch-Hallesche Mission in Tranquebar 1706-1846, Gütersloh 1988.
12 Henriette Bugge, Mission and Tamil Society. Social and Religious Change in South India (1840-1900), Richmond, Surrey 1994; Isaac Padinjarekuttu, The Missionary Movement of the 19th and 20th Centuries and its Encounter with India. A Historico-Theological Investigation with Three Case Studies, Frankfurt/M. 1995; Daniel Jeyaraj, Inkulturation in Tranquebar. Der Beitrag der frühen dänisch-Halleschen Mission zum Werden einer indischen einheimischen Kirche (1706-1730), Erlangen 1996.
13 Vgl. Jacob S. Dharmaraj, Colonialism and Christian Mission: Postcolonial Reflections, Delhi 1993.
14 Hugald Grafe, The History of Christianity in Tamilnadu from 1800 to 1975, Bangalore-Erlangen 1990, S. ix.

15 P.C. Jain, Christianity, Ideology and Social Change among Tribals. A Case Study of Bhils of Rajasthan, Jaipur-New Delhi 1995; Harold Coward (Hg.), Hindu-Christian Dialogue. Perspectives and Encounters, Delhi 1993.
16 Interessante Beispiele aus dem südindischen Kontext sind folgende Arbeiten: Henriette Bugge, a.a.O.; Dick Kooiman, Conversation and Social Equality in India. The London Missionary Society in South Travancore in the 19th Century, Amsterdam 1989; Geoffrey A. Oddie, Hindu and Christian in South-East India, London-Wellesley Hills 1991.
17 Awril Ann Powell, Muslims & Missionaries in Pre-Mutiny India, London 1993; Geoffrey A. Oddie, Popular Religion, Elites and Reforms: Hook-Swinging and its Prohibition in Colonial India, 1800-1894, New Delhi 1995.
18 Geoffrey A. Oddie, Missionaries as Social Commentators: The Indian Case. In: Bickers/Seton, a.a.O., S. 198.
19 Allgemein hierzu Jürgen Osterhammel, Kolonialismus. Geschichte, Formen, Folgen, München 1995.
20 Vgl. John D.Y. Peel, Problems and Opportunities in an Anthropological Use of a Missionary Archive. In: Bickers/Seton, a.a.O., S. 71.
21 Die Zahl der schwarzen Kirchenmitglieder sank von 14 000 (1861) auf 1300 (1892). Vgl. Walter L. Williams, Black Americans and the Evangelization of Africa, 1877-1900, Madison, Wisconsin 1982, S. 22.
22 Vgl. Joseph A. Fry/Henry S. Sanford, Diplomacy and Business in Nineteenth-Century America, Reno, Nev. 1982, S. 133ff.
23 Stanley Shaloff, Reform in Leopold's Congo, Richmond, Va. 1970, S. 15.
24 Zahlreiche Beispiele für diese Einstellung gibt der Sammelband von Sylvia M. Jacobs (Hg.), Black Americans and the Missionary Movement in Africa, Westport, Conn. 1981.
25 Andrew F. Walls, World Christianity, the Missionary Movement and the Ugly American. In: Wade Clark Roof (Hg.), World Order and Religion, Albany 1991, S. 147-172.
26 Ebenda.
27 Vgl. William H. Sheppard, Presbyterian Pioneers in Congo, Richmond, Va. 1917.
28 Zitiert nach HB, 33. Cont., Halle 1733, S. 870f.
29 Eine genaue Aufstellung der lokalen Mitarbeiter gibt es nicht. Diese Zahlen setzen sich zusammen aus der Auswertung von Teilstatistiken und Angaben zu einzelnen Personen und tragen daher keinen endgültigen Charakter.
30 Um 1732 waren allein in Tranquebar und Umgebung drei christliche Gemeinden (Malabarische Stadtgemeinde; Portugiesische Stadtgemeinde; Malabarische Landgemeinde, bestehend aus der Majaburamschen Landgemeinde, Tanschaurschen Landgemeinde, Madewipatnamschen Landgemeinde und der Marrawer Gemeinde) mit einer Mitgliederzahl von insgesamt 1478 Personen zu betreuen. Vgl. Kurtz gefaßte Nachricht von dem gegenwärtigen Zustand der hier zu Tranckenbar angerichteten Königl. Dänischen Mission. Den 5. October 1732. In: HB, 34. Cont. 1734, S. 1007-1011.
31 Relevante Einrichtungen in Indien wie z.B. die Maharaja Serfoji's Sarasvati Mahal Library in Thanjavur oder das Archiv des Gurukul Lutheran Theological College in Madras sollen zu einem späteren Zeitpunkt ausgewertet werden.
32 Hervorgegangen aus der Mission sind z.B. Kanambadi Wattiar (Taufname: Friedrich Christian; 1. Hälfte des 18. Jh.) und Vedanayaka Sastri (1774-1864), zwei christliche tamilische Dichter.

33 B. Ziegenbalg schreibt in der Vorrede zur Übersetzung des tamilischen Spruchbüchleins "Ulaga nidi": "Ich bin mir aber nicht anders bewußt, als daß ich alle malabarischen Worte gantz accurat in meine Muttersprache übersetzt habe ... so, als wie selbige mir von einem jungen malabarischen Poeten ist gesaget worden, den ich dazumahl bey mir hatte." KB (Oriental Department), Cod. tamul 5. Bei dem Poeten handelt es sich mit großer Wahrscheinlichkeit um Friedrich Christian.
34 Daniel Pullei (1740-1802) hatte seine Bildung in der Missionsschule in Tranquebar erhalten, war dann Diener bei einzelnen Missionaren und wurde in den 1760er Jahren Dolmetscher bei der dänischen Regierung in Tranquebar. Der Dichter Vedanayaka Sastri, dessen Hauptschaffensperiode in der ersten Hälfte des 19. Jahrhunderts lag, hatte seine Ausbildung in der Missionsschule in Thanjavur erhalten und war lange eng mit dem Missionar Schwartz (1726-1798) verbunden.
35 Vgl. Carl Hinrichs, Preußentum und Pietismus, Göttingen 1971, S. 14f.
36 Pro Memoria für neue Missionare vom 27. Oktober 1784. RA Missionskollegiet, 9g.
37 Die Jahresberichte erschienen auch in gedruckter Form in der Monatszeitschrift The Missionary, die seit 1867 von der presbyterianischen Kirche herausgegeben wurde.
38 Jeyaraj, a.a.O., S. 365.
39 Der Kasai Herald wurde seit 1901 von den Missionaren vor Ort produziert und dann in die USA verschickt. Das mehrmals pro Jahr erscheinende Mitteilungsblatt unterrichtete die Unterstützer der A.P.C.M. in der Heimat über die Aktivitäten der Mission.
40 Einzelne von den Missionaren angefertigte bzw. in Auftrag gegebene Zeichnungen wurden als Vorlagen für Kupferstiche und Karten in der von Georg Matthäus Seutter (1678-1757) gegründeten karthographischen Anstalt in Augsburg weiterverarbeitet.
41 1730 sandte Nicolaus Dal eine Sammlung von 18 Zeichnungen nach Halle, die Vertreter verschiedener lokaler Bevölkerungsgruppen in unterschiedlichen Situationen darstellten. Diese Zeichnungen dienten als Vorlage für die Herstellung kolorierter Kupferstiche. Vgl. HB, 31. Cont., S. 747-750 (Beschreibung der Bilder); HB, 31. Cont., S. 793 ff. (Abbildungen).
42 Im restaurierten und 1995 wiedereröffneten Hauptgebäude der Franckeschen Stiftungen sind die Bestände der Kunst- und Naturalienkammer heute wieder zugänglich.
43 Diese Praxis ist vergleichbar mit der Nutzung von Lichtbildern durch Missionare der Basler Mission. Vgl. Andreas Junck, "Die Zauberlaterne im Dienste der Mission" - Historische Lichtbilder der Basler Mission 1860-1948. In: Wilfried Wagner (Hg.), Kolonien und Missionen. Referate des 3. Internationalen Kolonialgeschichtlichen Symposiums 1993 in Bremen, Münster 1994, S. 414-425.
44 Ein Teil des Materials befindet sich im Universitätsmuseum der Hampton University in Hampton, Va.
45 Vgl. die Sammelbände van der Heyden/Liebau, a.a.O.; Bickers/Seton, a.a.O.; Wagner, a.a.O.
46 Abbé J.A. Dubois, Letters on the State of Christianity in India to which is added a Vindication of the Hindus Male and Female, London 1823 (Nachdruck Madras 1995), S. 35; vgl. auch Lamin Sanneh, Translating the Message. The Missionary Impact on Culture, New York 1989, S. 157ff.
47 Neuere Geschichte der evangelischen Missionsanstalten zur Bekehrung der Heiden in Ostindien (NGEMA), Bd. 5, Halle 1797, S. 189.
48 1766 schickte man aus Kopenhagen ein Schreiben mit dem Titel "Unterricht wie man die zur Natur-Historia gehörige Dinge samlen, behandeln und zum Verschikken nach Europa auf behalten soll" an alle Missionare in Tranquebar. Entsprechende Utensilien

wie etwa Stecknadeln zum Präparieren der Insekten wurden mitgeschickt. RA, Kongelige Reskripter, 1765-89, No 12.
49 In einem Schreiben vom 22. Januar 1792 bedanken sich J.P. Rottler (1749-1836) und Chr. S. John (1747-1813) bei dem bedeutenden deutschen Gelehrten J.R. Forster für dessen Unterstützung bei ihren naturwissenschaftlichen Forschungen. In: NGEMA, Bd. 4, Halle 1793, S. 673-676.
50 Z.B. Samuel P. Verner, Pioneering in Central Africa, Richmond, Va. 1903.
51 Nørgaard, a.a.O., S. 178ff.
52 So unterstützten die Missionare der A.P.C.M. geschlossen die Kongo-Bevölkerung in ihrem Kampf gegen die brutale Ausbeutung durch die belgische Kolonialmacht. Vgl. Dewitt C. Snyder, African Slavery under King Leopold. In: Southern Workman 33 (Mai 1904), S. 287-289.
53 William H. Sheppard, Into the Heart of Africa. In: Southern Workman 24 (1895) 46, S. 61-66.
54 Kasai Herald, 1.1.1908.
55 Vgl. hierzu Katja Füllberg-Stolberg, Die "American Presbyterian Congo Mission" und die Kongo-Greuel, 1890-1910. In: Liebau/van der Heyden, a.a.O., S. 425-437.
56 Dazu zählen die Akten des State Department und die Korrespondenz des amerikanischen Konsuls im Kongo (National Archives Washington, D.C.).
57 Vgl. Heike Liebau, Indische Angestellte in der dänischen Kolonialadministration während der sozialen Unruhen in Tranquebar und Umgebung im Jahre 1787. In: asien, afrika, lateinamerika, Berlin 25 (1997), S. 111-126.

Summary

Global Processes and Agents of Change: Sources and Methods of Investigation. A Working Session

Table of contents

Dietrich Reetz: Agents of change and globalisation - an introduction.

Joachim Heidrich: Understanding the world view of the colonised individual. East-west culture contrast as a basic approach by Indian intellectuals at the beginning of the twentieth century.

Andreas Eckert: Colonial and administrative elites in Tanzania. The categories and concepts of "rule" and "everyday life" and methodical problems in their application.

Petra Heidrich: The comparative biographical study as a window on social change. Two peasant leaders in late colonial India.

Kersti Aßmann: Reverend J. J. M. Nichols-Roy as tribesman, missionary, all-India politician. Attempting the portrayal of a contradictory personality.

Camilla Dawletschin-Linder: Agents of change, portrayal and self-portrayal: writing a biography of the Turkish politician Celal Bayar (1883-1986).

Börte Sagaster: Memoir literature of Turkish women during transition from the Ottoman Empire to the Turkish Republic: the case of Leyla Saz.

Annemarie Hafner: Labour history in colonial India: conceptual approach and sources.

Dietrich Reetz: Islamic movements in colonial India: concepts and sources.

Katja Füllberg-Stolberg/Heike Liebau: Using missionary documents for historical research in Asia and Africa: a comparative critique of sources.

The contributions to this publication are based on papers delivered at a seminar on 17 October, 1997. The seminar was a working session of our project group which investigates "agents of change." The research project "Agents of change: biographical studies and group portrays of conflict and synthesis between oriental and occidental cultures" was started at the Center for Modern Oriental Studies in Berlin in January 1996. It is one of three subprojects in the research programme of the Center aimed at studying various historical and regional consequences of the process of globalization.

With four additional contributions from outside the project (Aßmann, Dawletschin-Linder, Eckert, Sagaster), the present publication reflects the results of the first stage of the project aimed at the study of concepts, methods and sources to be used in the process of research. The idea was to focus on individuals and groups who have been instrumental in changes in African and Asian societies through their contact with both indigenous and western influences. The studies are based on original source material from archives and on biographical accounts. The project was meant to trace these multiple identity formations and ways of their combination. Picking up a post-modernist paradigm, the project attempts to evaluate these actors on their own merits, neither depicting them as incomplete or failed modernizers, nor as traitors of their local cultural tradition, but rather as cultural mediators. Most of the projects are running through five years and will be completed by the year 2000.

J. Heidrich introduces indigenous Indian universalist concepts of the world in the beginning 20th century, contrasting them with western universalist theories. He concentrates on M Visvesvaraya and B K Sarkar. Visvesvaraya mainly championed India's industrialisation and access to modern science and technology as a prerequisite for a national renaissance. Sarkar was actively propagating the rationalist and positive traditions of Hinduist thought providing India with a framework for progress and innovation at par with western concepts.

Eckert discusses problems arising from the application of categories and concepts of "rule" and "everyday life" to British-Tanganyika. He attempts to understand how British rule was structured and functioning in relation to local concepts of time, body and space, how the British attempted to change these in order to discipline and subordinate the local elites to their rule. domination hegemony control, popular culture, everyday life, social life and customs, intellectual life

P. Heidrich focuses on two Indian peasant leaders, prominent in the 1920s and 1930s in India, Swami Sahajanand Saraswati (1889-1950) from Bihar, and N.G. Ranga (1900-1995) from Andhra. While the Swami was educated as an orthodox Sanatani Hindu priest, Ranga studied in Oxford and took to Fabian socialism. She is particularly interested in the relevance of a biographical study of two individuals on social change, a combination of micro and macro history, attempting to neglect neither.

Aßmann traces the conflicting strands in the life of Reverend J.J. M. Nichols-Roy (1884-1959). Being a missionary and a Khasi tribesman, he tried to mediate between the government and the tribes of northeast India in the late colonial period and after independence was achieved. He felt torn between demands for more autonomy of the tribes and Indian unity in the interest of modernizing development.

Dawletschin-Linder deals with problems arising from writing a "non-hero" biography in the context of Turkish political and historiographic tradition, on Celal Bayar (1883-1986). A contemporary of Attaturk, he held high offices in Turkey at various times. She contemplates on the evaluation of his autobiographical writings, how to do justice to his traditional views and his modern engagements.

Sagaster reviews the writings of Leyla Saz (1850-1936), a Turkish woman musician and poetess who published her memoirs in the 1920s. For her cultural roots and conflicts, the subjects of her memoirs are as revealing as her way of expression. The memoirs throw ample light on changing attitudes in Turkish society during the transition from the Ottoman empire to the republic.

Hafner discusses Indian labour history as a history of changing cultural and social attitudes where culture is understood in the wider meaning of the term. Few labourers left source material, unlike in Europe, but colonial archives abound with statements and statistics on working attitudes, discipline etc. She shows particular interest in leisure and living attitudes of Indian labour, an area, hitherto often neglected.

Reetz introduces Islamic movements from Colonial India of the revivalist and the seminar variety. Studying their attitude towards the public sphere and the constitutional reforms project allows to contrast their Islamic tenets with western colonial and nationalist concepts. The source situation in India and Pakistan is also discussed.

Füllberg-Stolberg and *Liebau* offer a comparative study of missionary movements in African Congo (American Presbyterian Congo Mission) and in Indian Tamilnadu (Danish-Halle Tamil Mission at Tranquebar). Though both research subjects differ in many ways, the Congo project concentrates on Afro-American missionaries and the Tranquebar project on the *Nationalarbeiter*, local converts helping the missionaries, the problems of using missionary sources for historical analysis, the location and evaluation of these sources are similar.

Autoren/innen

Dr. *Kersti Aßmann*, Seminar für Südasienwissenschaften der Humboldt-Universität zu Berlin

Dr. *Camilla Dawletschin-Linder*, Hamburg

Dr. *Andreas Eckert*, Seminar für Afrikawissenschaften der Humboldt-Universität zu Berlin

Dr. *Katja Füllberg-Stolberg*, Zentrum Moderner Orient, Berlin

Dr. *Annemarie Hafner*, Zentrum Moderner Orient, Berlin

Prof. Dr. *Joachim Heidrich*, Berlin

Dr. *Petra Heidrich*, Zentrum Moderner Orient, Berlin

Dr. *Heike Liebau*, Zentrum Moderner Orient, Berlin

Dr. *Dietrich Reetz*, Zentrum Moderner Orient, Berlin

Dr. *Börte Sagaster*, Zentrum Moderner Orient, Berlin

ZENTRUM MODERNER ORIENT

ARBEITSHEFTE

Nr. 1   ANNEMARIE HAFNER/JOACHIM HEIDRICH/PETRA HEIDRICH: Indien: Identität, Konflikt und soziale Bewegung

Nr. 2   HEIKE LIEBAU: Die Quellen der Dänisch-Halleschen Mission in Tranquebar in deutschen Archiven. Ihre Bedeutung für die Indienforschung

Nr. 3   JÜRGEN HERZOG: Kolonialismus und Ökologie im Kontext der Geschichte Tansanias - Plädoyer für eine historische Umweltforschung (herausgegeben von Achim von Oppen)

Nr. 4   GERHARD HÖPP: Arabische und islamische Periodika in Berlin und Brandenburg, 1915 - 1945. Geschichtlicher Abriß und Bibliographie

Nr. 5   DIETRICH REETZ: Hijrat: The Flight of the Faithful. A British file on the Exodus of Muslim Peasants from North India to Afghanistan in 1920

Nr. 6   HENNER FÜRTIG: Demokratie in Saudi-Arabien? Die Āl Saʿūd und die Folgen des zweiten Golfkrieges

Nr. 7   THOMAS SCHEFFLER: Die SPD und der Algerienkrieg (1954-1962)

Nr. 8   ANNEMARIE HAFNER (Hg.): Essays on South Asian Society, Culture and Politics

Nr. 10   UTE LUIG/ACHIM VON OPPEN (Hg.): Naturaneignung in Afrika als sozialer und symbolischer Prozesse

Nr. 11   GERHARD HÖPP/GERDIEN JONKER (Hg.): In fremder Erde. Zur Geschichte und Gegenwart der islamischen Bestattung in Deutschland

Nr. 12   HENNER FÜRTIG: Liberalisierung als Herausforderung. Wie stabil ist die Islamische Republik Iran?

Nr. 13   UWE PFULLMANN: Thronfolge in Saudi-Arabien - vom Anfang der wahhabitischen Bewegung bis 1953

Nr. 14   DIETRICH REETZ/HEIKE LIEBAU (Hg.): Globale Prozesse und "Akteure des Wandels": Quellen und Methoden ihrer Untersuchung

In Vorbereitung:

Nr. 9   GERHARD HÖPP: Muslime in der Mark. Als Kriegsgefangene in den brandenburgischen Sonderlagern Wünsdorf und Zossen

Nr. 15   BERNT GLATZER (Hg.): Essays on South Asian Society, Culture and Politics II

Bei Fragen zur Produktsicherheit wenden Sie sich bitte an:
If you have any questions regarding product safety,
please contact:

Walter de Gruyter GmbH
Genthiner Straße 13
10785 Berlin
productsafety@degruyterbrill.com